监察法论丛

（第一辑）

主编／谭宗泽

STUDY
ON
SUPERVISION
LAW

法律出版社
LAW PRESS·CHINA

编委会

卷 首 语

每个时代都有自己的最重要的时代命题。进入新时代，随着国家治理体系和治理能力现代化的号角吹响，而监察体制改革作为国家治理体系和治理能力现代化的重要组成部分，正伴随国家治理现代化步伐稳步推进，与此同时监察法研究也必将迈入更广、更深的学术疆域。进行国家监察体制改革并制定监察法，是以习近平同志为核心的党中央作出的重大决策部署，目的是坚持和加强党对反腐败工作的集中统一领导，使党的主张通过法定程序上升为国家意志，以法治思维和法治方式治理腐败。国家监察体制改革、制定监察法，是我国政治制度、法律制度建设进程中具有里程碑式意义的大事件，影响深远。

2018年3月20日，第十三届全国人大第一次会议审议通过了监察法（草案）。深入学习领会监察法的精神实质、核心要义，是今后一个时期国家各个部门的一项重要政治任务。制定监察法的根本目的是通过国家法律把党对反腐败工作的集中统一领导机制固定下来，强化不敢腐的震慑，扎牢不能腐的“笼子”，增强不想腐的自觉，为夺取反腐败斗争压倒性胜利提供坚强的法治保证。习近平总书记指出，坚持和加强党的全面领导，关系党和国家前途命运，我们的全部事业都建立在这个基础之上，都根植于这个最本质特征和最大优势。反腐败工作查处的是违纪违法的行使公权力的党员干部、公职人员，政治性强，高度敏感。党管干部不仅是管干部的培养提拔使用，还要对干部进行教育管理监督，对违纪违法的干部作出处理。监察委员会作为专门的反腐败工作机构，与党的纪律检查机关合署办公，在党的直接领导下,对行使公权力的党员干部、公职人员进行监督,对违纪的进行查处,对涉嫌违法犯罪的进行调查处置,这是坚持党管干部原则、加强党的领导的重要体现,是完善坚持党的全面领导体制机制的重要举措。

2018 年宪法进行了修改,在国家机构体系中增加监察委员会一节,以根本法的形式正式将监察委员会确立为国家宪制机关,在法学领域中,监察法学科成为崭新的法学学科,监察法学研究的序幕随之拉开。监察法研究致力于为国家监察体制改革提供智力支持,从法学学科角度为国家未来发展建言献策。西南政法大学是新中国最早成立的高等政法学府,响应国家号召,在全国率先成立监察法学院。在国家监察体制改革的背景下,依托西南政法大学法学学科的雄厚基础,监察法学研究旨在打破学科壁垒、融合多学科优势,从全校各学科遴选教师组成导师队伍,开展教学与科研活动。除了教学活动之外,监察法学院还致力于推进监察法学的研究深度和广度,愿意与法学界其他同人共襄盛举。为此,西南政法大学监察法学院决定出版《监察法论丛》,凝结和积累学术研究成果,拓宽研究思路,促进理论和实践的互动,以实践检验学术,以学术推进实践,共同浇灌法治中国的参天大树。

监察法学科是一门新兴的学科,随着监察法体制改革的推进以及监察法的运行,传统的法学阵型出现了新的格局。一方面,监察法学对传统的法学学科提出了新的课题。从法理学角度,如何思考监察权的性质、监察权的哲学前提以及监察权对法治的作用和影响;从宪法和行政法学角度,监察委员会在国家机构体系中如何与其他国家权力机关相互作用,在行政法学中,监察法如何与之相协调等;其他刑法、民法、经济法研究涉及的监察问题,都是法学研究需要应对和处理的问题。另一方面,监察法学的出现拓宽了法学研究的疆域,是法学研究的新的学术生长点。以监察法学研究为契机,在党的领导下,推进法治发展,提高执政能力,从严治党,都是重大的理论问题。

我们党是执政党,掌握国家权力,领导一切。实现对公权力的有效监督,提高拒腐防变和抵御风险的能力,是我们党必须解决的重大课题。习近平总书记指出,我们党全面领导、长期执政,面临的最大挑战是对权力的监督。全面从严治党和党领导下的反腐败是一场自我革命,关乎党和国家事业成败,关乎我们能不能跳出历史周期率。我国80%的公务员、95%以上的领导干部是共产党员,党内监督和国家监察既具有高度内在一致性,又具有高度互补性。国家监察本质上属于党和国家的自我监督,不同于其他形式的外部监督。目前党内监督已经实现全覆盖,而行政监察主要限于对行政机关及其工作人员的监督,覆盖面窄;检察院主要侦办国家工作人员职务犯罪,不管职务违法行为。制定监察法,就是要通过制度设计,补上过去监督存在的短板,实现对所有行使公权力的公职人员监察全覆盖,真正把所有公权力都关进制度的"笼子",体现依规治党与依法治国、党内监督与国家监察有机统一,不断强化党和国家的监督效能,探索出一条党长期执政条件下实现自我净化的有效路径,推进国家治理体系和治理能力现代化,把制度优势转化为治理效能。通过整合行政监察、预防腐败和检察机关查处贪污贿赂、失职渎职及预防职务犯罪等工作力量,设立国家、省、市、县监察委员会,同党的纪律检查机关合署办公,实行一套工作机制、两个机关名称,履行纪检、监察两项职能,对党中央或地方党委全面负责,形成监督合力、增强监督实效。

毋庸置疑,《监察法》施行不久,在理论和实践过程中会遇到很多问题,需要广聚智识,共同解决。

目 录　　监察法论丛（第一辑）

理论探讨

会议实录

学术演讲

监察前沿

监察实务

理论探讨

建议重建国家监察机关

王连昌*

[**编者按**] 王连昌,男,1933年1月生,汉族,山东昌邑市人。西南政法大学资深教授,中国行政法学的创建者和开拓者之一,西南行政法学派的创建人和奠基人。

在工作学习经历上,王连昌教授于1950年至1954年,任四川郫县人民法庭审判员、公安派出所所长;1954年至1958年,就读于西南政法学院法律专业;1958年至1979年先后在贵州省人民检察院、贵州大专师范学校、贵州省劳改工作部门工作;1979年后在西南政法学院(现西南政法大学)工作,历任讲师、副教授、教授、系主任、学位委员会委员、地方法制研究中心主任、宪法与行政法专业硕士研究生导师。

在社会兼职上,王连昌教授兼任中国行政管理学会理事、中国法学会行政法学研究会副会长(系创建中国法学会行政法学研究会发起人之一),四川省重庆市人民代表大会法规(制)委员会顾问、重庆直辖市人民代表大会立法咨询委员。

王连昌教授的主要学术观念及主张:

(1)建议重建国家监察机关。王连昌教授认为我国应建立地位高、权力大、独立性强、党政合署、形成严密网络的监督机关和组织,监督人员应有充分切实的保障。王连昌教授于1981年在《现代法学》上发表的《建议重建国家监察机关》一

---

* 王连昌教授,1933年生,1979年调入西南政法学院工作并在同年开始行政法的教学与研究,1985年担任行政法教研室首届主任。1985年当选为中国行政法学研究会第一届副总干事(副会长)。在中国行政法学研究会成立三十周年纪念大会中,荣获中国行政法学"杰出贡献奖"。王连昌教授1981年发表的论文《建议重建国家监察机关》是我国恢复法学教育后最早的行政法学成果之一,他是国内法学界提出重建国家监察机关的第一人。本文原载《现代法学》(西南政法学院学报)1981年第3期。

文,认为“国家监察权是对国家机关及其工作人员的违法失职行为进行检举和追究法律责任的一项国家权力。它需由专门的国家机关来行使”,呼吁建设地位高、职权大、组织健全的国家专门机关行使监察权。王连昌教授是国内法学界呼吁重建国家监察制度的第一人,对现有国家监察制度的创立与完善起到了理论基础作用。

(2)“兼顾论”是我国行政法治的基础理论。王连昌教授认为当今我国行政法的基础理论应是“兼顾论”,即行政法治应兼顾公益与私益,而不应照搬英美法系的私益论或德国的公益论。

(3)广义的法律是依法行政的依据,党领导下的依法行政符合我国的宪法原则。王连昌教授认为,当今我国依法行政的依据应是包括宪法及法律、法规和规章在内的广义的法律,而不仅仅是宪法、法律。并且我国的宪法行政应以中国共产党的路线、方针、政策为指导;某些行政活动所依据的法律法规条文已明显过时而尚未废止、修改时,或者尚无法律法规条文规定时,可按中国共产党的有关政策行政,这种方式符合我国宪法原则。

(4)我国政府是与实践发展需求相适应的“中政府”。王连昌教授认为我国政府的规模应是“中政府”,即与社会发展、经济发展的需要相适应的政府,而不是“大政府”或“小政府”。

王连昌教授的主要理论作品与实践成就:

(1)学术作品。主编行政法学著述共8种,含中央广播电视大学统编教材、全国高等政法院校规划教材:《行政法》和《中国行政法通论》等;参编法学著作6种;发表论文共50余篇,其中1981年发表的《建议重建国家监察机关》《我国公民基本权利义务在新宪法中应扩充》等论文,最早提出重建国家监察机关、规章需备案、规章制定也应以地方性法规为依据、行政执法是服务行为等观点,已为学界接受、国家采纳。

(2)参与法律起草实践。参加过行政诉讼法、教育法、教师法等法律和《行政复议条例》等行政法规的起草工作,国家赔偿法、行政处罚法的酝酿工作。先后获省级人民政府社会科学优秀成果三等奖2次、四等奖3次。

(3)社会成就。传略被选入《中国法学家辞典》《中国当代名人大典》《世界名人录(中国版)》。系省级重点课程带头人,多次参加行政学、行政法学国际性研讨会,是新中国行政法学的创建者和开拓者之一。

王连昌教授于1981年发表在《现代法学》第3期的《建议重建国家监察机关》一文，对我国国家监察制度的创立和完善有着理论上的奠基与引导作用，有助于国家监察制度的创建、发展与进一步细化完善。

以下是正文的具体内容：

五届全国人大三次会议以来，对现行宪法进行修改的筹备工作正在顺利进行。在这里，我提出关于重建国家监察机关的建议，略表一个公民对修改宪法的关心。

国家监察权是对国家机关及其工作人员的违法失职行为进行检举和追究法律责任的一项国家权力。它需由专门的国家机关来行使。众所周知，监察权在任何国家里，都是非常重要的。一些剥削阶级国家，通过这项权力的行使，曾经起过或正在起着整饬一朝纲纪，缓和阶级矛盾，加强阶级统治的重大作用。在社会主义国家里，监察权则是巩固和加强无产阶级专政事业不可缺少的武器。俄国十月革命后，苏维埃国家在粉碎了外国武装干涉和结束了国内战争进入恢复国民经济时期，列宁非常重视党和国家的监察工作，在他的亲自领导下，俄共第十大、第十一大对监察制度作出了一系列的规定，发展了马克思主义的国家学说，促进了世界上第一个无产阶级专政的国家政权的巩固和发展，为无产阶级政权的建设提供了宝贵的经验。可是，列宁逝世以后，斯大林逐步改变了监察制度，因而造成了肃反扩大化、破坏社会主义法制的严重后果。

我国是人民民主专政即无产阶级专政的社会主义国家。不言而喻，国家的性质从根本上决定了非有监察制度和监察机关不可。人民是国家的主人，人民当家作主是通过选出自己的代表组成国家机关，来管理国家，管理各项经济、文化事业的。然而，人民如果仅有选举权和被选举权是远远不够的，一定还要有监督权、罢免权。列宁在《罢免权法令》中早就指出："任何由选举产生的机关或代表会议，只有承认和实行选举人对代表的罢免权，才能被认为是真正的民主和确实代表人民意志的机关。"可见，监督权、罢免权是何等重要啊！

人民对国家机关和公职人员的监督必须经常化，对违法失职人员的罢免也应该及时，监督是罢免的基础。人民要经常而有力地监督国家机关及其公职人员，随时撤换那些违法乱纪、严重失职者，不能没有专门的监察机关和比较完善的监察制度。在我国现阶段的政治制度中国家机关工作人员的产生还只能实行选举制和任命制相结合的办法,就更加需要有专门的监察机关。可以说,监察制度是人民当家作主的一把利剑。现在,对国家机关及其工作人员虽然有种种监督,诸如党组织的监督、人民代表大会的监督、上级机关的监督、政协的监督、群众团体和群众的监督、社会舆论的监督,但这些监督,都不应也不能代庖国家专门机关的监督。因为党的监察权适用范围限于党员,不能用于非党的国家机关工作人员。在监察工作上,党政应该分开。群众团体和群众的监督、社会舆论的监督、政协的监督,如果没有国家强制力的配合和支持,就是“光打雷,不下雨”,缺乏震慑力。按理说,人民代表大会本来有权监督由它产生的国家机关和工作人员,但由于没有设置专司此职的机关,这种监督往往是有名无实。

回忆中华人民共和国成立初期,我们党和国家分别设有监察机关。它们在严明党规党法,维护国家法纪,保障党员和公民的正当权益,密切党和国家与人民群众的联系等方面都发挥过重要作用。1958 年,在“左”的错误思想指导下,国家监察机关被撤销;在十年内乱中,党的监察机关也被取消,党和国家的监察制度被破坏无遗,使党章规定的党员的控诉权、申诉权和宪法规定的公民的监督权、控告权、申诉权都无法行使,党员和公民“告状无门”,给林彪、江青、康生等横行霸道造成了条件。党的十一届三中全会以来,成立了党的纪律检查委员会,恢复了党的监察工作。党的各级纪委在贯彻准则、重振纲纪中,正在发挥着良好作用,群众为之称快!但是,国家的监察机关迄今没有重建。在新的历史时期,在进一步发展人民民主和健全社会主义法制的今天,重建国家监察机关和监察制度实在是迫在眉睫的事情!由于林彪、江青反革命集团破坏的影响,由于封建主义思想的遗毒,由于在对外交往中资产阶级的一些东西不时侵蚀,由于我们某些制度尚不健全,致使国家机关和企业事业单位以及公职人员中,违法失职、违法乱纪、徇私枉法等行为时有发生,有些地方甚至有加无已。这种种行为妨害着社会主义现代化事业的发展,危害着人民的民主和社会主义的法制。人民群众对此愤概不已,强烈要求对国家机关、企事业单位和公职人员加强监督,适时罢免、撤换那些违法分子。目前,正在进行的筹备修改宪法和政治制度的改革,就应当包括重建国家监察制度和监察机关这一重要内容。

国家监察机关和监察制度应当怎样重建呢?过去,我国的监察机关是人民政府隶属的职能部门,它的职权是监察政府机关和公务人员是否履行其职责。我认为,不应当恢复原样,应该在总结我国人民监察工作的基础上,吸取外国的和历史上的监察工作的经验教训,建立有权威的监察机关和监察制度。

第一,国家监察机关的地位要高。它的地位,应当是人民代表大会之下的、与政府平行的国家机关,而不应当是政府隶属的职能部门,甚至还可以把它的地位再提高一步,作为人民代表大会闭幕期间的另一个常设机关,将它同人大常委会平列,把人大常委会的监督权交由它专门来行使。监察机关地位的提高,无疑地将会有利于克服权力过分集中,有利于反对和克服特权思想、家长制作风等弊病。

第二,国家监察机关的职权要大。已如前述,过去我国监察机关的职权,仅限于对政府机关和公职人员违法失职、但尚未触犯刑律,不需要追究刑事责任的行为进行检举和处分。重建的国家监察机关的职权应扩大。它应当有权对一切国家机关和工作人员(包括国家最高领导人)行使监察权,有权查阅一切有关档案(关系国防机密和国家安全的除外),询问一切有关人员,进入一切有关单位进行视察、调查活动,有权审查其他国家机关的命令、决议等,发现不当时,要求有关机关纠正,发现国家机关工作人员违犯刑法、需要追究刑事责任的行为,有权移交检察院处理。它应当独立地行使职权,不受其他国家机关、任何团体和个人的干涉。国家监察机关的决定,除人民代表大会外,一切国家机关都应执行。这样做,有利于加强社会主义法制,保障人民的正当权益,有利于反对专制主义,防止打击报复。

在行使职权中,为了避免出现工作上的重叠现象,国家监察机关应与党的纪委和人民检察院建立联系的制度。

第三,健全国家监察机关的组织。它的组成人员应由人民代表大会选举和罢免,可连选连任数届,在任期内,不能调离,也不宜兼任其他国家机关的职务,这样既可避免成为其他国家机关或个人的"附属品",又可防止成为特殊化的"官员"。监察机关组成人员的质量要高,他们应是熟悉并模范遵守法律、法令、政策的,大公无私的,群众信赖的和威望高的人。最高国家监察机关的重任,应由德高望重的老一辈无产阶级革命家出来担任。

国家监察机关的组织构成,除了全国人民代表大会和地方各级人民代表大会选举的监察机关外,还应包括企业、事业单位职工(或社员)代表大会产生的监察机构。因为,党和国家十分强调发扬经济文化事业基层单位的人民民主,这是进一步发展我国社会主义民主的关键所在。为此,就应加强基层单位人民群众对本单位公职人员的监督。把基层单位的监察机构作为国家监察机关的组成部分,使其在行使职权时有上级的支持,这有利于基层单位民主的发扬。

军队的监察机关应根据党和国家监察制度的精神,适应军队的特点,另行组织。

第四,国家监察机关应在党的统一领导下,实行“双重领导”。最高国家监察机关应对全国人民代表大会负责和报告工作,并接受监督。地方各级监察机关对本级人民代表大会负责和报告工作,并接受监督,同时受上级监察机关的领导;地方各级监察机关统一受最高监察机关领导。这样,有利于监察权的统一行使,有利于正确地解决地方上的问题。

国家监察机关自身除了受人大监督和上级监察机关监督外,也应接受群众监督、舆论监督和其他国家机关的监督,并应制定具体的监督制度,防止变成超越于人民监督之外的特殊国家机关。

第五,国家监察机关的名称,可叫作“人民监察委员署”。这样,同党的监察机关在名称上有所区别,也同过去政务院的人民监察委员会、国务院的监察部区别开,更同国民党的监察院在本质上和名称上严格区别开来。

论国家监察对象的识别标准

谭宗泽*

［摘要］ 我国宪法最新修改以后，监察委员会应运而生，成为宪制机关，形成了新时代“一府一委两院”的国家治理新格局。国家监察的对象是所有行使公权力的公职人员，我国监察法第15条列举式规定了国家机关、执政和参政议政党派机关、人民团体、基层群众性自治组织等中依法履行公职的人员为监察对象，确立了“公权力”与“公职人员”这两大识别监察对象的标准。该条款采用列举式规定并不周延，不能穷尽所有依法行使公权力履行公职的人员，而国家监察全覆盖已经超越了对传统“公权力”的理解，是包括公权、公职、公务、公财等实质要件为要素组合所构成的一种新型公权力。具体判断一个人是否属于国家监察的对象，要综合运用这四个要素标准来进行识别。

［关键词］ 监察对象　监察法　公权力　公职人员

一、问题的提出：国家监察全覆盖的对象识别

由于我国的行政监察制度属于行政机关系统内部的监督机制，缺乏必要的独立性，且行政监察的对象仅包括行政机关及其工作人员以及其他行政机关任命的人员，并未将行政机关以外的其他行使公权力的公职人员纳入监察范围，并且行政监察还存在程序不完善，监察手段强制力不足而缺乏威慑力等缺陷，[1]在国家治理语境下，为进一步推进国家治理体系和治理能力现代化，完善国家监督体系，十分有必要建立专门的国家监察制度。由此，专责的监督机关即监察委员会应运

---

* 谭宗泽，西南政法大学教授、博士研究生导师，法学博士。本文原载《政治与法律》2019年第2期。

① 参见马怀德：《〈国家监察法〉的立法思路与立法重点》，载《环球法律评论》2017年第2期。

而生。

2016 年 12 月 25 日,第十二届全国人大常委会第二十五次会议通过了《关于在北京市、山西省、浙江省开展国家监察体制改革试点方案的决定》,[①]规定了三个方面的问题:第一,北京市、山西省、浙江省及所辖县、市、市辖区整合相关职能部门设立监察委员会,行使监察职权;第二,监察委员会按照管理权限,对本地区所有行使公权力的公职人员依法实施监察;第三,北京市、山西省、浙江省暂时调整或停止适用我国行政监察法及我国刑事诉讼法等法律的相关条款,将其他法律规定由行政监察机关行使的监察职权调整由监察委员会行使。2018 年 3 月 11 日,第十三届全国人民代表大会第一次会议通过了 1982 年我国宪法的第五次修正案。经此次修正案修正后的我国宪法第 123 条至第 127 条对监察委员会的性质、地位、产生设置原则、工作原则、组成人员以及职责权能及其与审判机关、检察机关、执法机关的关系等作了系统的规定。2018 年 3 月 20 日,第十三届全国人民代表大会第一次会议通过了《中华人民共和国监察法》,对监察委员会作了全面详细的规定,同时废止了我国行政监察法。

从行政监察到国家监察,监察委员会成为宪法明确规定的国家法律机关,国家监察全覆盖的反腐败工作机制有了宪法依据。目前,我国以人大制度为基础建构了立法权、行政权、司法权与监察权四分的国家权力配置新模式,实现了立法机关、行政机关、司法机关、监察机关分工合作、互相制约的宪制安排,进一步理顺了国家治理体系,完善了国家治理结构,形成了新时代"一府一委两院"的国家治理新格局。

从国家监察立法对各级监察委员会职责权能的定位与规定来看,国家监察机关是依法对所有行使公权力的公职人员进行监察,调查职务违法和职务犯罪,开展廉政建设和反腐败工作的专责机关。这就在原有行政监察对象的基础之上,大幅度地扩大了监察对象的范围,也就意味着只要是行使公权力的公职人员,都属于国家监察的对象。据监察体制改革前后的数据比照,北京市监察对象的人数增加了 78.7 万人,达到了 99.7 万人;山西省监察对象的人数增加了 53 万人,达到了 131.5 万人;浙江省监察对象的人数增加了 31.8 万人,达到了 70.1 万人。与此同时,这也就带来了一系列的问题。其中,最为重要的就是哪些人员是属于行使公

① 参见王学辉:《监察制度的源与流》,载《人民法治》2018 年第 Z1 期。

权力的公职人员而应被认定为国家监察的对象，哪些人员应被排除在监察范围之外。问题最终落到了国家监察的对象及其识别标准这一具体问题之上。

然而，关于如何来认定监察对象及其具体识别标准这一基本问题还并未引起学界的关注与重视，与之相关的专门的研究也基本是一片空白。从学界目前已有的研究成果来看，主要集中在对国家监察体制改革及其意义和主要任务、监察立法的思路与重点问题、监察立法的目的与基本原则、监察立法应处理的主要法律关系，以及监察法与我国宪法、刑事诉讼法之间的制度衔接等方面。当然，在这些论述中也会涉及监察对象及其判断标准的问题，如有学者在对国家监察机关的设立与运行制度进行研究的过程中，提出确定国家监察对象要坚持“监察全覆盖”“协调党内监督与国家监督”“对组织和个人监察并重”三大原则与以“公务员身份”“公务”“财政供养”三个要素为标准等。① 不过，由于其并未立足于“公权力”这一最根本的要素之上，并且，组织是否为国家监察对象仍有待商榷，因此，这些论述无法解决监察对象识别标准确定问题，总的来说，对监察对象认定的研究还存在盲区，而监察法所列举的监察对象的范围又十分广泛，因此对是否属于监察对象的判断及其识别标准问题的研究，就必须以监察法所确定的监察对象为具体考察分析要素，以是否行使“公权力”为基础来确立监察对象的识别标准。②

二、监察对象构成要素分析及兜底性条款之理解与适用

国家监察的对象是“所有行使公权力的公职人员”。因此，可以说，监察机关与监察对象之间形成的这种权力监督关系，是以自我监察为起点，以廉洁从政、廉洁从业为要求，将所有行使公权力的公职人员和实施公共管理与提供公共服务的人员纳入监察范围，以实现国家监察全覆盖为目的而建立起来的从监察主体到监察对象的单向线性结构，是监察法以及监察法律关系的核心内容。应当注意的是，监察法所明确规定的国家监察不以国家机关及其他行使公权力的机关为对象，监察对象并不包括机关组织等，监察法以这些机关组织中的工作人员为监察对象，针对的仅是具体的个人。虽然我国法律没有将行使公权力的机关组织等纳

---

① 参见姬亚平、吉亮亮：《国家监察委员会的设立与运行制度研究》，载《财经法学》2018 年第 1 期。

② 韩大元教授从宪法视角指出，监察对象的判断应以“是否行使公权力”为标准，并认为任何监察范围应有限度，公权力主要指政府权力，公权力限制通常指行政权的限制。参见韩大元：《论国家监察体制改革中的若干宪法问题》，载《法学评论》2017 年第 3 期。

入国家监察的对象范围,但国家通过对所有行使公权力的公职人员进行监察,也能达到对公权力机关组织等监察的效果。①

(一)监察法明确列举的监察对象及其参“公”要素

依据监察法第15条的规定,明确纳入监察范围的对象可大致分为国家机关中的公务员、执政党和参政党机关及人民团体中的公务员(这里未明确举例的如工会、共青团、妇联等人民团体中的公职人员也应涵盖在监察对象范围之内),参照我国公务员法管理及授权或受托组织中从事公务的人员、国有企事业单位中从事管理的人员、基层群众性自治组织中从事管理的人员和其他依法履行公职的人员。

首先,作为宪法和国家机关组织法意义上的国家机关中的公务员,由于其分别行使着国家的立法权、行政权、审判权、检察权和监察权,因此这些机关中的公职人员就应当是国家监察的对象,这是由其拥有并行使的国家公权力属性及其公职人员身份所决定的。此外,中国共产党作为执政党,其执政领导地位已明确载入宪法,且在国家机构与行政体制改革实行党政合署办公以后,中国共产党机关必然会行使一部分国家公权力。② 同样,各民主党派作为参政党,与各级政协、工商联合会、工会、共青团等组织一道构成了爱国统一战线。作为中国民主政治的重要表现形式,这些组织广泛参与到国家的政治生活中,参与国家事务的管理及国家大政方针、法律法规的制定和执行等,履行着参政议政、民主协商、民主监督的重要政治职能。因此,这些组织中的公务员也成为国家监察的对象。

其次,依据我国公务员法第112条的规定,法律、法规授权的具有公共事务管理职能的事业单位中除工勤人员以外的工作人员,经批准后参照我国公务员法进行管理。③ 这些“参管”和法律、法规授权及依法受委托管理公共事务的组织中从

---

① 参见马怀德:《国家监察体制改革的重要意义和主要任务》,载《国家行政学院学报》2016年第6期。

② 姜明安教授指出,在我国,中国共产党作为执政党,自然会行使重要的公权力。参见姜明安:《论公法与政治文明》,载《法商研究》2003年第3期。

③ 根据我国公务员法第112条的规定,法律、法规授权的组织中从事公务的人员也应参照我国公务员法管理。从逻辑上讲,这就导致了监察法第15条第1款、第2款所规定的内容重叠,其问题主要是因监察法与我国公务员法衔接不协调所致。此外,依据我国宪法及有关国家机关组织法的规定,基层群众性自治组织等也应是法律授权组织,其中从事管理的人员也被纳入了国家监察范围,这同样也导致了监察法前后各条款间的不协调。这些都是监察法本身规定所存在的不足和逻辑不能自洽之处,因此应予以完善。

事公务的人员，在特定条件下承担着某些公共事务管理和公共服务的职能，履行着公务，行使着部分公权力。另外，国有企业的管理人员作为国有资产的监管者，对国有资产负有经营、管理和防止其流失的责任。同样，由于公办的教育、科研、文化、医疗卫生等行政事业性单位也承担着一定的公共职能，本质上属于公共行政范畴，是国家公权力的延伸。① 由此，这些人员也被列为了国家监察的对象。

最后，基层群众性自治组织作为一种实行民主选举、民主决策、民主管理并由居民、村民选举产生管理成员所组成的自我组织、自我管理、自我服务的社会组织，依法负有调解民间纠纷、维护社会治安、办理居住地区公共事务和公益事业的职责。由此，其从事管理的人员是直接面对人民群众的主体，且依法还负有廉洁奉公的义务。然而，目前我国基层腐败呈群发性、隐蔽性、多样性及顽固性等特点，而基层群众基于各种现实，对腐败问题“敢怒不敢言”“一忍再忍”。② 这严重破坏了国家与人民群众之间的情感关系，因此，基于基层群众性自治组织的法律属性、地位及现实存在的腐败问题，在这些组织从事管理的人员也被列为国家监察的对象。

（二）监察对象之兜底性条款的展开

监察法第 15 条用列举方式规定了国家监察对象的几种类型，而“所有行使公权力的公职人员”所囊括的范围极为广泛，立法机关采用具体列举式规定并不能穷尽“所有行使公权力的公职人员”的情形，具体列举的范围与法条所涵盖的实际范围并不周延，这就可能导致部分应纳入国家监察范围的对象被遗漏。

受新公共行政理念影响，行政机关将部分行政任务交由私主体履行，私主体开始承担大量行政任务，行使部分公权力，履行部分公共行政职能。③ 例如，国家

---

① 如我国香港地区、澳门地区的反贪污贿赂条例、廉政公署条例就广泛适用于包括企业领导、大学公职人员等在内的所有公职人员，甚至还适用于商业贿赂的私企人员等。参见马怀德：《国家监察体制改革的重要意义和主要任务》，载《国家行政学院学报》2016 年第 6 期。

② 参见周少来：《中国乡村治理结构转型研究——以基层腐败为切入点》，载《理论学刊》2018 年第 2 期。

③ “新公共行政”是 20 世纪 70 年代开始，以英国为代表的西方国家实施民营化战略所进行的公共行政改革，即行政机关引入社会资本、技术及先进的管理经验，与私主体合作完成行政任务。正是受新公共行政理念影响，为提高行政效率，减轻财政负担，以更好地实现行政目标，我国也出现了公私合作（PPP，Public - Private Partnership），如国家鼓励和引导民间资本进入基础产业、基础设施、市政公用事业等领域。参见陈军：《公私合作背景下行政法发展动向分析》，载《河北法学》2013 年第 3 期。可以说，正是因为出现了像公私合作这样的新公共行政形式，监察立法才将“其他依法履行公职的人员”纳入国家监察的范围而采取这一兜底性规定。

以合同形式聘用的专业技术人员、法律顾问等,在某些专业领域具备专业技能,为国家提供智力支持,在国家机关中履行一定职责;还有一些在党政机关从事辅助性、事务性工作的如基层辅警、协管员等协助行政执法的人员,以及在基层服务的"大学生村官"等人员。由于监察法并未完全将这些人员纳入监察对象范围,为弥补对监察对象列举不全的缺陷,立法采兜底性规定,将其他未明确列举而依法履行公职的人员纳入国家监察范围,其目的就在于实现国家监察全覆盖。

需要注意的是,对于这一兜底性条款的适用不能无限制地作扩张解释。判定一个人是否属于监察对象而在解释及适用这一兜底性条款时,必须要保持一定的谦抑性,不能任意将本应不属于国家监察对象的人员强行纳入"其他依法履行公职的人员"之中。换言之,要认定一个人是否属于"依法履行公职的人员",不仅要看其是否具备公职人员的身份,还要看其是不是在行使公权力、履行公务,其所涉嫌的违法或犯罪行为是否损害了公权力及公职人员所要求的廉洁性,必须是符合行使"公权力"、具备"公职人员"身份等原则性规定的主体,才能被认定为国家监察对象。

此外,还需要注意区分监察对象与被调查人。应当说,监察对象属于被调查人,而广义上的被调查人则不限于监察对象。其中,被调查人所涵盖的范围还可能延伸到一些涉案、涉财的人员,甚至延伸到一些负有强制措施配合义务的人员。因此,这些被调查人员是否归属于国家监察对象,同样需要以识别监察对象的标准来进行认定。

三、监察对象识别标准之"公权力"与"公职人员"关系的分析

要具体判定一个人是否属于国家监察的对象,依据监察法第 3 条的规定,主要就要看其是否符合两个条件:第一,其是否行使"公权力";第二,其是否具有"公职人员"的身份。① 一般而言,一个人只要具备这两大要素中的一个,就可以认定为国家监察的对象。

然而,这里存在一个问题,即"公权力"所涵盖的范围不仅包括了所有行使公权力的公职人员,还包括除公职人员以外的其他行使公权力的人员。也就是说,以"公权力"为标准来识别具体的监察对象可以将所有的公职人员及其他行使公

① 参见杨建顺:《国家监察体制改革十大课题》,载《中国法律评论》2017 年第 6 期。

权力的人员纳入监察的对象范围；反过来，行使公权力的人就不一定具备“公职人员”的身份，以“公职人员”为识别标准来认定具体的监察对象就不能涵盖所有行使“公权力”的人员。“公权力”与“公职人员”这两个具体识别标准之间是必要不充分的关系，应以“公权力”为主要识别标准，再辅之以“公职人员”这一身份标准，来具体认定一个人是否属于国家监察的对象。

应当注意的是，这里的“公权力”已经不再仅是指传统意义上的国家公权力。以传统公法和公法学理论和原则支撑的“公权力”一般等同于国家主权或国家公共权力。① 如法国公法学家狄骥指出，国家是组织而成的，其有权行使一种主观性的权利，国家的代表是政府，政府以国家意志来行为，并以国家名义来行使这种权利控制其成员，而国家相对于其成员所具有的这种优越性就构成了我们所称的国家主权或公共权力。② 对此，有学者就指出，这种传统意义上的公权力是“人类共同体成员赋予共同体组织对内对外做出代表其成员意志和利益的行为的能力和力量。在现代社会，公权力主要指国家权力”。③ 换言之，传统意义上的公权力实质指向的仅是以主权为表征的国家公权力。

国家监察全覆盖，已经超越了传统意义上对“公权力”的理解。正如狄骥所认为的，公法已经发生变迁，在这个过程中，主权理论已经动摇、衰落，甚至破产，公共服务的概念正在取代主权的概念而成为公法与国家的基础，国家也不再是一种发布命令的主权权力，而是由个人组成的机构，这些机构中的个人必须要使用他们所拥有的权力来为公众提供公共服务。④ 换言之，传统意义上的主权或国家权力已经演化成一种组织机构所享有而具体由组织机构中的成员行使的权力，这种组织机构以及权力运行的目的就在于为公众提供公共服务。现代组织机构有其不同的形式，具体体现为国家、社团和国际组织等，因而公权力也就主要表现为国家公权力、社会公权力和国际公权力三种形式，国家公权力虽然是最主要、最基本的公权力，但并非唯一的公权力。⑤ 国家监察覆盖的范围是所有行使公权力的公职人员，因此，可以说，监察法意义上的公权力就包括了国家公权力、社会公权力和国际公权力，而国家监察的对象就是这些组织机构中具体行使权力的工作

---

① 参见姜明安：《公法学研究的几个基本问题》，载《法商研究》2005 年第 3 期。
② 参见[法]狄骥：《公法的变迁》，郑戈译，商务印书馆 2013 年版，第 3 页。
③ 姜明安：《论公法与政治文明》，载《法商研究》2003 年第 3 期。
④ 参见[法]狄骥：《公法的变迁》，郑戈译，商务印书馆 2013 年版，第 3 页、第 36 页、第 37 页。
⑤ 参见姜明安：《公法学研究的几个基本问题》，载《法商研究》2005 年第 3 期。

人员。

当然，这也就带来了新的问题。就监察法的规定来看，这些特定人员所行使的权力甚至是权利，是否属于监察法上的“公权力”？如果该特定人员属于国家监察的对象，又应如何来进行识别？这些问题都因为公权力本身概念、内涵等的不确定性而难以判定，而且监察法上的“公职人员与公务员”“从事公务”“从事管理”“履行公职”等概念所包含的具体内容等也都与“公权力”的含义密切相关，且都有作进一步解释的必要。① 面对这些具体识别国家监察对象的现实难题，就有必要重新梳理监察法上之“公权力”内涵。

从监察法第 3 条、第 15 条的规定来看，其是以行使公权力、公职人员身份、履行公务、管理公共事务与提供公共服务、管理公共财产等要素为标准，以廉洁从政、廉洁从业为要求，来认定监察对象的。这是公权、公职、公务、公财组合所形成的综合实质性识别标准。廉洁从政是对享有公权力的人员的要求；廉洁从业是对管理公共事务和提供公共服务、管理公共财产与公共资源的人员的要求。因此，要判断一个人是否属于国家监察的对象，不仅要看其是否具有公职人员的身份，而且要看其是不是在行使公权力、履行公务、管理公共事务、提供公共服务及管理公共财产等。

四、新公权力下国家监察对象的具体识别标准

国家监察法所规范的事实与实质意义上的“公权力”已经不同于传统国家公权力，是包括国家公权力、社会公权力甚至是国际公权力在内的，以公权、公职、公务、公财为基本要素组合所构成的一种新型公权力。基于此，要实现对所有行使公权力的公职人员进行全覆盖的监察，就必须以这种新公权力为基础，以其蕴含的四个基本要素为识别标准来具体认定一个人是否属于国家监察的对象。一个人只要符合新公权力的任一要素，就可认定其是在行使公权力从而成为国家监察的对象。

（一）公权

公权是识别国家监察对象最为重要的要素标准。笔者于本文中已经提及现代意义上的公权力主要包括国家公权力、社会公权力和国际公权力三种。因此，

---

① 参见蔡乐渭：《论国家监察视野下公权力的内涵、类别与范围》，载《河南社会科学》2018 年第 8 期。

以公权为识别标准就包含了以下三个要素。

其一,国家公权力。国家公权力是基于主权国家的建立而构建起来以实现国家职能的一种公权力,载体为各类国家机关,其可纵向划分为中央与地方权力,可横向划分为立法权、行政权、司法权、监察权等。[①] 国家公权力是所有公权力种类中最强大、最具强制力与权威性的权力类型,且具有天然的被滥用的可能。孟德斯鸠在论述政治自由时指出:“政治自由仅存在于宽和的政体下。可是,政治自由并不始终存在于宽和的国家里,只有权力未被滥用时,政治宽和的国家里才有政治自由。然而,自古以来的经验表明,所有拥有权力的人,都倾向于滥用权力,而且不用到极限绝不罢休。”[②]享有国家公权力的国家机关必须受到严格的监督,以防止国家公权力被滥用。这些国家机关中的工作人员作为国家公权力的具体行使者,就应是被国家监察的具体对象,如立法机关、行政机关、司法机关、监察机关中的公务员,这也是监察法所明确规定的。然而,要注意的是,这些国家机关中的工勤人员等应被排除在国家监察的对象范围之外。由此,国家公权力构成了识别监察对象最为基础的要素标准。

其二,社会公权力。社会公权力是与国家公权力相对应的一种适应于社会内部治理和国家公共治理的,以实现社会利益为目的的公共权力,是国家之外的社会组织对其成员所产生的影响力和支配力。其已然成为一种新形态的权力类型凸显于政治舞台,是国家与社会二元划分、政府与社会合作治理所提出的新命题,主要表现为“社会治权”。[③] 奥托·迈耶认为,行政法学研究的对象就是作为集合体的国家,国家首先通过一个最高权力而区别于其他集合体,而这个权力就是源自国家本身的国家权力,行政是国家为实现其目的而进行的活动。[④] 其中,以公法方式活动的公权力行政与以私法方式达成行政任务的私经济行政的二分就是这

---

① 参见姜明安:《公法学研究的几个基本问题》,载《法商研究》2005 年第 3 期。

② [法]孟德斯鸠:《论法的精神》(上卷),许明龙译,商务印书馆 2012 年版,第 185 页。

③ 姜明安教授认为,社会公权力是社会自治组织对其成员行使的权力以及社会自治组织依法律授权或依法受国家机关委托而行使的权力。参见姜明安:《论公法与政治文明》,载《法商研究》2003 年第 3 期。徐靖博士认为社会公权力的表征是社会自治权。参见徐靖:《论法律视域下社会公权力的内涵、构成及价值》,载《中国法学》2014 年第 1 期。笔者认为,“社会自治权”并不能涵盖所有的社会公权力,其仅仅是社会公权力中的一种。社会公权力还应包括如参与国家管理、国家治理、提供公共服务等职责权能在内的权力。因此,笔者在这里使用“社会治权”概念。

④ 参见[德]奥托·迈耶:《德国行政法》,刘飞译,商务印书馆 2002 年版,第 1 页。

种国家权力样态的典型代表。[①] 例如,现代形成的行政主体多元与治理方式多样的行政格局,就是19世纪自由法治国行政与20世纪社会福利国行政的双重结合,政府在从守夜人角色转变为干预政府再转变到福利国家的过程中,行政的内涵已经嬗变,行政的目的不再仅是执行法律或维护社会秩序等,还包括面向未来而着力于发展公共事业和处理公共事务,促进经济社会发展以提高公民福祉。[②]这就使部分国家公权力社会化、私法化。对此,有学者认为社会公权力与国家公权力并非泾渭分明甚至难以界分,且社会公权力对公共资源配置等有重要支配作用,并指出依法授权或受委托而建立的社会中介组织、基层群众性自治组织以及工商联等组织中的工作人员所行使的就是社会公权力,也是法定的国家监察对象。[③] 因此,社会公权力也构成了识别国家监察对象的重要要素标准。

其三,国际公权力。国际公权力是国家主权的延伸。随着国际政治的全球化与一体化发展,国家间的联系日益密切,国家成了国际社会的一员,主权国家结成各种国际组织以实现国际社会共同参与的共治与善治。有学者指出,随着全球公共问题凸显,关注与讨论建立"世界政府"变得热切,新时代"构建人类命运共同体"理念已经超越了步入困境的西方传统"世界政府"理念,[④]所形成的则是一种世界性的"大政府"理念,其精神的内核与实质就在于为作为主体的人提供服务与保障,以实现全球协同治理的善治与善政。这也就意味着在全球化背景下一个国家是不能脱离国际社会的,更意味着中国在助推全球化发展进程中必将会发挥更大的作用和承担更多的责任。正因为国家间的联系加强,一国再无法独自处理所有的公共事务,所以各国协商建立起国际组织并赋予其权力来促进国际合作、协调国际纠纷等一国难以解决的问题。对此,有学者指出,国际公权力得到了现代国家主动自愿的承认,其作用领域几乎遍布人类社会各方面,从解决争端到维护和平、从救难赈灾到疾病防治、从污染控制到人权国际保护,只要人类活动所及

---

① 参见翁岳生主编:《行政法》(上册),中国法制出版社2009年版,第24~27页。

② 参见谭宗泽、杨靖文:《面向行政的行政法及其展开》,载《南京社会科学》2017年第1期。

③ 蔡乐渭教授认为,将行使社会公权力的人纳入监察对象范围需符合三个条件:该社会公权力对公众或其成员的权利义务能产生重大影响;该社会公权力与国家公权力密切相关;该社会公权力的行使涉及公共资源或资金的运用。参见蔡乐渭:《论国家监察视野下公权力的内涵、类别与范围》,载《河南社会科学》2018年第8期。

④ 参见魏益帆、王丽君:《"人类命运共同体"对世界政府理念的超越》,载《石河子大学学报》(哲学社会科学版)2018年第5期。

的，就有国际公权力存在，有各种形式的国际公权力组织如联合国及联合国的各种组织、世贸组织、上海合作组织以及各种国际性非政府组织等。① 这些国际组织承担大量的国际公共职责，享有并行使广泛的国际公权力。中国公民必然参与处理国际事务，行使一部分国际公权力，这种权力本质上是我国国家主权或国家公权力的延伸。要对所有行使公权力的公职人员实现监察全覆盖，当然应将这些国际组织中行使公权力、从事公务的中国公民囊括在国家监察对象的范围内，因而国际公权力也是识别国家监察对象的一个重要要素标准。

（二）公职

公职是识别国家监察对象最为直接的要素标准。与公权这一相对抽象的识别标准相比，公职这一具体识别标准更为客观明了。不过，需要注意的是，这里作为识别国家监察对象的公职并不仅仅是指简单意义上的公共职位，而是包含了公职人员与公职岗位这两大基本要素在内的一种复合性识别标准。例如，机关公务员和机关中参照公务员管理的人员之所以被认定为监察对象，就是因为其具有公职人员的身份或负有公共岗位的职责，是以身份兼以岗位职责进行认定的。

其一，公职人员。公职人员是最为直接客观的识别国家监察对象的要素标准，因为其主体就是具体的个人。然而，也正因为这一识别标准相对客观具体，所以导致了理论上难以清晰界定公职人员范围的问题。国家监察立法没有使用“公务员”、“国家公职人员”以及我国刑法第 93 条所规定的“国家工作人员”的概念来确定监察对象，而是首次在我国法上使用了“公职人员”这一概念。依据《联合国反腐败公约》第 2 条对“公职人员”的界定，其主要指三类人：一是经任命或选举而在缔约国中担任立法、行政、行政管理或者司法职务的任何人员；二是依照缔约国本国法律的定义和在该缔约国相关法律领域中的适用情况，履行公共职能，包括为公共机构或者公营企业履行公共职能或者提供公共服务的任何其他人员；三是缔约国本国法律中界定为“公职人员”的其他任何人员，以及其他履行公共职能或者提供公共服务的其他任何人员。依据我国公务员法第 2 条的规定，公务员是依法履行公职、纳入国家行政编制、由国家财政负担工资福利的工作人员，只要是符合这三个条件的人都属于公务员。我国刑法第 93 条所规定的“国家工作人员”就是国家机关中从事公务的人员，此外还包括以“国家工作人员论”的在国有企事

① 参见姜明安：《公法学研究的几个基本问题》，载《法商研究》2005 年第 3 期。

业单位，人民团体中从事公务的人员和这些单位组织委派到非国有公司、企事业等单位组织中从事公务的人员，以及其他依法从事公务的人员。

综上所述，与我国公务员法上的“公务员”和我国刑法上的“国家工作人员”相比，监察法所确定的“公职人员”的范围更广泛。当然，这更有利于也更符合实现国家监察全覆盖的立法目的。因此，无论是我国公务员法上的“公务员”，还是我国刑法上的“国家工作人员”，都应属于监察法上的“公职人员”而被认定为国家监察对象。正如有学者所指出的，因为公务员是政府的组成分子，是公务的具体实施者，所以与个人相比，公务员的廉洁性更为重要，其不仅关系到公务员个人的品行道德和社会风气，还关系到公权力的公正行使和政府的声誉，甚至还关系到公众的信任和政权的稳定。① 基于此，“公职人员”的外延就可以解释为包括以“国家工作人员论”者在内的所有的国家工作人员、行使公权力的公务员、依职权或者受托从事公务或者提供公共服务的人员、依职权或者受托经营管理公共财产的人员以及其他依法履行公职的人员。

不过，这里有两个问题需要注意。第一，我国刑法第 93 条第 2 款所规定的“其他依照法律从事公务的人员”与监察法第 15 条第 5 款、第 6 款所规定的“基层群众性自治组织中从事管理的人员”和“其他依法履行公职的人员”的衔接问题。其中，《全国人民代表大会常务委员会关于〈中华人民共和国刑法〉第九十三条第二款的解释》已将村民委员会等村基层组织人员定性为“其他依照法律从事公务的人员”，因此监察法第 15 条第 5 款也将这些基层组织人员纳入了监察对象范围。然而，全国人大解释所界定的“其他依照法律从事公务的人员”并不能涵盖所有“其他依法履行公职的人员”。也就是说，国家监察所覆盖的范围更广泛，既包括全国人大常委会解释中的基层组织人员，也包括我国刑法上的“其他依照法律从事公务的人员”，还包括其他“依法履行公职的人员”。第二，由于监察法上的“公职人员”比刑法上“国家工作人员”的范围更宽泛，监察事项不仅包括职务犯罪，还包括职务违法以及与职业、身份相关的道德操守等，一些“公职人员”可能会成为国家监察对象，但未必会构成我国刑法上的贪污贿赂犯罪和徇私舞弊、滥用职权、玩忽职守等渎职犯罪。

其二，公共岗位。首先需要说明的是，这里的“公共岗位”并不只是指国家机

---

① 参见叶必丰：《论公务员的廉洁义务》，载《东方法学》2018 年第 1 期。

关组织法意义上法定的国家机关中的公职岗位，而是包括了国家机关和中国共产党以及各民主党派机关、政协机关、人民团体等国家与社会团体组织中所有具有公共职能的公共岗位。我国公务员法第 2 条所确定的识别公务员的两个重要标准是“依法履行公职”和“纳入国家行政编制”，这里的公职与国家编制就是公共岗位的表征。依照我国公务员法的规定，公职岗位的设置应在定机构、职能、编制基础之上依据核定编制职数限额来确定，但由于实践中国家行政编制与事业编制并存且存在编制混乱、人员超编、结构失调及超职数配置等问题，①只要是被纳入国家行政事业编制的公职岗位都应属于这里的公共岗位。需要注意的是，这里作为识别监察对象的“公共岗位”只是“公职人员”这一识别标准的辅助性识别标准。因为一般只要是具有公共岗位职责的人，通常情况下都被纳入了监察法意义上“公职人员”的范畴，但并非所有监察法意义上的公职人员都具有公共岗位的身份，还存在一些经依法授权或依法受委托从事公务而“以公职人员论”的人，以公共岗位为识别监察对象的标准，并不能完全覆盖“其他依法履行公职的人员”，因此，“公共岗位”一般也只能辅助“公职人员”这一具体识别标准来认定一个人是否属于国家监察对象。

具体来说，“公共岗位”这一识别标准主要以权能和权责为要件来识别监察对象。其中，权能主要表现为公共岗位所具有的职权与职能及其设置和运行的规范，权责则体现为所设置的公共岗位的目的以及所负担的责任。对此，要判断一个职位是否属于监察法意义上的公共岗位，就可采取静态与动态相结合的方式来考察和进行认定，进而再具体识别具有岗位权能与负有岗位职责的人是否属于国家监察对象。其中，静态考察可以采用设置岗位所具有的公共权能和负有的权责为要素标准，动态考察可采用公共岗位被赋予的职权的运行及其规范为要素标准。例如，国家行政机关具有行政权、司法机关具有司法权、人大机关具有立法权、监察机关具有监督权，分别负有行政执法、司法裁判、法律制定、法律监督的职责，贯穿于法律制定到法律实施及法律监督的整个过程。在这一过程中就需要国家监察机关对其运行国家权力进行监督，对其违法行使职权职能而实施的行为与活动等进行规范和监察。因此，只要符合公职所具有的权能和权责这两个要素标准，就应认定为监察法意义上的公共岗位，在这些岗位上的人员或者说具备公共

① 参见谌赤军：《实施公务员法应注意衔接的几个机构编制问题》，载《中国行政管理》2006 年第 2 期。

岗位身份而具体行使岗位职权负有岗位职责的人就应属于国家监察的对象。

需要注意的是,这里的公共岗位要与监察对象区分开,公职岗位仅是识别监察对象标准的一个判断要素,并非监察对象本身,国家监察对象是具体的人,也就是行使公共岗位职权而负有法定职责的人员。另外,对于作为识别监察对象四大要素之一的公职的认定,不仅要以具体人员是否具备公共岗位职权或负有相应的职责为判断要素,还要结合其是否属于公职人员这一判断要素进行综合认定,继而识别和认定国家监察对象。

(三)公务

公务是识别国家监察对象最为明显的要素标准。这里的公务要区别于私主体的事务,仅指公法上之一般事务,具体就表现为公共行政中的履行职务或执行公务,包括实施公共管理与提供公共服务。

其一,实施公共管理。现代国家理论认为,国家的目的就是要实现对国家与社会的公共事务的管理,以建立和维持良好的社会秩序。从这个意义上来说,国家或者说行政的目的就是维护国家统治及社会秩序的稳定,对公共事务实施管理。例如,博丹就将主权定义为"对公民和臣民进行统治的最高权力",并将国家的目的定义为"用主权进行合法的统治"。① 国家统治或者国家管理,就是主权的运行,其实质就是运用外化为国家权力的主权进行统治,整个过程就表现为国家机关运用国家权力对国家与社会事务进行管理,这种管理就是公共行政。不过,由于国家管理论片面强调政府管理,随着社会的发展与转型,法学理论逐渐转向对公民权利的保护,因此出现了强调国家权力与公民权利"关系"之平衡理论、"控权论"等理论;随着国家与社会的进一步发展,凸显的社会矛盾与问题更加繁多,为解决国家、政府、社会等之间关系的问题,公共管理领域诞生了强调治理范围更宽广、治理主体更包容的合作治理理论,并促成了由公共行政向公共治理转变的范式转型,回应了国家与国际社会发展的现实需求。② 国家监察立法同样也是对这一现实需求的回应。

---

① 参见[美]乔治·萨拜因:《政治学说史:民族国家》(上),邓正来译,上海人民出版社2015年版,第101页、第105页。

② 参见沈岿:《"为了权利与权力的平衡"及超越——评罗豪才教授的法律思想》,载《行政法学研究》2018年第4期;于潇、孙悦:《全球共同治理理论与中国实践》,载《吉林大学社会科学学报》2018年第6期。

因此，可以说公共行政就是以政府为核心的国家机关以及以公益性为导向的社会组织等为实现与提升公共利益，通过协同治理的方式对国家与社会进行管理与服务所实施的一系列活动。[①] 其整个活动的过程必然伴随着公共权力的运行。由此，就需要国家对整个行使公权力实施行为的过程进行监督，国家机关以及社会组织等就成了国家监察的载体，这些国家机关以及社会组织中具体运用公权力对公共事务进行管理的人员就应成为当然的国家监察的对象。此外，由于这里的"管理"属于法律上之"不确定概念"，依据《全国人民代表大会常务委员会关于〈中华人民共和国刑法〉第九十三条第二款的解释》，以下公务也应属于国家管理：对救灾、抢险、防汛、优抚、扶贫、移民救济款物的管理；对社会捐助公益事业款物的管理；对国有土地的经营管理；对土地征用、征收补偿费用的管理；从事代征、代缴税款、计划生育、户籍、征兵工作以及协助人民政府等国家机关在基层群众性自治组织中从事的管理工作，等等。一方面，以上公务具有管理公共事务与维护公共利益的属性；另一方面，这些管理行为实质上也是在运用公共权力。因此，实施公共管理就可作为识别监察对象的一个要素标准。

其二，提供公共服务。由于公共行政的发展，国家行政形式逐渐由管理型向服务型转变，公共服务也成为识别国家监察对象的一个重要要素标准。行政国家的诞生形成了传统的国家行政。在我国传统的行政体制下，国家几乎垄断了所有的资源而以行政化的社会保障制度来维系公共产品的供应，这在一定时期内对保障基本民生起到了重要作用。然而，由于受经济制度变革的强烈冲击，政府逐渐认识到其掌控的部分领域需要予以让渡。[②] 尤其是，随着经济社会的发展，行政任务急剧膨胀，国家负担越来越繁重，并且，随着公共行政改革的渐次展开，出现了政府职能部分社会化之倾向，引发了公共行政的多元化发展，具体就表现为从传统的权力行政扩展到非权力行政，衍生了许多如协作行政、公私合作等类型的非正式行政形式。[③]

正是因为国家及其传统的单一公共行政模式已经不能满足社会公众的需求，

---

① 参见宋世明：《从公共行政迈向公共管理——当代西方行政改革的基本发展趋势》，载《国家行政学院学报》2018 年第 1 期。

② 参见刘飞：《试论民营化对中国行政法制之挑战——民营化浪潮下的行政法思考》，载《中国法学》2009 年第 2 期。

③ 参见朱新力、梁亮：《公共行政变迁与新行政法的兴起》，载《国家检察官学院学报》2013 年第 1 期。

国家行政形式也就面临着由传统管理型向现代服务型行政模式的转变。可以说,国家行政从公共行政迈向公共管理,再发展到提供公共服务,由政府管理转向政府治理,由秩序行政转向服务行政,已成为一种趋势,是依法行政与效能行政以及科学合理行政的有机统一,也是自20世纪70年代以来发达国家为推动国家转型所进行的且业已取得了较大成效的行政改革实践。这种行政方式和行政理念的转变是对原有行政体制的改造与优化,是对传统行政的超越,其将会导致行政权力被重新塑造与建构,引导行政从单中心管理控制走向网格化的协同共治,同时,行政的核心目标也将会逐渐由行政权力的有效配置转向公共物品、公共服务的有效供给。[①] 在此背景之下,行使公共权力的不仅仅是国家机关,还有其他社会组织等,由此所引发的政府或者说国家职能的社会化,其实质就是公共权力的社会化,这部分社会化了的公共权力也应纳入国家监察的范围。因此,提供公共服务也可作为识别监察对象的一个要素标准。

(四)公财

公财是识别国家监察对象最为基本的要素标准。公财与公共利益直接相关,公财具体就包括公共财产与公共资源,对公财负有管理责任的人员属于国家监察的对象。

其一,公共财产。我国刑法第91条所规定的公共财产的范围,具体包括国有财产、劳动群众集体所有的财产、用于扶贫和其他公益事业的社会捐助或者专项基金的财产,以及“以公共财产论”的在国家机关、国有公司、企业、集体企业和人民团体管理、使用或者运输中的私人财产。当然,这里“以公共财产论”的私人财产原本不属于公共财产,但国家对这些私人财产负有一定的义务,因此“以公共财产论”。应该说,监察法意义上之公共财产的范围要比刑法中公共财产的范围更广,不仅包括国家机关、国有企业等管理的财产,还包括执政党与民主党派机关、政协机关以及公办行政事业单位等中的公共财产。这是以公共财产的所有权为基础,以对公共财产负有特定管理责任来识别监察对象的。

作为监察对象识别标准要素的公共财产具体包括国有与集体所有的财产,因此,对国有或集体所有的财产负有经营管理监督责任的人员就应属于国家监察的对象,其主要是国有企业中的管理人员,一般包括国有企业领导班子成员、中基层

---

① 参见宋世明:《从公共行政迈向公共管理——当代西方行政改革的基本发展趋势》,载《国家行政学院学报》2018年第1期。

管理人员、特定岗位人员及其他负有国有资产经营管理责任的人员等。其中，领导班子成员主要包括国有独资、国有控股及其分支机构的领导班子成员，如设立董事会的企业中由国有股权代表派出的董事长、董事、总经理、党委书记、纪委书记，以及未设董事会企业中的总经理、党委书记、纪委书记等人员；中基层管理人员包括部门经理、副经理、总监、副总监等负责人；特定岗位如对国有资产负有管理、监督责任的会计、出纳等工作人员。以上人员如果涉嫌职务违法或职务犯罪，监察机关就可对其进行监察。换言之，公共财产就可作为识别监察对象的一个要素标准。

其二，公共资源。公共资源是国家与集体所有的各种资源。监察法意义上的公共资源不仅包括国有土地、森林、草原、河流、海域、石油、煤矿等自然资源，而且包括如铁路、公路、航空以及历史文物、名胜古迹、风景旅游区和国家与集体所建设的各种公共基础设施等资源，甚至还包括公共服务意义上的科学教育、医疗卫生及供水、供电、供气、通信等为公民和组织等生产、生活、发展提供社会保障等具有公共属性的资源。这些公共资源是国家通过运用公共权力或公共财政支出的形式对社会成员所进行的有序配给，不属于任何个人，因此就需要国家对公共资源配置的过程进行管理和监督，以保证分配的基本公正，防止腐败。由此，运用国家权力对这些公共资源进行配置及负有经营管理监督责任的人员就应该成为国家监察的对象，公共资源这一要素就是具体识别这些对象的标准。

此外，随着社会的发展与国家行政任务的剧增，传统由国家和政府配给公共资源的单一形式已经不能满足社会的需求，这就需要社会主体参与公共资源的管理与供给，国家行政开始转向国家与社会的合作。由此，社会主体开始大量承担国家的行政任务，为社会公众提供公共服务，担负起了公共资源配置与供给的责任，经营管理着部分国有性质的公共资源。正因为公共行政模式发生转变，社会主体开始承担配给公共资源的公共职能，经营管理着部分公共资源并行使着部分社会公权力，所以，也就有必要将这些经营管理或配置公共资源而承担公共职能、行使公共权力的社会主体纳入国家监察的对象范围。

五、代结语：关于人大代表是否属于国家监察对象的探讨

由于人大代表身份的特殊性，关于人大代表是否属于国家监察对象这一问题一直存在争议。有学者认为，监察法第 15 条所规定的人大机关的“工作人员”应

作广义理解，人大代表应包括在人大机关的"工作人员"之中，无论其具有何种身份，在其任职期间，监察机关可对其实施的与代表职务相关的行为进行监察，且按照监察法第 3 条和第 15 条的规定，人大代表属于行使公权力的公职人员，监察机关能够对其进行监察，但应严格遵守法定程序进行。① 也有学者认为，应区分人大机关中的一般公职人员与人大代表，明确人大机关中工作部门的行政管理人员属于监察对象，而不能简单地将人大代表视为公职人员：人大代表应排除在监察对象之外，对人大代表的违法违纪行为应建立特殊的惩戒制度来处理，以尊重人大代表之民意代表的身份和人大机关的法律地位。②

依据我国全国人民代表大会和地方各级人民代表大会代表法第 2 条的规定，全国人大代表是最高国家权力机关的组成人员，地方各级人大代表是地方各级国家权力机关的组成人员，全国人大代表和地方各级人大代表依照宪法和法律所赋予的各项职权，参加行使国家权力。也就是说，人大代表作为各级国家权力机关的组成人员，在其担任代表期间具备公职人员的身份。③ 另外，依据全国人民代表大会和地方各级人民代表大会代表法第 46 条的规定，人大代表应正确处理从事个人职业活动与执行代表职务的关系，不得利用执行代表职务干涉具体司法案件或者招投标等经济活动牟取个人利益。人大代表执行代表职务属行使国家公权力的行为，因此人大代表如果在履行代表职责时利用其代表身份从事法律禁止性活动而违法犯罪时，理应对其行为进行监察而将其认定为国家监察的对象，但对于其实施的其他与履行代表职务无关的行为，就不应对其进行监察。

对此，就有学者指出，人大代表既然是特殊的公职人员，就不宜将其与纯粹的公职人员等同而不加考察地纳入监察范围，否则会损害人民代表大会制度并动摇

---

① 参见郭文涛：《监察委员会监察人大代表的理解与论证》，载《西南政法大学学报》2018 年第 4 期。

② 参见吕永祥、王立峰：《〈钦定台规〉对国家监察立法的启示》，载《广西社会科学》2018 年第 6 期；秦前红、刘怡达：《监察全面覆盖的可能与限度——兼论监察体制改革的宪法边界》，载《甘肃政法学院学报》2017 年第 2 期；秦前红：《国家监察法实施中的一个重大难点：人大代表能否成为监察对象》，载《武汉大学学报》（哲学社会科学版）2018 年第 6 期。

③ 秦前红教授指出，尽管学理上界定人大代表身份的学说有资格说、职务说、代表说等，但依据我国宪法法律的有关规定，将人大代表视为特定类型的公职人员应不存在异议。参见秦前红：《国家监察法实施中的一个重大难点：人大代表能否成为监察对象》，载《武汉大学学报》（哲学社会科学版）2018 年第 6 期。

人大代表的政治基础。[①] 笔者亦认为，人大代表以“参加行使国家权力”为基本形式，同时，“参加行使”国家权力与“行使”国家权力是有区别的，因此，对于人大代表是否属于国家监察对象这一问题的讨论，不能形成监察机关监督人大代表执行代表职务、表达民意的认识误区。人大代表执行代表职务的行为受全国人民代表大会和地方各级人民代表大会代表法调整是没有争议的，监察法也没有规定对人大代表执行职务的行为进行调整。然而，如果人大代表利用其代表职务身份实施违法犯罪行为，该行为损害了代表职务的廉洁性，则应当纳入监察法调整范围，有关人大代表应当被认定为监察对象，并以公权、公职、公务、公财为识别标准来进行具体判断。换言之，只有当人大代表利用代表身份作出法律禁止的行为时，人大代表才成为监察对象。

① 参见秦前红：《国家监察法实施中的一个重大难点：人大代表能否成为监察对象》，载《武汉大学学报》（哲学社会科学版）2018 年第 6 期。

论监察委员会依法独立行使监察权

郭文涛*

［摘要］ 2018 年 3 月全国人大通过宪法修正案和监察法，明确了监察委员会依法独立行使监察权原则，这对于确保国家监察的独立性、公正性、权威性具有十分重要的意义。监察委员会依法独立行使监察权，具有如下四个方面的规范内涵：监察委员会集中统一行使监察权，监察委员会的工作不受行政机关、社会团体和个人的干涉，监察委员会独立行使监察权必须依照法律规定，监察权由监察委员会而非监察官依法独立行使。在国家监察工作实践中，监察委员会依法独立行使监察权存在一定的限度，需要接受中国共产党、人大及其常委会、司法机关和执法部门以及上级监察机关的监督制约。借鉴域外监察制度的有益经验，从我国国情出发，可以从组织独立、人事独立、财政独立、办案独立四个方面保障监察权依法独立行使。

［关键词］ 监察委员会　监察权　独立　监督制约

一、引言

2018 年 3 月 11 日，全国人大通过宪法修正案，这次宪法修改的重要内容是将监察委员会纳入宪制架构之中，使之成为具有明确宪法地位的国家机关，健全党和国家监督体系。① 宪法第 127 条第 1 款和监察法第 4 条第 1 款规定："监察委员会依照法律规定独立行使监察权，不受行政机关、社会团体和个人的干涉。"宪法

* 郭文涛，西南政法大学监察法学院师资博士后、讲师，法学博士。

① 参见钟纪言：《赋予监察委员会宪法地位　健全党和国家监督体系》，载《人民日报》2018 年 3 月 3 日，第 3 版；李少文：《国家监察体制改革的宪法控制》，载《当代法学》2019 年第 3 期。

和监察法的这两个条款确立了监察委员会依法独立行使监察权原则。作为一项宪法原则,监察委员会依法独立行使监察权具有十分重要的意义,有利于监察委员会在履行国家监察职责时保持独立性、公正性、权威性,防止其他主体的干涉,从而深入开展反腐败工作。[①] 然而,自全国人大通过宪法修正案和监察法以来,学术界对监察委员会依法独立行使监察权的规范内涵、实践限度、制度保障等缺乏系统的学理性研究,本文拟就此做一番分析。

二、监察委员会依法独立行使监察权的规范内涵

构建中国特色国家监察体制,其关键所在是监察权依法独立行使。宪法第127条第1款和监察法第4条第1款都规定,监察委员会依法独立行使监察权,不受行政机关、社会团体和个人的干涉。这意味着监察委员会依法独立行使监察权不仅是监察法的要求,更是我国宪法所明文规定的一项重要原则,是国家机构间权力配置的重要依据。[②] 该原则是在全面深化国家监察体制改革的新时代背景下产生的,强调了监察委员会在行使职权时具有相对超然的地位和独立性,以便保证反腐败工作的集中统一、权威高效。[③] 只有监察委员会在行使国家监察职权时,不受其他主体的非法干涉,才能真正确保监督准确到位、调查合法合理、处置正确适当,从而增强监察委员会的公信力和权威性,实现国家监察体制改革的目标。[④] 监察委员会依法独立行使监察权,具有以下四个方面的规范内涵。

其一,监察委员会集中统一行使监察权。在国家监察体制改革前,反腐败力量主要有党的纪律检查机关、人民政府的行政监察部门和预防腐败部门、人民检察院的反贪反渎部门和预防职务犯罪部门。党的纪律检查机关依照党章党规对党员的违纪行为进行查处,人民政府的行政监察部门和预防腐败部门对行政机关工作人员的违纪违法行为进行监察和预防,人民检察院的反贪反渎部门和预防职务犯罪部门对国家工作人员的职务犯罪行为进行查处和预防。在这种权力配置

---

① 参见秦前红、石泽华:《论监察权的独立行使及其外部衔接》,载《法治现代化研究》2017年第6期。

② 关于宪法文本规定的重要性,参见韩大元:《认真对待我国宪法文本》,载《清华法学》2012年第6期。

③ 参见马怀德主编:《中华人民共和国监察法理解与适用》,中国法制出版社2018年版,第14页。

④ 参见汪江连:《论监察机关依法独立行使监察权》,载《法治研究》2018年第6期。

格局下，反腐败权力既分别行使，又交叉重叠，没有形成合力。① 深化国家监察体制改革，将人民政府的行政监察部门和预防腐败部门、人民检察院的反贪反渎部门和预防职务犯罪部门等反腐败权力和资源整合起来，组建监察委员会，作为党统一领导下的反腐败工作机构，并与党的纪律检查机关合署办公，构建集中统一的反腐败体制机制，有利于形成监督合力，提高反腐败效率。② 监察委员会作为行使国家监察职能的专责机关，作为反腐败专门工作机构，集中统一行使反腐败权力——监察权，诸如人大及其常委会、人民政府、人民法院、人民检察院等其他国家机关均不得行使监察权。需要注意的是，在党和国家监督体系中，其他国家机关或组织也享有一部分监督职能，如党委有权进行政治监督、人大有权进行工作监督、政协有权进行民主监督、检察院有权进行法律监督、审计机关有权进行审计监督等。但是，这些机关或组织的监督权与监察委员会的监察权有着本质的区别，监察委员会的监察权是对公职人员的职务违法犯罪进行监督、调查、处置的权力，而其他机关或组织的监督权并不包含这些内容。对公职人员进行监督检查，调查职务违法和职务犯罪，并做出相应处置，这是专属于监察委员会行使的监察权。

其二，监察委员会的工作不受行政机关、社会团体和个人的干涉。这里的“行政机关”是指与权力机关、审判机关、检察机关、军事机关等相并列的机关，即狭义上的国务院和地方各级人民政府及其组成部门、内设机构、派出机构、派出机关等。在我国，“社会团体”主要是指除了国家机关之外的第三方社会组织，包括法人团体和非法人团体，也包括基层性群众自治组织，通常被称为非政府组织，即欧美国家所指的 NGO，如法学会、共青团、妇联、律协、工会等。③ “个人”包括所有可能干涉国家监察工作的人员，既包括非监察机关的人员，如同级党委的领导和其他国家机关的领导，也包括监察机关内部的人员。严格意义上的要求是：凡是非相应案件的办案人员或负责人，即使是监察机关内部的领导干部或其他国家机关的领导干部，如果干涉监察人员依法行使职权，应当记录在案，并按照有关规定追

---

① 参见李建国：《关于〈中华人民共和国监察法（草案）〉的说明——2018 年 3 月 13 日在第十三届全国人民代表大会第一次会议上》，载《全国人民代表大会常务委员会公报》2018 年第 2 期。

② 参见魏昌东：《监督职能是国家监察委员会的第一职能：理论逻辑与实现路径——兼论中国特色监察监督系统的规范性创建》，载《法学论坛》2019 年第 1 期；魏昌东：《〈监察法〉与中国特色腐败治理体制更新的理论逻辑》，载《华东政法大学学报》2018 年第 3 期。

③ 参见高丙中：《社会团体的合法性问题》，载《中国社会科学》2000 年第 2 期。

究相应的责任。[①] 这里的“干涉”，主要是指上述主体采取不正当手段，或者利用职权、地位、影响力等因素影响、干扰、阻挠监察人员依法行使职权的行为，例如，利用职权阻止监察人员开展案件调查，利用职权威胁、引诱他人不配合监察机关工作，等等。[②] 党的十八大以来，反腐败斗争取得了压倒性胜利，但面临的形势依旧严峻复杂。反腐败工作涉及腐败分子的切身利益，可能导致其运用各种手段干涉反腐败工作的正常进行。保障监察委员会依法行使职权的独立性，防止上述主体干涉，是确保监察机关公正高效办理案件的基本前提。[③]

其三，监察委员会独立行使监察权必须依照法律规定。“依照法律规定”是国家监察机关独立行使监察权的前提，这要求国家监察机关在行使职权的过程中，必须严格依照有关法律规定开展工作，不能独立于法律之外，不能恣意任性和滥用权力。[④] 监察法第 5 条规定：“国家监察工作严格遵照宪法和法律，以事实为根据，以法律为准绳……”这一条的规定是指监察委员会在开展国家监察工作时，包括案件线索处置、初核、立案、调查、作出处置等都要以监察法等法律法规为标准，严格“依照法律规定”独立行使监察权。监察委员会独立行使监察权所依之“法”包括实体法和程序法，即“依照法律规定”既表现为按照实体法规定的权限、条件、标准、责任范围、限度和从重从轻规则办案，又包括依照程序法规定的过程、步骤、方式、时限及管辖规则等办案。监察委员会作为行使国家监察职能的专责机关，作为反腐败专门工作机构，其独立行使监察权的主要表现是按照监察法第 11 条的规定对公职人员履行监督、调查、处置三项职责。监察委员会切实履行国家监察职责的具体要求，就是依照法律规定做到不错位、不越位、不缺位，即“国家监察机关应独立行使监察权而不代替其他国家机关行使其他国家权力”、“国家监察机关不得超越法定权限采取非法定手段、措施”以及“国家监察机关要依法积极主动独立行使监察权而不能不作为”。[⑤] 监察委员会是反腐败专门工作机构，专责履行

① 参见谢尚果、申君贵主编：《监察法教程》，法律出版社 2019 年版，第 62 页。

② 参见中共中央纪律检查委员会、中华人民共和国国家监察委员会法规室编写：《〈中华人民共和国监察法〉释义》，中国方正出版社 2018 年版，第 65 页。

③ 参见马怀德主编：《中华人民共和国监察法理解与适用》，中国法制出版社 2018 年版，第 15 页。

④ 参见雷思远：《如何理解监委依法独立行使监察权——准确把握依法、独立、配合、制约四个关键词》，载《中国纪检监察》2018 年第 9 期。

⑤ 参见姜明安：《监察工作理论与实务》，中国法制出版社 2018 年版，第 5 页；姜明安：《论监察法的立法目的与基本原则》，载《行政法学研究》2018 年第 4 期。

国家监察职能,监察委员会行使职权、履行职责必须严格依照法律规定,按照社会主义法治原则的基本要求,既不能不担当、不作为,也不能违反规定的程序,滥用或者超越职权,更不允许放纵职务违法犯罪行为,利用职权徇私枉法。①

其四,监察权由监察委员会而非监察官依法独立行使。宪法和监察法规定的是监察委员会依法独立行使监察权,即监察委员会作为一个整体独立于行政机关、社会团体和个人,而非监察官依法独立行使监察权,不是指监察官在办案过程中不受任何干预和限制。综观监察法第四章、第五章关于监察权限、监察程序的规定,监察官在对公职人员进行监督、调查、处置时,仅具有十分有限的独立性,需要监察委员会内设机构之间的分工负责、相互配合、相互制约,在初核、立案、调查、留置、处置等关键环节都需要经过上级领导的批准和决定,一切具有处分性质的监察决定都是以监察委员会的组织决策机制和组织机构名义做出的。② 从监察委员会的工作机理而言,监察权的独立行使是以监察委员会这个国家机关为主体,而非具体化为监察官,即监察权的独立性是组织化(单位)的独立权力而非人格化(个人)的独立权力。③ 监察委员会在开展国家监察工作时,抑制了监察官的自主决断和个体理性,而强调了监察机关的分工负责和集体决策。但是法官和检察官在办理案件时,突出强调司法官的自主决断和个体理性,所以才能实行"谁裁判谁负责""谁决定,谁负责"的司法责任制,并在此基础上推行司法官员额制。④ 监察委员会行使监察权的方式和机制,使其明显区别于人民法院和人民检察院,这也决定了监察委员会不宜实行与司法机关类似的司法责任制和司法官员额制。⑤ 所以说,是监察委员会依法独立行使监察权,而不是监察官依法独立行使监察权。

---

① 参见中共中央纪律检查委员会、中华人民共和国国家监察委员会法规室编写:《〈中华人民共和国监察法〉释义》,中国方正出版社 2018 年版,第 65 页。

② 监察法第 43 条规定,监察机关采取留置措施,应当由监察机关领导人员集体研究决定。

③ 参见汪江连:《论监察机关依法独立行使监察权》,载《法治研究》2018 年第 6 期。

④ 参见佀化强:《事实认定"难题"与法官独立审判责任落实》,载《中国法学》2015 年第 6 期;陈卫东、李训虎:《检察一体与检察官独立》,载《法学研究》2006 年第 1 期;宋远升:《司法责任制的三重逻辑与核心建构要素》,载《环球法律评论》2017 年第 5 期。

⑤ 参见周磊:《中国监察官制度的构建及路径研究》,载《国家行政学院学报》2018 年第 4 期;刘练军:《监察官立法三问:资格要件、制度设计与实施空间》,载《浙江社会科学》2019 年第 3 期。

三、监察委员会依法独立行使监察权的实践限度

需要注意的是，强调监察委员会依法独立行使监察权，绝不意味着监察委员会行使职权是绝对独立的，不受任何约束和监督的，而只是具有相对独立的意义。当前，社会各界关注的一个焦点，就是“谁来监督监察委员会”。纪委和监委合署办公后，监督范围扩大了、手段丰富了、社会关注度提高了。在这种情况下，监察委员会及其工作人员必须带头遵守宪法、监察法，切实做到有权必受监督、用权不可任性。[①] 在国家监察工作实践中，监察委员会依法独立行使监察权不乏存在一定的限度，需要接受党和其他国家机关的监督制约。[②] 监委必须在党的集中统一领导下开展工作，自觉接受党委的监督，这是最主要的监督；监委要接受本级人大及其常委会的监督，这是作为我国根本政治制度的人民代表大会制度的应有之义；在办理职务违法犯罪案件时，监委与法院、检察院、执法部门之间形成了配合制约的工作机制；下级监委接受上级监委的领导，地方监委接受国家监委的领导。[③] 除此之外，监察法第七章还专门规定了“对监察机关和监察人员的监督”，其他部分也涉及监督的内容，主要有民主监督、内部监督、社会监督、舆论监督、被调查人及其近亲属的申诉监督等。[④] 通过上述各种措施，确保了对监察委员会及其工作人员的监督制约，这构成了监察委员会依法独立行使监察权的实践限度。

其一，中国共产党对监委的领导和监督。党的领导是社会主义制度的本质特征，是社会主义法治的根本保障，深化国家监察体制改革的出发点、落脚点和根本点是为了加强党对反腐败工作的集中统一领导，将纪委监委合署办公是实现党的集中统一领导的具体实现形式，这进一步整合了资源、形成了合力、加强了监督。党内法规[⑤]明确规定中央纪委向党中央报告工作的请示报告制度，在监委和纪委合署办公体制下，实质就是国家监委向党中央请示报告工作，这是党领导和监督

---

① 参见曹俊：《监察权的法理思考》，载《法学杂志》2019 年第 5 期。

② 参见谭世贵：《论对国家监察权的制约与监督》，载《政法论丛》2017 年第 5 期。

③ 参见童之伟：《对监察委员会自身的监督制约何以强化》，载《法学评论》2017 年第 1 期。

④ 参见本书编写组：《〈中华人民共和国监察法〉案例解读》，中国方正出版社 2018 年版，第 40 页。

⑤ 《关于新形势下党内政治生活的若干准则》（2016 年）、《中共中央政治局关于加强和维护党中央集中统一领导的若干规定》（2017 年）。

监察委员会的具体表现形式。① 国家监察体制改革从组织形式、职能定位、决策程序等方面着手,构建了科学完备的党集中统一领导下的反腐败工作体系。制定实施监察法,就是要将党的主张上升为国家意志,通过法律把党对反腐败工作的集中统一领导固定下来,为在党中央坚强领导下,一刻不停歇地推进全面从严治党、党风廉政建设和反腐败斗争,夺取反腐败斗争压倒性胜利提供坚强法治保障。② 党的领导本身就包含着监督和管理,纪检监察机关在党委的领导下开展工作,加强党委对纪检监察机关的监督和管理是党的领导的应有之义。为了从决策程序、职能定位、组织形式等方面实现党对国家监察、党内监督的集中统一领导,一个重要的制度安排,就是实行纪委监委合署办公,接受党中央、同级党委和上级纪检监察机关的领导,履行纪检、监察两项职责,将党内法规和国家法律贯通起来,实现对中共党员和公职人员的全面覆盖,完善党和国家监督体系。③ 在纪委监委合署办公体制下,第一位的监督是党委监督,需要确保党对国家监察工作重大问题、关键环节的监督。④ 党委书记定期召开会议,听取重大职务违法、职务犯罪案件情况报告,把握政治生态,分析反腐形势,研判问题线索,认真审核把关初核、立案、留置、处置等关键环节,确保党对国家监察工作重大问题、关键环节的监督,确保纪检监察工作始终沿着正确政治方向不断前进。⑤

其二,人大及其常委会对监委的监督。按照宪法和监察法相关条款的规定,

---

① 2018 年 3 月全国两会上,杨晓渡同志在回答如何加强对监委和纪委监督时说:"我们要接受党中央的监督。党中央对我们的领导就是对我们的监督,党的十九大以后第一家向党中央报告工作的就是中央纪委,在去年底向党中央报告了两个月来的工作。"参见田国垒:《始终在党的领导和监督下开展工作》,载《中国纪检监察报》2018 年 3 月 19 日,第 3 版。

② 参见本书编写组:《〈中华人民共和国监察法〉案例解读》,中国方正出版社 2018 年版,第 15 页、第 19 页。

③ 参见江国华:《中国监察法学》,中国政法大学出版社 2018 年版,第 28 页。

④ 在国家监察体制改革试点期间,试点地区党委切实加强对纪委、监委工作的领导,由原来侧重"结果领导"转变为"全过程领导",把党的领导体现在全面从严治党的日常工作中。党委书记定期研判问题线索、分析反腐形势、把握政治生态,第一时间听取重大案件情况报告,对初核、立案、采取留置措施、作出处置决定等认真审核把关,随时听取重要事项汇报,确保党牢牢掌握对反腐败工作的领导权。2017 年 1 月至 8 月,北京市、山西省、浙江省分别召开 36 次、25 次、29 次省(市)党委常委会会议研究管党治党、反腐败工作;省(市)党委书记批准谈话函询、立案审查、采取留置措施等事项分别达到 90 人次、44 人次、22 人次。参见《积极探索实践 形成宝贵经验 国家监察体制改革试点取得实效——国家监察体制改革试点工作综述》,载《人民日报》2017 年 11 月 6 日,第 1 版。

⑤ 参见田国垒:《始终在党的领导和监督下开展工作》,载《中国纪检监察报》2018 年 3 月 19 日,第 3 版。

监委与人大是“产生、负责、监督”的关系。[①] 监察委员会由人民代表大会选举产生，这就决定了监察委员会必须对人大及其常委会负责，并接受人大及其常委会的监督。按照监察法第 53 条[②]的规定，人大及其常委会应当对监委进行监督，其监督的具体方式有听取和审议专项工作报告、组织执法检查、提出询问和质询，此外根据宪法的规定，人大对监察委员会主任有罢免权。[③] 监察法第 53 条的规定为人大及其常委会监督监察委员会提供了直接的法律依据。我国是社会主义国家，人民代表大会制度是我国的根本政治制度，我国政体既不是“三权分立”，也不是“五权宪法”，而是“议行合一”的人民代表大会制度。[④] 我国宪法在配置国家权力时，按照民主集中制的原则，由权力机关产生行政机关、监察机关、审判机关、检察机关，[⑤]前者主要行使立法权，后者分别行使行政权、监察权、审判权、检察权。[⑥] 监察机关和其他国家机关一样都是由人大产生，这意味着监察机关也应该像其他国家机关一样对人大及其常委会负责，并接受人大及其常委会监督。因此，人大及其常委会对监察委员会进行监督，是我国权力监督的应有之义，拓宽了人民监督权力的途径，丰富和发展了人民代表大会制度的内涵。[⑦] 不过，人大及其常委会与监察委员会之间的关系，既有监督，又有支持；人大及其常委会既要依法监督监察委员会，又不能越俎代庖，代替监察委员会行使监察职能。[⑧] 需要指出的是，由于监委是以与纪委合署办公的形式开展工作，所承担的反腐败任务具有极强的政治性和敏感性，所以人大常委会听取和审议专项工作报告、组织执法检查、提出询问和质询时，不应涉及监察调查过程中的某些敏感问题以及其他需要保密的工作

---

① 参见秦前红：《我国监察机关的宪法定位——以国家机关相互间的关系为中心》，载《中外法学》2018 年第 3 期。

② 监察法第 53 条规定：“各级监察委员会应当接受本级人民代表大会及其常务委员会的监督。各级人民代表大会常务委员会听取和审议本级监察委员会的专项工作报告，组织执法检查。县级以上各级人民代表大会及其常务委员会举行会议时，人民代表大会代表或者常务委员会组成人员可以依照法律规定的程序，就监察工作中的有关问题提出询问或者质询。”

③ 参见郭文涛：《监察委员会监察人大代表的理解与论证》，载《西南政法大学学报》2018 年第 4 期。

④ 参见杜强强：《议行合一与我国国家权力配置的原则》，载《法学家》2019 年第 1 期。

⑤ 参见王旭：《作为国家机构原则的民主集中制》，载《中国社会科学》2019 年第 8 期。

⑥ 参见林彦：《从“一府两院”制的四元结构论国家监察体制改革的合宪性路径》，载《法学评论》2017 年第 3 期。

⑦ 参见刘小妹：《人大制度下的国家监督体制与监察机制》，载《政法论坛》2018 年第 3 期。

⑧ 参见秦前红主编：《监察法学教程》，法律出版社 2019 年版，第 398 页。

内容。这种制度设计,既充分考虑了人大对监察委员会的监督方式,考虑了人大对监委监督工作的实效性,同时充分考虑了纪委监委工作的特殊性。既能保障人大能够顺利实现对监委的有效监督,又不过多公开相关纪委监委案件的具体情况、敏感事项。这正是两个方面工作的辩证统一和有机结合。①

其三,监委与法院、检察院、执法部门之间的配合制约。监察法第4条第2款②规定了监察委员会与人民法院、人民检察院、执法部门在办理职务违法犯罪过程中的相互配合制约机制,这既是准确有力惩治腐败违法犯罪的必然要求,又是社会主义法治原则的重要体现。③ 这一条款规定表明监察委员会依法独立行使监察权不是漫无边际,没有任何限度的,它在办理职务违法犯罪案件时除了需要有关部门的协助配合外,还需要接受有关部门的监督制约。④ "互相配合"是指对职务违法犯罪案件的依法查办和追诉审判,应当在分工负责的基础上,互相支持,互相补充,协调一致,通力合作,使案件的处理能够上下衔接,协同促进案件事实的查明,实现追究惩罚犯罪的任务。"互相制约"是指从监察机关的执法调查,到进入刑事诉讼程序,要按照职责分工并进行程序上的制约,及时发现工作中存在的问题或错误,并加以纠正,以保证准确实施法律,准确惩罚犯罪,保障无辜公民不受刑事追究,做到不枉不纵、不错不漏。⑤ 监委与法院、检察院、执法部门的配合制约机制在许多具体程序上的设置均有所体现。例如,在监察调查阶段,监察委员会需要采取技术调查、通缉、限制出境等措施时,在经过严格的批准程序后,可以交由公安机关等执法部门执行。⑥ 在审查起诉阶段,对于监察委员会移送的职务犯罪案件,人民检察院可以根据案件证据、调查程序、适用法律等具体情况,依法退回补充调查或自行补充侦查,或经上级人民检察院的批准做出不起诉决定。⑦

---

① 参见本书编写组:《〈中华人民共和国监察法〉案例解读》,中国方正出版社2018年版,第464页。

② 监察法第4条第2款规定:"监察机关办理职务违法和职务犯罪案件,应当与审判机关、检察机关、执法部门互相配合,互相制约。"

③ 参见王超强:《论监察体制改革背景下监、检、法关系新构》,载《东方法学》2017年第5期;陈辉、汪进元:《论"监、检、审"三机关间的分工、配合与制约关系》,载《南京社会科学》2018年第5期。

④ 参见周佑勇:《监察委员会权力配置的模式选择与边界》,载《政治与法律》2017年第11期。

⑤ 参见吴建雄主编:《监督、调查、处置法律规范研究》,人民出版社2018年版,第35~36页。

⑥ 参见江国华、张硕:《监察过程中的公安协助配合机制》,载《法学研究》2019年第2期。

⑦ 参见陈国庆:《刑事诉讼法修改与刑事检察工作的新发展》,载《国家检察官学院学报》2019年第1期;朱福惠:《论检察机关对监察机关职务犯罪调查的制约》,载《法学评论》2018年第3期;左卫民、唐清宇:《制约模式:监察机关与检察机关的关系模式思考》,载《现代法学》2018年第4期。

在案件审理阶段,法院可以按照以审判为中心的司法体制改革方向的要求,以更高的标准、更严的要求,进一步规范监察委员会调查职务犯罪的取证行为,排除非法证据,以确保监察调查所取得的证据符合刑事诉讼证据标准。[①] 监委与法院、检察院、执法部门之间的配合制约机制,有利于尊重和保障人权,有利于捍卫司法体制改革的成果,有利于确保监察权的法治化、规范化、制度化。[②]

其四,国家监委对地方监委进行领导,上级监委对下级监委进行领导。监察法第 10 条[③]规定了监察机关系统内部上下级之间的领导体制,这决定了监察委员会依法独立行使监察权不是没有任何限度的,其需要接受上级监委的领导。监察委员会上下级领导关系有助于上级监察机关支持下级监察机关依法履行职责,强化各级监察委员会的监督主责,确保其能够依法独立行使监察权,减少和排除各种干扰和阻力。国家监察领导地方监委的工作。"领导"的本意是上级率领并引导下级,领导本身就包含着监督、管理和教育。在全国监察体系中,国家监委处于最高地位,主管全国的监察工作,率领并引导地方监委的工作,一切监察机关及其内设机构都必须服从国家监委的领导。在监察法中确立国家监委对地方监委的领导关系,能够确保全国监察机关统一依法履职、统一工作步调,实现国家监委对地方监委的集中统一领导,保证"全国一盘棋"。[④] 上级监委领导下级监委的工作。地方监委除了依法履行国家监察职责,负责本行政区域内的监督、调查、处置工作外,还要对下级监委的工作业务进行领导和监督。按照党内法规的规定,下级纪检监察机关在办理职务违法犯罪案件时,要以上级纪检监察机关的领导为主,除了要向同级党委报告工作外,还要向上级纪检监察机关报告工作。在监察法中确立上级监委对下级监委的领导关系,有利于地方监委在实际工作中依法独立行使监察权、减少和排除各种干扰。国家监察工作牵诸万端,涉及各方面的利益,地方监委在履行职责的过程中,可能会遇到地方各种势力的干扰和阻挠。因此,规定上级监委领导下级监委的工作,一方面当下级监委遇到干扰或阻挠时,上级监委可以帮助其排除各种干扰和阻挠,促使其依法独立行使职权;另一方面上

---

① 参见褚福民:《以审判为中心与国家监察体制改革》,载《比较法研究》2019 年第 1 期;陈邦达:《推进监察体制改革应当坚持以审判为中心》,载《法律科学》(西北政法大学学报)2018 年第 6 期。

② 参见卞建林:《配合与制约:监察调查与刑事诉讼的衔接》,载《法商研究》2019 年第 1 期。

③ 监察法第 10 条规定:"国家监察委员会领导地方各级监察委员会的工作,上级监察委员会领导下级监察委员会的工作。"

④ 参见吴建雄主编:《读懂〈监察法〉》,人民出版社 2018 年版,第 58 页。

级监委可以通过受理复核申诉、检查工作等各种方式,强化对下级监察的监督,监督下级监委严格依法办事,公正行使职权、履行职责。①

四、监察委员会依法独立行使监察权的制度保障

现代世界各国的监察制度,肇始于1809年的北欧瑞典,并盛行于20世纪。根据国际监察组织的统计,全球已经有一百多个国家和地区设立了监察机关,基于各国政治经济社会文化等基本国情的不同,域外监察机关的设置也呈现出多元化的模式,大致有国会监察、行政监察、独立监察三种模式。② 从比较法的视角对上述模式进行考察后发现,虽然各国监察制度各具特色,但都有一个共同点:实现监察机构的独立性,确保监察权依法独立行使,保证监察工作的独立、高效、权威,是各地取得监察制度建设成功的重要保障。这主要表现在以下三个方面:监察机构地位相对独立,监察专员由本国议会选举产生或者由权威国家机构、行政首长直接任命,直接对行政首长或权力机关负责;监察机构被赋予不受外界干扰、独立办案的权力,使其便于查处职务犯罪,高效履行监察职责;还从人事制度、财政待遇等方面保障监察人员的独立性。③

任何监察制度的出台,都需要相对独立、强有力的监察机构去执行和落实,否则制度就难以落地生根。只有地位上的独立性才能保证监察工作排除外界的一切干扰,维持监察机关本身的公正、超然与权威,集中力量打击预防腐败。域外监察制度在制约不良行政行为、打击贪腐现象、预防职务犯罪等方面发挥了积极功效,这与监察机构具有独立性密切相连。④ 虽然我国与域外各国家或地区在政治经济文化等方面有所不同,不能照搬域外的监察制度,但是我们可以基于我国的

---

① 参见吴建雄主编:《读懂〈监察法〉》,人民出版社2018年版,第58~59页。

② 参见雷磊、刘雪利:《国家监察机关的设置模式:基于“独立性”的比较研究》,载《北京行政学院学报》2017年第6期。

③ 参见李晓明、芮国强主编:《国家监察学原理》,法律出版社2019年版,第199页。

④ 近年来,西方国家不少学者在反思和检讨欧美传统的分权学说时,提及“监察权”概念。譬如,美国学者阿克曼明确提出,要“果断地超越孟德斯鸠关于分权问题的思考”。阿克曼特别指出:“切实构建一个分立的、廉政的分支,对于现代宪法的起草者来说应是当务之急。这一新的分支应当被赋予权力,并以持续的监督作为刺激。对于这一廉政的分支而言,应当保障其享有高薪,并免于立法机关的削减。对于其职业前景应予以保障,以免日后在他们曾经负责调查过其公正性的官员手下服务。宪法还应当保障将政府全部收入中的固定百分比投入该分支;否则政治人物在面对曝光的威胁时,很可能会以将该机构的拨款削减成名义上的高薪来报复。”[美]布鲁斯·阿克曼:《别了,孟德斯鸠:新分权的理论与实践》,聂鑫译,中国政法大学出版社2016年版,第84页,第136~137页。

体制结构与基本国情，学习借鉴域外的优点、经验，设计出一套行之有效的监察制度来确保监察权依法独立行使，更好地打击贪腐、规范公职人员的行为，真正构筑清廉社会。[①] 借鉴域外监察制度的有益经验，从我国国情出发，可以从组织独立、人事独立、财政独立、办案独立四个方面保障监察权依法独立行使。

其一，组织独立。在国家监察体制改革前，行政监察机关在行使监察职权时是有一定的独立性的，例如行政监察法第 3 条规定，监察机关依法行使职权，不受其他行政部门、社会团体和个人的干涉。但是行政监察机关隶属于人民政府，行政监察机关并没有独立于监察对象，没有实现组织独立，这导致独立监察职能的发挥大打折扣。[②] 正因如此，为了确保监察权依法独立行使，国家监察体制改革将行政监察部门从人民政府组成部门序列中剥离出来，聚合反腐败资源，组建监察委员会，由行政监察走向国家监察。[③] 在国家监察体制改革后，监察委员会由人大产生，对人大负责，受人大监督，不再隶属于人民政府，而是成为独立、平行于一府两院的新型国家监察机关，实现了组织独立。[④] 在组织独立的基础上，除了接受人大及其常委会的监督以及司法机关、执法部门的制约外，监察委员会依法独立行使监察权，不受其他主体的干涉。

其二，人事独立。监察委员会依法独立行使监察权原则要求监察官在办案时具有独立的人格，这依赖于独立的人事管理制度。如果监察委员会对人事权失去控制，就会导致监察委员会丧失独立性，沦为地方党政势力的保护伞。独立的人事管理制度是监察委员会保持独立性的人员基础。按照监察法第 8 条第 2 款、[⑤] 第 9 条第 2 款[⑥]以及宪法相关条款的规定，监委主任由本级人大选举产生，副主任、委员由监委主任提请人大常委会任免。这种制度设计保证了监察委员会领导成员的任免不受其他主体的干涉，具有高度的独立性。未来应在制定监察官法的过程中，对于监察官的管理制度予以明确，可以从以下几个方面着手保障监察官

---

① 参见李晓明、芮国强主编：《国家监察学原理》，法律出版社 2019 年版，第 199 页。

② 参见秦前红主编：《监察法学教程》，法律出版社 2019 年版，第 185 页。

③ 参见秦前红：《监察体制改革的逻辑与方法》，载《环球法律评论》2017 年第 2 期。

④ 参见刘振洋：《论国家监察体制重构的基本问题与具体路径》，载《法学》2017 年第 5 期。

⑤ 监察法第 8 条第 2 款规定："国家监察委员会由主任、副主任若干人、委员若干人组成，主任由全国人民代表大会选举，副主任、委员由国家监察委员会主任提请全国人民代表大会常务委员会任免。"

⑥ 监察法第 9 条第 2 款规定："地方各级监察委员会由主任、副主任若干人、委员若干人组成，主任由本级人民代表大会选举，副主任、委员由监察委员会主任提请本级人民代表大会常务委员会任免。"

的独立性:监察官的任免在法律的保护下,必须经过规定的程序,具有法律保障;监察官的工资待遇、人身权利得到专门保障,享有较高的社会地位和社会声望,能够全身心投入监察工作中;监察官的编制不受行政部门制约,而由人大单独审批,保证监察官在履行职责的过程中具有很强的独立性。①

其三,财政独立。根据预算法第23条、第24条的规定,中央财政预算决算由国务院负责,地方各级财政预算决算由本级地方政府负责。在这种财政预算决算管理体制下,监察委员会的财政权会依附受制于人民政府,不利于监察委员会依法独立行使监察权,尤其是不利于监察委员会对人民政府的公务员履行监察职责。② 对此,我们可以借鉴党的十八大以来新一轮司法体制改革的经验:为了实现人民法院、人民检察院依法独立行使审判权、检察权,排除地方党政势力对司法权的干涉,破解司法地方化的难题,我国进行了省级以下地方法院、检察院财政统一管理机制改革。③ 在当前国情下,省级以下地方监察委员会财政由省级监察委员会统一作出安排,并随着国家经济实力的增强逐步实现由中央财政统一安排,这是实现监察委员会财政独立的可行之路。监察委员会只有实现财政独立,不受制于人民政府,才能依法独立行使监察权。

其四,办案独立。监察法第57条、④第58条⑤规定了监察人员在办理监察事项时的报告备案制度和回避制度,这有利于保障办案独立,确保监察委员会依法独立行使监察权。监察法第57条规定,建立健全打听案件、过问案件、说情干预情况报告备案制度,是一项重要有效的内部监督制度,可以抵制监察委员会内部人员对监察事项的非法干预,保障监察机关依法办案、独立办案、公正办案;⑥建立健全监察人员与监察对象交往谋利的报告备案制度,有利于保持监察干部队伍的

---

① 参见翟慧杰、陈偲:《国外的行政监察专员制度》,载《理论导报》2017年第8期。

② 参见王旭:《国家监察机构设置的宪法学思考》,载《中国政法大学学报》2017年第5期。

③ 参见黄文艺:《中国司法改革基本理路解析》,载《法制与社会发展》2017年第2期。

④ 监察法第57条规定:"对于监察人员打听案情、过问案件、说情干预的,办理监察事项的监察人员应当及时报告。有关情况应当登记备案。发现办理监察事项的监察人员未经批准接触被调查人、涉案人员及其特定关系人,或者存在交往情形的,知情人应当及时报告。有关情况应当登记备案。"

⑤ 监察法第58条规定:"办理监察事项的监察人员有下列情形之一的,应当自行回避,监察对象、检举人及其他有关人员也有权要求其回避:(一)是监察对象或者检举人的近亲属的;(二)担任过本案的证人的;(三)本人或者其近亲属与办理的监察事项有利害关系的;(四)有可能影响监察事项公正处理的其他情形的。"

⑥ 参见姜明安:《监察工作理论与实务》,中国法制出版社2018年版,第104页。

先进性和纯洁性、凝聚力和战斗力，保证监察干部不犯错误、少犯错误，从而依法独立行使监察权。监察法第 58 条规定了办理监察事项的监察人员适用回避制度，有自行回避和按要求回避两种类型，适用回避的情形主要有四种。监察干部承担着监督调查处置的职能，既是监督别人的人，也要接受别人的监督，既要确保对其他公职人员秉公用权，也要自觉保证自己在行使监察权的过程中秉公用权，而回避制度就是保证监察干部秉公用权的一种重要制度设计。[①] 建立健全监察干部的回避制度，有利于保证监察干部在办理案件时处于超然独立的地位，确保监察工作客观、公正、合法，树立监察机关公正执法的良好形象。

五、结语

为深化国家监察体制改革取得的重大成果，2018 年 3 月全国人大通过了宪法修正案和监察法，产生了国家监察委员会。这标志着国家监察体制改革的初步完成，健全了党和国家监督体系，国家监察体制改革由此从试点阶段迈向了全面深化新阶段。为了保证国家监察体制的集中统一、权威高效，宪法和监察法明确了监察委员会依法独立行使监察权原则。作为一项宪法原则，监察委员会依法独立行使监察权具有十分重要的意义，有利于监察委员会在履行国家监察职责时保持独立性、公正性、权威性，防止其他主体的干涉，从而深入开展反腐败工作。监察委员会依法独立行使监察权，具有以下四个方面的规范内涵：监察委员会集中统一行使监察权，监察委员会的工作不受行政机关、社会团体和个人的干涉，监察委员会独立行使监察权必须依照法律规定，监察权由监察委员会而非监察官依法独立行使。

在国家监察工作实践中，监察委员会依法独立行使监察权不乏存在一定的限度，需要接受党和其他国家机关的监督制约。监委必须在党的集中统一领导下开展工作，自觉接受党委的监督，这是最主要的监督；监委要接受本级人大及其常委会的监督，这是作为我国根本政治制度的人民代表大会制度的应有之义；在办理职务违法犯罪案件时，监委与法院、检察院、执法部门之间形成了配合制约的工作机制；下级监委接受上级监委的领导，地方监委接受国家监委的领导。

从比较法的视角对域外监察模式进行考察后发现，虽然各国监察制度各具特

---

① 参见本书编写组：《〈中华人民共和国监察法〉案例解读》，中国方正出版社 2018 年版，第 498 页。

色,但都有一个共同点:实现监察机构的独立性,确保监察权依法独立行使,保证监察工作的独立、高效、权威,是各地取得监察制度建设成功的重要保障。借鉴域外监察制度的有益经验,从我国国情出发,可以从组织独立、人事独立、财政独立、办案独立四个方面保障监察权依法独立行使。

会议实录

监察法理论与实践暨监察人才培养学术研讨会会议综述

［**编者按**］ 2019年4月13日，由西南政法大学和中国廉政法治研究会主办，西南政法大学监察法学院承办的“2019年监察法理论与实践暨监察人才培养学术研讨会”在重庆举行。来自科研院校的学者及纪检监察实务部门的同志参与了本次会议。监察法理论、实务工作和人才培养，三个方面相互支撑，共同构成了一个整体，这次研讨会的安排正是对这一整体观念的呈现。经过会议的探讨，监察法目前面临的基本问题得以凸显，这为接下来的学术研究标明了重心。此外，实务部门对本次会议的参与、支持，也为今后监察法学的教学与科研提供了有力帮助。

唐力[①]**：**党的十九大作出了深化国家监察体制改革、健全党和国家监督体系的重要部署，西南政法大学因势而动、顺势而为，整合优质资源，集结精兵强将，依托行政法学院于2018年3月20日率先在全国成立了首个监察法学院。

在学科建设方面，学院打破了壁垒，形成了以中青年教师为主体，结构合理的高素质师资队伍。2018年7月，教育部同意我校增设目录外二级学科——监察法学，目前已经完成首届监察法实务方向的法律硕士研究生招生工作，已经遴选首个监察法学本科实验班，首届监察法学硕士招生。

在学术研究当中，学院确立了包括监察法理论、监察法实务、监察制度、党内法规四个业务方向，目前科研团队成员获得教育部重大公关课题立项1项、国家重点项目立项1项、国家社科基金项目20项，省部级项目7项。

在人才培养方面定位精准，首先面向各级纪检监察机关、政法部门，乃至党政机关和企事业单位，培养系统掌握法学基本理论和法律实务知识，具备政治素养

---

① 唐力，西南政法大学副校长、教授。

和法律知识,适应时代需要的高层次卓越法律人才。内容有特色、理论课程与实务课程有机结合,专题研究与案例研究同步,规范操作与实务操作同步,跨学科培养相得益彰。

第一,在会上各展所长、各显神通。希望与会代表坚持目标导向和问题导向,在整合规范纪检监察工作流程,健全统一决策、一体运行的执纪执法工作机制,推动纪检监察工作双重领导体制程序化,制定与监察配套的法规以及强化党内纪检监察体制改革的领导,加强跨部门、跨地区统筹协调等具体领域深入务实交流。

第二,会下交流,互学互鉴。针对实践和探索中制度依据不健全、体制机制不顺畅,职责定位不精准,监察边界不清晰,本领素质还缺乏、教学标准不统一,培养体系不规范等问题和短板,从会上延伸到会下,展开思想碰撞、思想交流,畅所欲言,建言献策。

第三,会后保持联系,助力发展。我校监察法学院才刚刚上路渐入佳境,监察法领域方兴未艾。我衷心希望以本次研讨会为契机,加强与兄弟院校的交流与合作,开展定期交流,加强与各级纪检监委等相关单位在培训、智库建设等方面的合作,在此学校承诺,全面升级监察法学院建设水平,积极夯实监察法学学科专业建设,校地协作创新及科研协同创新三个办学基础平台建设,为学院的发展助力。

彭伶①**:**信访和监察都是极具中国特色的制度,就监察法来说,我们如何来理解中国特色?我认为要深入理解监察法的重要意义,要坚持正确的政治方向,这是我们研究监察法必须重视的一点。

为什么这么讲?李建国副委员长在监察法(草案)的说明里说:深化国家监察体制改革,是以习近平同志为核心的党中央作出的事关全局的重大政治体制改革,是强化党和国家自我监督的重大决策部署,监察法是反腐败国家立法,是一部对于国家监察工作起统领性和基础性作用的法律。制定监察法是坚持党内监督与国家监督的有机统一,坚持走中国特色监察道路的创制之举。

这段话有几点非常重要:一是我们要明确深化监察体制改革,包括制定监察法,是以习近平同志为核心的党中央作出的,这表明了层级的高度以及背后蕴含的政治意义。二是深化国家监察体制改革是事关全局的重大体制改革,也就是说,我们在研究监察法的时候,不仅仅要以法律人的角度来审视监察法,要考虑到

---

① 彭伶,中国法学会研究部副主任。

全局,更要考虑到政治体制改革。三是强化党和国家自我监督的重大决策部署,着力点是在自我监督上。四是党内监督与国家监察的有机统一,我们研究监察法就应该旗帜鲜明地坚持党的领导。五是中国特色监察道路的创制之举,如何使之前没有的这样一个制度,在现实的条件下能够运行得顺畅,离不开监察人才的作用,如何培养有利于监察法施行的监察人才,这是作为大学的一个使命。

袁其国①**:**监察法于2018年3月20日正式颁布,它在我们整个法律体系当中的作用非常特殊,在某种意义上来说是具有统领性地位的。这部法律颁布以后,一系列的法律法规就跟着进行了修改,比如刑事诉讼法、人民检察院组织法、人民法院组织法等相关法律。修改的目的是适应这部法律,与它对接,这就再次说明了这部法律的重要性。此外,这部法律颁布的当日也就是实施的开始,连中间一个过渡期都没有,说明这部法律的紧迫性、重要性也是前所未有。

秦前红②**:**今天的会议对我来讲至少有两个期待:一是研究监察法学的主要学者都在这里,通过这么一个会议,我们可能有相互的切磋,在各自努力的范围内推进监察法理论的研究;二是会议来了许多实务界的朋友,监察法治的发展,需要在理论和实践两个轨道上发展。学者们想努力地去引领、去建构、去推动,而实务界则表现出了"高冷沉默"的态度。到底理论界和实务界如何去推动、怎么形成一个良性的互动,这是我一直考虑的问题。很期待实务界的同志可以发表高见,让我们获得更多的营养。

谭宗泽③**:**思想是时代的先声,理论是行动的指南,制定监察法是以习近平同志为核心的党中央作出的重大决策部署,是中国特色社会主义监察制度的创新,本次会议搭建起监察法学界、实务界相互交流的高端平台,对于继续深化国家监察体制改革,推进反腐败工作的法治化具有重要历史意义。我们相信各位专家、学者在本次研讨会中发表的理论研究、监察实践中的宝贵经验等,不断碰撞的思想火花,定能推动监察法学理论实践与实务活动的不断结合,共同打造一条"理论研究+实践探索+人才培养"的优势互补、合作共赢的道路,共同为国家监察事业做出贡献。

---

① 袁其国,中国廉政法制研究会副会长、秘书长。

② 秦前红,武汉大学教授、教育部"长江学者"特职教授、《法学评论》主编、中国法学会宪法研究会副会长。

③ 谭宗泽,西南政法大学监察法学院院长、教授。

第一单元　主题报告

主持人:袁其国　中国廉政法制研究会副会长、秘书长

秦前红:现在监察法治的发展或者说监察实践是走在理论前面的,有很多问题理论界都努力在回应,但仍然回应不够。比如,本次修宪采取了一个跟以往修宪不同的处理办法,过去四次修宪是不动宪法正文的条文的,这次监察体制改革增加了五个条款,现行宪法条文由原来的138条变为了现在的143条,这就产生了一个问题,即现行宪法到底是属于新宪法,还是属于“八二宪法”的修改版,这些问题理论上都没有作出应有的回应。本次修宪还有一个重要的问题,即监察机关是一个很特殊的机关,是具有特定政治意义的特殊机关,这点我同意。但不能仅关注其政治机关的特性,如果只讲其政治机关的特性,是不能准确把握其基本属性的。

还有宪法修改后党的领导条款的体系性问题。这本来应是政治体制的问题,但将其放在国体条款里面处理,在宪法规定“党的领导”条款后,那么党的领导在监察法内如何体现?这些问题是需要理论回应的。还有监察法出台后法法衔接的问题,理论界过去主要关注监察法和刑事诉讼法的衔接问题,但监察法和其他很多法律都存在衔接的问题。例如,与宪法的衔接问题。宪法规定了人大代表的特殊保护,包括言论自由的特殊保护和人身自由的特殊保护,监察机关对人大代表采取留置措施的时候,是否须遵循对人大代表的特殊保护?如果遵循则有一个制度困境,全国人大一年开一次会,人大常委会常规是两个月开一次,那跟监察机关每日每时参与办案怎么衔接?这是一个大的问题。监委是有特殊技术侦查手段的,采用这一特殊手段一定会涉及公民的通信自由、隐私等问题,宪法规定了公民的通信自由,只有法院、检察院批准以后才能对公民的通信自由采取措施。同样,宪法讲到了逮捕的问题,通过人大代表法、人大组织法把逮捕实施解释为限制人身自由,而现在的留置当然属于限制人身自由的措施,这如何与宪法的规定协调?当然还有其他如与刑法、律师法等如何衔接,这是亟待解决的问题。

第三个问题,我一直讲我们的国家监察面临着两种挑战、两种风险。一是,规则供给挑战。一个突如其来的监察体制改革,我们的规则是供不应求的,仅仅靠监察法69个条文来处理监察事项远远不够。这就造成一个很大的问题,监察机

关作为一个公权力机关,按照“法无授权不可为”的基本原则,如何在法律没有授权的情况下监督监察机关办案,需从法的原理出发处理这个问题,这也是一个很大的挑战。如有学者曾建议,以赋予监察机关制定监察法规的权力来落实监察法实施的问题,但没有被采纳。问题在于依据宪法的规定,监察法只能由全国人大常委会解释,但由于全国人大常委会难以行使好该项权能,于是就出现了大量监委和纪委联合发文的现象。监委和纪委联合发文就带来了一个问题疑惑,即二者发文的属性到底是什么?

二是,监察法上还有一些基本原理需要解决。学界第一个阶段主要关注监察体制为什么改革、如何改革,第二个阶段则主要围绕监察法的建构等问题做了一些努力,但个人认为这一阶段首先要解决基础理论的问题。比如,将“一府两院”变成了“一府一委两院”,虽保留了宪制下立法权、行政权、司法权、监察权、军事权的制度安排,但是监察权的边界在哪里?监察权和司法权、行政权等的关系应遵循什么原则?早先,西方法学的一些政治学理论,如机构自治问题、机构自主性问题可能有适用的余地,但中国肯定需要一个评判的基准。再如,宪法中有尊重和保障人权的原则,从法的体系化解释要求,我们怎么去解决监察调查阶段律师不能介入的问题,如何解决避免监察权过于强大的问题,因此监察法条文本身的体系性解释仍是一项很必要且艰巨的工作。监察法治人才如何培养,监察法学科体系的基本范畴是什么,都是监察法学科建构和发展需要深思的问题。总之,监察法和监察法学要向精细化方向发展,当然,这需要我们法律共同体共同努力。

袁其国:刚才秦教授从三个方面对监察法实施以后碰到的一些问题提出了他的思考,一是监察机关的属性问题,二是法法衔接的问题,三是面临的挑战,特别是挑战提得非常好。总体来说,监察法律的供给很不足,监察法一共只有 69 条,规定得很原则,在理解方面可能产生歧义。

周佑勇[①]**:**究其监察法的法治意义我觉得至少有三点:一是开创了新时代法治反腐的新篇章,标志着中国腐败治理从全民反腐向制度反腐再到法治反腐的升级。二是为新形势下反腐败斗争提供了制度保障。三是全面构建了监察权运行的法治框架。因此这部法律无论从哪个视角去认识,都具有里程碑式的重大法治意义。但也应该看到,立法是坚持和妥协的产物,所以立法总是充满遗憾,法律一

① 周佑勇,东南大学副校长、教育部“长江学者”特聘教授。

经颁布就要实施,有赖于实施者在个案中创造性地运用和富有智慧地解释,并在改革实践中不断探索和完善发展。监察法无论条文原则怎么样,最终要靠实施者的智慧,要靠监察委去实施。有以下几个问题供大家思考:

第一,监察委员会监督职责的法律制度构建问题。监察委到底是个什么性质的机关?我觉得至少是个监督机关,所以监督职责是它最基本的职责,尽管监察法说它有三大职责,但其他两大职责实质主要体现为一种权力,因此监察权的功能有效发挥关键在于要激活它的监督职能。但实际上监察法恰恰在弱化监委的监督职能,基本上是一种原则性、概念性规定。因此亟待加强这方面的制度建构,来弥补解决立法供给严重不足的问题。在这方面党内腐败预防制度的成熟经验有很多,可以适时上升为立法的规定。

第二,关于非公职人员行使监察权的界限问题。因为根据监察全覆盖的思想,监察法第 15 条将行使公权力的公职人员和有关人员都纳入了监察对象,这个"有关人员"到底怎么理解?公权力标准如何确定?监察法第 3 条和第 15 条到底是什么关系,尤其是第 15 条第 6 项的兜底条款,怎么去解释?实践中一些地方甚至将普通的教师、医生、公共汽车的司机都列为监察对象,所以我觉得在这里应当强调第 3 条作为一个总则性的条款,对第 15 条具有统筹和制约的功能,要严格限制第 15 条兜底条款的范围。

第三,关于留置的适用条件问题。根据监察法的规定,严重职务违法和职务犯罪的留置条件完全相同,但事实上严重职务违法和职务犯罪还是有区别的,二者性质、违法程度不一样。因此在监察调查中应当有所区别,否则不利于留置对象的权益保障。我认为,对此应当根据正当程序原则建立区分化的留置制度体系。

第四,关于人大有效监督的问题。人大监督是监察委员会外部监督的重要形式,监察法第 53 条也规定了人大监督的多种方式,包括听取工作报告、组织执法检查询问和质询等,但有一个问题,人大机关的公职人员本身也属于监委的监督对象,这两种监督权的权限尺度如何把握,则是实践中遇到的一个难题,也是目前仍待解决的难题。

第五,关于政务处分的立法模式选择问题。目前,正在起草的《公职人员政务处分法》在立法过程中遇到了一个争议较大的问题:到底是制定一个大一统的政务处分法,还是仅仅就监察机关作出政务处分这一点去制定单一的政务处分法,这实际上涉及监察机关职权协调的问题。监委出台的《公职人员政务处分暂行条例》采取的是双轨并行的模式，即两种处分并存但只能适用一种，这也是目前通行的做法。但目前在公职人员政务处分法的协调过程中有一个争议，即采取大一统的方法能否正确区分所有处分而将其规定在一部法律里面。其中有许多理论问题，个人认为政务处分无论是在规制的范围、处分的类型及处分的程度上，都涵盖甚至是超越处分的，且处分的类型和范围是非常广泛的，全部由监委处分，既不符合实际也不大现实。另外，全部由监委作政务处分，可能会侵犯其他机关的权力。所以，要统一公职人员政务处分法可以采用不同的模式，考虑到处分的广泛性，可以由机关直接作出政务处分，并可通过授权或委托的方式来授权和委托任免机关和单位作出政务处分，单位不再作内部处分。

第六，关于腐败治理的实效问题。这在实践中也是一个难题，监察法实施一年来，多数地方职务犯罪案件数量大幅下降，但实际上目前腐败的诱因仍然广泛存在，腐败监察制度还并未建成，不应存在的断崖式下降现象为什么出现了？我认为应该专门进行调研，从各个环节上去查找腐败案件断崖式下降现象背后的真正原因，只有这样才能有效防止腐败趋势的回潮，稳固腐败治理压倒性胜利的积极效果。

袁其国：刚才周教授从六个方面提出了意见，都是针对监察法在实施过程中所碰到的问题，都非常有针对性，也都是当前需要我们共同研究和探讨的问题。比如，监委监督基本职能的构建，监督、调查和处置这三者之间的关系怎么协调；对非公职人员可以调查、也可以留置，那么哪些属于非公职人员，比如，留置的条件、留置的对象等；人大监督与监委监督是何种关系，政务处分与其他处分之间是何种关系，还有案件数量大幅下降值得思考，等等。

张君[①]：监察法的制定和实施为监察体制改革和监察实践工作提供了基本的法律支撑。从一年以来的实践来看，监察法的实施应该说是推动和保障了国家监察体制改革向纵深发展，也促进了反腐败斗争的规范化、制度化和法治化。当前，我想讲三个方面的问题：

第一，监察法第 11 条明确规定了监委的职责，将监督摆在了三项职责之首，但没有明确履行监察监督的时序、操作规程和实施方式，对权责对等、追责有力的

① 张君，中共贵阳市法律检查委员会副书记、贵阳市监察委员会副主任。

监察责任落实体系等诸多方面都还需有一个不断探索的实践。工作当中应理清和把握几个问题:一是要把握好政治机关的属性。监察机关的定位是一个政治机关,履行宪法和监察法赋予的调查、处置的职能。监督的首要重点是对违反政治纪律和政治行为的监督。二是要把握好纪委的监督和监察监督两者之间的关系。两者在基本原则和指导思想上有着高度的一致性,但两者又在内涵、依据和监督重点上有所不同,各有侧重,监察法对调查处置作了明确规定,但对监督的管辖权限和程序等内容的表述应该说比较少,需要对监察监督作出制度安排或法律规定,以实现党内监督与国家监察依规治党和依法治党有一个有机统一。三是要以法治思维和法治方式来开展好监察监督。要强化法制观念,依法履行监督职责。既要负责日常的监督,调查职务违法和职务犯罪行为,又要开展严肃的思想政治工作,强化理想信念宗旨教育,将监督、调查、处置与纪委的执纪问责衔接起来。用好纪律和法律两个利器,严格依法定权限、程序,坚持法律标准办理案件,以实现政治效果、纪法效果、社会效果的三者相统一。四是充分利用现代信息技术手段开展监察监督,结合整体推进纪检监察系统信息化建设的五年规划,建立信息查询平台,提升信息化时代大数据、互联网的运用,提升监督能力,促进监督工作的现代化。

第二,关于协作机制方面的问题。监察法第 4 条明确规定监察机关办理职务违法和职务犯罪案件,应当与审判机关、检察机关、执法部门相互配合,监察机关在工作中需要协助的,有关机关和单位应当根据监察机关的要求,依法予以协助。在实际工作中,纪法贯通和立法衔接还是在不同程度上存在一些需要解决的问题。一是管辖方面。由于监察法只对监察机关案件管辖范围作了规定,但在实际工作中如果出现了同一调查对象,既属于监察机关的管辖,又属于检察机关的管辖,如何做好衔接,这需要制定具体的办法。二是在外部衔接方面,在大案信息查询方面,涉及工商、交管、金融、电信等十多家单位,这些信息的专业性强、渠道分散,而且各自独立,办案的查询数量大,审批的程序复杂,信息查询耗时长、成本高,这是在案件调查审查过程中遇到的非常大的问题,直接影响监察机关问题线索来源、案情研判和调查的及时性等。三是内部的工作机制。对重大疑难具有争议的意见,尚未建立共同分析研判的机制,对纪委常委会、监委委员会决策前如何把握好纪律关、法律关需要作出制度安排。对此,要充分发挥各级反腐败协调工作领导小组和党委的作用,进一步健全和规范司法指导配合监察机关的协作联动机制，完善管辖细则，以实现法法有效衔接。

第三，关于司法工作人员职务犯罪管辖的问题。2018 年 4 月 16 日，中央纪委和国家监委印发了《国家监察委员会管辖规定（试行）》，规定了国家监察委员会负责调查的职务犯罪管辖范围，一共有 88 个职务犯罪。刑事诉讼法第 19 条第 2 款规定，人民检察院在对诉讼活动法律监督中发现的司法工作人员利用职权实施非法拘禁、刑讯逼供、非法搜查等侵犯公民权利、损害司法公正的犯罪，可以由人民检察院立案侦查，这些犯罪的罪名还包括徇私枉法罪、非法拘禁罪、刑讯逼供罪等 13 项，主要都是针对司法工作人员的犯罪，没有列入国家监委的职务犯罪范围，而继续由检察机关立案侦查，体现了检察机关的法律监督职责。但是这与监委对公职人员的监督权覆盖的要求在衔接上还存在一定的问题。司法工作人员作为公职人员，在司法执法工作中涉嫌违法犯罪，应该更加从严从重处理，根据监察法的规定，当然应当由监委进行立案调查，但基于工作的便利性和实效性，也可以考虑部分职务犯罪调查由有关机关负责，因为刑事诉讼法规定了管辖的问题。但这又造成了管辖权的问题，亟须国家监委和最高检共同行文，对这块进行一个明确划分，以便监委和检察院共同执行。

袁其国：刚才张君同志从三个方面分享了监察法实施中存在的问题：第一，谈到了监察法规定中的不足，强调监督是监察委员会和纪委的核心职能；第二，谈到了法法衔接，以及纪检监察机关和其他机关之间协作的问题；第三，谈到了监察机关和检察机关在处理司法人员职务犯罪时的管辖问题。

童飞[①]**：**宪法和监察法从法律层面为监察体制改革提供了制度支撑，这一重大政治体制改革，加强了党对反腐败斗争的领导，有重大的意义，效果也很明显。荣昌在 2018 年留置了 4 人，4 人都是警察，其中永川 3 人、荣昌 1 人，并移送检察院公诉。应该说，运用监察法的效果很明显。但是在实践中，我们也感觉《监察法》还有一些疑难问题、模糊地带需要加以解决。

第一，缺乏必要的立法说明与实施细则。监察法是一部集组织法、程序法于一体的基本法，总共九章，69 条，而规定的事项较多，由于条文较少，许多事项都未能作出明确的规定。例如，监察手段和方式的问题，监察法规定监督是监察机关的首要职责，但规定的监察措施更多的是调查措施，而对于监察监督可采取的措

① 童飞，中共重庆市荣昌区委常委、区法律检查委员会书记、区监察委员会主任。

施并未明确。又如,对单位的监察问题,监察法上的监察对象是个人,并没有将单位作为监察对象,但是在第 11 条又规定了可以向监察对象所在单位发出监察建议。另外,按照现行的法律规定,单位作为法人要对其所实施的行为负有相应的法律责任,单位不属于监察对象,为监察机关调查单位的违法行为和向违法单位提出监察建议带来了制度障碍。再如,监察对象范围的问题,监察法第 1 条、第 3 条都明确规定,监察对象的范围是“所有行使公权力的公职人员”,“公权力”和“公职人员”本就属于不确定的法律概念,而第 15 条又列举规定了其对象范围,再加上第 22 条又将涉嫌行贿犯罪、共同职务犯罪的涉案人员纳入了采取留置措施的对象范围,这给监察对象的界定带来了一些问题。

第二,监察手段存在不足。监察法赋予了监察委调查、询问、查封、扣押、搜查、留置等 12 项监察权限和调查手段,这些权限、手段对公职人员会产生约束力,但对非监察对象的纪检对象,则要取决于其履行义务的程度,缺少法律上的强制措施。对此,可以制定介于留置和谈话间的传唤措施。

第三,法法衔接需要加强。比如留置人大代表的问题,监察法第 22 条赋予监察机关留置这一调查措施,属于限制人身自由,针对人大代表采取留置措施,现在的做法是事后通报人大机关,而全国人民代表大会和地方各级人民代表大会代表法第 32 条第 2 款规定,对县级以上各级人民代表如果采取法律规定的其他限制人身自由的措施,应当经该级人民代表大会主席团或者人民代表大会常务委员会许可,这是目前法法衔接实践中存在的问题。又如留置时间、审理时间、提请检察机关介入时间、移送公诉的方式等,在监察法中都没有给出明确规定。再如民主党派公职人员有罪免罚或不予处分的政务处分配套不足。

第四,有关干部管理权限的问题。监察法第 16 条规定,各级监察机关按照管理权限,管辖本辖区内监察法第 15 条规定的人员所设监察事项,该条具体规定的监察管辖正常情况可以将监察管辖理解为级别管辖和属地管辖相结合,但是管理权限是否属于干部管理权限,监察法尚未明确,实践中干部违法后因异地任职组织关系发生改变,监察法的规定没有说明是属于违法地管辖还是属于组织关系所在地管辖,监察受理存在较大争议。

第五,对监察人才培养的做法及建议。荣昌在这方面也做了一些探索,比如编制了培训规划,编制了《荣昌区培训工作方案》,深化国家监察体制工作培训方案,相应纳入干部计划,开展学习培训。

最后，关于监察人才方法提一点粗浅的建议。纪法贯通、法法衔接需要进一步加强，同时腐败手段越来越智能化、腐败形式隐蔽化，尤其体现在金融领域的腐败，所以对专业化的监察人才需求越来越多，高等院校尤其是政法院校是未来监察法治人才培养的摇篮，要加强对纪法贯通、法法衔接问题的研究，并设置与监察职能相关、相近的专业课程，比如审计金融证券等专业，还有包括技术方面的支持。

袁其国：刚才童飞同志对监察法实施当中碰到的疑难问题作了介绍，主要表现在监察法条文相对较少，赋予的监察手段，特别是对非监察对象使用的手段明显不足。同样，中央纪委、监察委顶层方面的监察解释供给严重不足，因为监察法条文确实比较精短，一共才 69 条，而其又涉及各部门法，覆盖面宽广。在这种情况下，为让基层准确理解与执行监察法，确实需要顶层加快解释的步伐。当然，中央和地方都在进行问题摸索，包括司法机关和监察机关之间的配合，也都处于磨合阶段。

王健[①]：桂林市位于广西东北部，现辖 11 个县市，面积 68 万平方公里。党的十八大以来，我市以山清水秀的政治生态立足于未来发展，共查处司法干部 362 名，其中市公安局副局长 3 人，市法院副院长 2 人，县区委书记、县长 6 人、副书记 5 人，县委宣传部部长 7 人、县政法委书记 9 人，副县长 36 人，县人大主任、副主任 26 人，县政协主席、副主席 15 人，特别是查处的厅级领导干部占到了广西查处干部的 2/3，涉案金额占到广西查处金额的 1/2。在强力政府的基础上，我们也总结审判调查、巡查中发现的机制体制问题和制度漏洞，督促有关单位系统完善制度 2000 多项。

桂林市监委于 2018 年 1 月 18 日挂牌成立，监察体制改革后，2018 年以来全市处置问题线索 6515 件，同比增长 9.3%，立案 3337 件，同比增长 12.1%，留置 102 人，纪检监察各项指标均居广西自治区 14 个地市首位。

在贯彻监察法方面桂林主要有以下几项做法：一是落实第一职责。优化内部机构设置，实行执纪监督与执纪审查部门分设，设立 8 个监督检查室、4 个审查调查室，实现暗访、监督、调查、审查各环节相互配合、相互制约。二是在监督方式上创新，以求实效。研究制定加强对各级党组织主要负责人的监督意见，市纪委、监

① 王健，中共桂林市纪律检查委员会、桂林市监察委员会常委。

委机关监督工作站法,量化工作方法等措施,创新“10+2”监督模式,即谈话函询、日常谈话提醒、参加重要会议、专项审查、巡查整改、立案处置、调查研究、信访舆情研究等10种日常监督方式,以及信息化监督平台、综合评估体系等两项监督方式,形成长效监督体系。特别是率先研发了桂林市政治生态分析研判系统,实现对监督单位进行日常监督、实时监督、动态监督。2018年,全市共开展谈话函询及提醒谈话2819件次,同比增长3.7倍,市级派驻机构开展提醒谈话750人次,同比增长152%,让日常监督约束作用不断发挥。三是在精准监督上坚持抓早抓小。在执纪执法过程中精准运用监督执纪四种形态,努力遏制腐败产生。

另外,认真履行监察法赋予监委的职责权限,积极探索调查腐败,确保惩处力度不减。一方面,按照人事原则在调查职务违法犯罪中,全面运用12种措施和基础调查等措施,目前市纪委已经累计使用12项调查措施2183次。另一方面,建立两个留置场所和留置专区,全过程测试留置流程,对留置的审判权限以及对调查过程的安全、医疗保证等都作出明确规定,目前已经对102名对象采取了留置措施。同时,始终把执纪执法安全放在首位,严格落实办案安全16项措施制度。

另外,建立务实顺畅的机制。组成纪法衔接组,对管理处置、留置措施适用和重大问题等进行讨论,保障重大疑难复杂职务犯罪案件在调查、公诉、审判环节平稳高效处理,制定与监察法相匹配、与办案有利的11项制度,制定了监察机关与审判机关、行政执法机关的线索移交、案件移送、证据转换的机制。

蔡齐旺[①]**:**个人认为,这次监察体制改革是非常成功的反腐败体制改革。我在检察机关从事办案工作20年,遇到真正投案自首的没有一个,但仅仅去年,我们接受投案自首的就有70多个。这说明改革之后的威慑力已经跟以前不一样了。但是在实践中还是遇到了很多困惑,包括之前谈到的管辖问题,如关于司法人员职务犯罪的管辖规定就存在模糊,依据刑事诉讼法,检察机关在诉讼监督过程中发现司法人员涉嫌职务犯罪的可以进行立案侦查,所以一些纪检监察机关认为法律并没有把监察机关排除在管辖之外,我个人也比较偏向于这个观点。

另外,在实践中具体调查措施的适用是有难度的。法律并没有把留置定位为强制措施,那么监委在适用留置过程中遇到对象反抗应如何应付?能否采取暴力制服?能否采用器械?法律上并没有明确这一点,在实践中就一定会遇到适用难

---

① 蔡齐旺,中共湛江市纪律检查委员会、湛江市监察委员会案件审理室副主任。

题。另外,留置的成本相对较高,留置的模式也没有明确规定,这是亟须顶层设计时要解决的问题。

此外,限制出境和网上追逃难以操作。监察法授权监察机关可以采取限制出境措施,但相关部门难以操作,以往检察机关办案,只要在边境发现就可以将其控制,采取限制出境措施,公安机关也可采用检察机关积累的证据直接将其拘捕。但现在的纪检监察机关无权采取这一措施,即便公安机关将有关人员控制之后,也没有明确其处理方式。监察机关可以留置,但留置审批流程非常复杂,完全无法与拘留相比。且因监察机关追逃的任务重,适用上网追逃这个措施就出现了许多问题。

还有一个比较有争议的问题,那就是纪法衔接的问题。监察法第 45 条第 4 项规定,对涉嫌职务犯罪的,监察机关经调查认为犯罪事实清楚、证据确实充分的,制作起诉意见书,连同案卷材料、证据一起移送给人民检察院提起公诉。该规定并没有明确规定监察机关调查的职务犯罪案件应当移送,而刑事诉讼法对于公安机关终结侦查的处理,明确规定了应当移送,所以这就留下了一个口子。监察机关针对构成犯罪的被告是否可以不移送检察机关的问题,在实践操作中确实有不同的做法,有些地方采取凡是构成犯罪的一律移交给检察机关,但更多的地方则是根据四种形态来判断,在适当的时候把第四种形态转化为第三种形态。这就存在一个问题,这种转形态的做法,已经是一种默认的做法,既然是一个默认的做法,为什么不在法律层面给它一个授权,让它合法化?

再有,在案件质量保障机制上还有待完善。特别是职务违法案件、政务处分的案件没有一个证据公示的制度,被处罚人可以申诉,但实际上其根本不知道这个案件是用什么证据来认定构成职务违法。所以在顶层设计上,是否应当对这类案件设计一个证据开示或者听证的制度?

另外,监督也比较乏力。现在监察委的案件监督主要是依靠内部监督,外部监督是比较乏力的,而且在纠错防错机制方面也还不完善。例如,设定了当事人申诉的程序,但没有设立自我纠错的程序。同样,当前队伍建设也与监察法的要求不相匹配,普遍存在案多人少的问题,且还存在办案人员素质参差不齐的问题。这些问题需要研究者在理论和顶层设计上作进一步的研究。

谭宗泽:我的发言题目是"国家监察法律关系论纲",是我们在 2018 年 8 月就立项课题展开的研究,在这之前我们也做了一些基础的东西,比如国家监察对象的识别标准问题等。监察法相关的基础理论和相关的规范工作研究刚起步,监察机关最终的任务目标和实现目标的方式需要在实践中逐步探索。所以我们要针对实践中的问题以实践带动理论、以理论指导实践。

首先,我们认为国家监察委员会具有政治机关和法律机关的双重属性,这是我们的基本判断,我们并不赞成仅将国家监察机关定性为政治机关,因为在这些讨论中,包括这次讨论的活动中大家都在说,如果仅讲政治属性,那么我们的人大机关、检察机关、司法机关都具有政治属性。强调监察机关是政治机关或者强调它的政治属性,从立法的背景、需求以及党和国家对监察制度的顶层设计来看,是要保障党和国家的执政安全、政治安全、国家安全,以保证党和国家长治久安。但也应看到,从学术研究和法律分析上来说,监察机关兼具政治机关和国家法律机关的双重属性,这样才能很好地解释监察机关在国家治理中的具体作用。

改革国家监察制度,同时成立监察委员会的根本目的就是实现对公权力和公职人员监督的全覆盖,并及时有效地通过预防和惩治腐败来对公职人员实行专门监督,因此监察法具有与其他法律不同的性质。我们认为它也具有双重属性,即兼具国法和党纪的双重属性,是国家法律与政治纪律融合架构的产物。那么其调整的关系主要应该包括国家监察机关监察对象、人民代表机关、党的纪律检查机关、司法机关以及国家监察机关内部的关系,为实现加强对公权力监督的目的,监察法应当对国家监察机关的组织、职权、职责、权限和监督手段、监察程序以及国家监察机关本身的监督,对国家监察对象合法权益的保障、救济机制等进行周密的设计和规范。上述这样一系列对象、阶段和目标任务都依赖于完整和科学的系统性基础研究,因此我们认为国家监察法律关系的研究是有必要的。

在这个过程中,学者们对国家监察的相关基础问题的研究也是卓有成效的,比如秦前红教授就以监察体制改革的逻辑与方法为视角,指出当下监察体制改革实质在于重新配置国家监督权,认为监察制度设计中应当注意人权保护与反腐效益之间的平衡,以及监察机关与党内机关、人大及其常委会、司法机关及司法改革之间的关系,还需要注意国家监察体制改革的逻辑方法及线路问题。周佑勇教授也进一步指出,监察体制改革实质在于将分散在诸多机构中的反腐败监督权重新整合为与其他国家权力相独立的专责承担反腐败职能的国家监察权。如宪法学者以宪法为视角论述了监察体制改革的依据、设立监察委的主体、监察对象以及监察委员会和检察院的关系等 9 个问题。此外,还有一些学者对监察委员会和监察法的相关问题作出了卓有成效的研究。学者们对于监察法和监察法实施的研究成果也在逐渐深入,相关的理论成果随着时间的进一步推延也将会更多更深入。

由于学界对监察机关定性还存在一定的分歧和争论,纪检监察机关的领导人比较坚决地说它是一个政治机关,但是除了政治机关的表述以外,也有人认为其不是行政机关、不是司法机关。除了政治机关的属性以外,按照法的本质来认识监察机关的法律地位,那么我们就需要把它纳入法律关系的分析框架中来完成。因此,我们认为,监察机关及其形成的法律关系的定性,应该是国家法律与政治纪律融合架构的产物。

从监察法的本质属性来看,监察法兼具国家法律与党的政治纪律的双重属性,监察法既具有国家法律的本质属性,也具有党内法规的基本特征,它是在国家法律与党的政治纪律相融合架构下形成的产物,这在监察法的具体规定中已有明确体现。由此,监察法既是宪法创设下的国法,也是在党统一领导原则下执行党的意志的党纪。此外,监察法的这两种特性还体现于监察机关与党的纪律机关合署办公的基本体例当中。

由于国家监察机关的任务是既要完成党的自我监督,又要加强对行使公权力的公职人员进行监督,其不仅要捍卫中国共产党的领导地位,维护党中央的权威和集中统一领导,还要依照国家宪法法律对公职人员进行监察,既要执行执政党的意志,也要履行国家职能,既要执纪也要执法。由此,可以说监察机关既是党领导下的政治机关,也是以宪法、监察法为基础的国家法律机关。

基于党和国家在意志上的高度统一性,从这个意义上来讲,监察法因此而具有了国法和党纪的双重属性,监察机关同样也就具有了国家法律机关的本质属性及政治机关的基本特征。同样,在这样一种定性条件下,我们认为纪检监察机关在合署办公的情况下,它的决定我们可以定性为一种政治决策,而执行则是法律执行,即基本的行为模式特征则表现为决策的政治性和执行的法律性,监察机关决策的政治性不容挑战,不容第三方评价,但是其法律执行、执纪行为,监督、调查、处置的行为是法律性的,应该是可以法律评价、可以进行合法性判断的。所以我们认为,决策的政治性和执行的法律性应该是实行合署办公的纪检监察机关行为的基本特征,而监察机关执行政治决策的行为则应是可法律评价的。

对国家监察法律关系,除了前面的双重属性和决策的政治性、执行的法律性这样一个基本判断以外,法律关系的基本特征主要有四个,即单向性、内部性、过程性与终极性。所谓的单向性,指的是国家监察法律关系行权的主体是国家监察机关,唯一的专责机关。所谓的内部性,是指监察法调整的对象基本上都具有职务上、身份上的内部关系。所谓的过程性,是指以执纪到最终认定应当追究刑事责任,执纪的过程、内部调查的过程为过程性的,不是终极的。因为是否构成职务犯罪是由人民检察院起诉,人民法院裁判,这是一个过程性的行为,与刑事诉讼法相关。所谓的终局性,是指犯罪追究以外的违纪调查,廉洁性调查,也就是一、二、三种形态,是一个终局性的行为,处置的权力属于监察机关,不得由第三方裁判、审查、干预。

第二单元　主题:监察理论与实践

主持人:莫于川　中国人民大学法学院　教授
胡兴建　西南政法大学监察法学院　副院长

莫于川:众所周知,修宪和制定监察法,设立监察委之后,形成了新"宪制"。监察法和监察体制改革,增加了新的国家公权力的种类及机关的类型,而这些新生事物的出现,体系的重构和形成的新的法律关系、社会关系非常复杂。从世界范围来看,其确实是新的。当然,世界范围内有类似的机构,比如我国台湾地区的"台湾地区监察机构",香港、澳门地区的廉政公署等,但也不完全一样,所以新公权力的类型和机关,是中国特色社会主义法治体系与法律制度的重要组成部分。

监察法的出台和监察委的建立,特别是监察法实施以后,一定要抓住树立权威的关键期,个人认为是3~5年。如果3~5年没有形成相对的权威性,没有形成良好的法律关系、工作机制等,就会很被动,而且这个关键期不能错过。还有,因监察法的出台很仓促,还存在许多待完善之处,所以就要抓紧制度和机制的完善,要让其成为我们国家治理体系当中重要的、必要的、离不开的、有利的一个要素和环节。此外,关于监察委的性质,其实监察法已经界定得非常清楚,是行使国家监察职能的专职机关。

胡兴建①:国家监察体制改革是中国现在进行的一项重大政治体制改革,现正

① 胡兴建,法学博士,西南政法大学行政法学院副院长。

面临着一个非常关键的时期，一切都在探索，实际上监察法学院成立以来也一直在探索，为了更好地培养学生，监察法学院成立以后我们有一个常规性的、系列性的动作，就是每次有监委、纪委的同志到我们学校培训时，我们都会邀请他们跟我们进行座谈，主要是关于学生的培养、授课以及学生的实习、工作等，受教非常多。此外，还进行了一系列监察法的讲座，我们在讲座过程当中发现有一群非常特殊的听众，即来参加培训的纪检监察干部，非常认真，讲座之后还会提很多针对性的问题。

王周户[①]**：**监察体制改革以后，监察法、监察机关及监察权是作为独立系统而存在的。但学界关于监察权的性质，还一直在与司法权、行政权作区分比较。

第一点，我想从政治和法治的关系方面展开。政治对法治应当是有很大的制约、影响和要求的，这是我的第一个观点。法治是一种国家治理的模式，但究竟是治理模式决定政治制度，还是政治制度决定治理模式，我觉得政治对法治的制约和要求是无法更改的。在这样的情况下，法治建设当然需要借助法治应有的规律，在这个过程中，可能要注意防止一种事态，即试图变相通过法治来改变政治。当然法治对政治也会产生影响，但不能试图以法治从根本上改变政治。这是我们必须要清楚认识到的一点。

第二点，从政治的角度来讲，公权力的腐败问题及廉政建设，是每个执政党共同面临的问题，而且任何一个执政党和政权都不希望腐败，但问题是执政党是否认识到了这个问题，有没有能力解决，这是另外一回事。因任何一个政党和政权都会面临这个问题，那么从这个意义上讲，廉政建设毫无疑问首先是一个政治问题，这也是监察法以反腐败为核心而构建之原因所在，同样这一制度建构最大的背景基础首先就是政治要求。

第三点，从政治上来看，搞廉政建设，对公权力机构及其人员的要求、标准是非常高的，肯定会高于普通民众的社会要求。当然，在某种程度上来说这也是有必要的，相对于过去，其要求肯定会严于过去以及对一般人的要求。对公权力的要求，从政治要求、法律要求到了伦理道德的要求，而其中的伦理道德要求就与法治要求相联系、跟政治要求相联系，世界上好多国家都达到了这个层面，只是追求的方式不一样而已。这是政治上公权力的廉政建设高于普通民众的原因。

---

① 王周户，西北政法大学行政法学院教授。

第四点,中国共产党领导下的具有中国特色的社会主义制度和政党的政治属性、政治理念以及政治理论等,应该是与世界其他政党不一样的。中国共产党是一个群众性的政党,是代表绝大多数人民利益的政党。所以,从根本上讲中国共产党领导下的社会民众应该是团结的,也是中国特色社会主义的政党和政治制度与西方不同之处。

第五点,在中国特色社会主义下,社会主义制度以公有制为国家的基础,尽管现在也允许非公有制和公有制经济共同发展,但公有制属性具有基础性和根本性。在这种公有制下的公权力以及其所表现出来的公权力位置,与西方理论上的公权力不同,远远宽于西方。因此,监察法上的监察对象,从国家延伸到了执政党,还延伸到了国有企业、事业单位的管理人员,以及群众性自治组织中从事管理的人员。在中国,预防公权力腐败的问题不是一个分散的问题,是必须独立统一面对的问题,这也是监察机关能够在重大政治体制改革中作为独立机构而存在的原因。另外,过去将公权力分散在不同的机关、不同系统下治理,运行效果明显不佳。这就需要独立的机关和统一的权力系统,才能够解决这个问题,这也是改革的基本目标所在。

第六点,法治要反映政治,但法治毕竟不完全等同于政治。成立国家监察机关,是作为提升国家治理能力和治理体系的定位。在这种情况下,当政治问题法律化,整个国家就会发生变化。我国的监察法就体现了政治问题法律化,开始用法律方法解决国家治理问题。既然用法律去解决政治问题,就要求用法治思维与方法去解决问题,遵守法律和法治的底线。其中,可能会面临很多问题,如依法追究责任,就涉及责任构成的要件、责任追究方式、责任追究程序等。当然,有些问题本就是政治问题,需在政治范围内解决。这些问题都是需要研究的,推进国家治理体系和治理能力现代化的问题就在于能不能集中法治的力量而推行起来。

章志远①**:**今天的题目叫“党规国法衔接视野中的依法履职”,刚才莫老师有个观点我非常认同,一个制度如果三年之内没有立威或者没有威信的话,也许永远没有威信了。国家监察法如何去突围呢?我觉得要想立威的话,我们首先要有一套特有的话语体系、学科体系,也就是要构建中国特色的监察法学。

这主要涉及三个问题:第一,监察法释义学研究亟待展开。第二,监察法第11

① 章志远,华东政法大学教授。

条讲到依法履职，即监督、调查、处置，但基本都是围绕调查、处置展开，监督则较少，且如何进行监督仍有待明确。第三，对于监督对象，如何认定依法履职，实际是模糊的，新时代背景下需从党规国法衔接的角度去理解依法履职。

第一，监察法释义学研究亟待展开。监察法中有很多不确定概念，我最近观察到谭院长有一篇非常好的文章，其中讲到了监察对象如何把握，具体有公权、公职、公务、公财等四个要素标准，这就是监察法释义学的良好开端。除了监察对象以外，我们还有大量的不确定法律概念，比如第 23 条中的“根据工作需要”，这个词语一般是党任命干部所用，这样一个话语出现在国家法律中，就带来了党规与国法衔接的多重问题。包括第 28 条中规定“根据需要可以采取查询、冻结的措施”等，这就赋予了监察委极大的裁量权。当然，这些方面既是立威的抓手，也是监察委具有威胁境遇的具体表现，同样还是需要重点把握的问题。

监察法释义学并非简单的普法，也并非《中华人民共和国监察法》的解释版本，监察法释义学要立足于监察法律关系，需对其中不同的概念、不同的体系、范畴体系化后而构筑一套话语体系，只有这样监察法才能有安身立命之本。

第二，何为“依法履职”？监察法第 11 条讲到了依照法律规定履行监督、调查、处置职责。这里举两个案例：一个案例是 2018 年 10 月发生在安徽全椒县的案例，某公安局副局长，下班在家里面洗澡，省政府扶贫督查组打他电话和手机，他没有实时接听，最后被给予了严重警告处分。这引起了舆论的哗然。半个月之后，由于他是因在洗澡没办法接听电话，纪委又撤销了这个处分。但这有一个问题，即依法履职应如何理解的问题，需作进一步的研究。

另一个案例是 2018 年发生在广西北海行政审批局，市委督查组到审批局明察暗访，发现他们官僚作风很严重，比如下午 2 点上班，1 点钟群众在外面等候，行政审批局不开门，让群众在外面等。后来市委研究决定将行政审批局的领导全部免了。按照行政许可法来说，依法履职只要求按照法律来履职审查批准的职责，工作作风问题能否上升为与“依法履职”相关，是值得再思考的问题。

结合这两个案例，监察法中“依据本法和有关法律规定”其实是模糊不清的。其中，有两个法与之相关，一个是公务员法，这部法律实际也带有党的要求，比如有四个条款涉及依法履职：一是第 1 条规定的促进公务员正确履职尽责。这里的“正确履职尽责”，跟监察法上的“依法履职”是什么关系？二是第 14 条规定的公务员的义务，要求公务员按照规定的权限和程序履行职责。三是第 50 条规定的不担当、不作为的禁止性规定。四是第60条规定的认定修改的规定。所以这些条款跟监察法上的“依法履职”到底是什么关系?需要理论回应。

另一个是行政诉讼法第25条规定检察院要履行职责,认为行政机关不作为的,要督促其依法履职。同一条款就出现了行政不作为和依法履职,法院判决所适用的第72条和第74条中同样有关于不履行职责和拖延履行法定职责的规定。这些条款之间是什么关系,也需要作理论研究。

第三,党规国法衔接视角的理解。为什么要衔接呢?有几个宏观上的背景:一是监察法制定的指导思想,实际就是两个统一,即依规治党与依法治国的有机统一,党内监督与国家监察的有机统一。十八届四中全会讲到中国特色社会主义法治体系,把党内法规体系也放进去了。二是从体制上来看,机构改革中纪委与监委合署办公,这其实与行政法上的合署办公存在差异,行政法上机构改革的合署办公主要是在地方层面,比如区委办、区府办合署办公,像原来的广东顺德、佛山等地是这样的。现在则是一套工作机构,两个机关的名称,而且在十九届三中全会党和国家机构改革方案中,针对监察委员会的职责时,第一句话就是“维护党的章程和其他党内法规”,所以同样需要遵循党规的思路。三是党和国家党政机关融合的趋势在显著增强。一个明显的体现,即是现在党政联合发文越来越多,最近几年在生态保护、扶贫攻坚、安全生产,特别是2019年在食品安全这四个领域中,国法在某种意义上退居次要地位,主要是党规推在前面。其中,即便食品安全法被称为“史上最严的食品安全法”,但还是管不住,最后还是只能实行地方领导干部责任制,通过党的领导推进才能落实食品安全。所以在国家监察法中也需要有机统一的思路。四是党规约束已经在引入。比如,《中国共产党纪律处分条例》第十章讲到了违反工作纪律,这个很大意义上就跟国法里面讲的依法履职有很大的重合,纪委的干部都比较熟悉,2018年5月中办、国办发了一个非常重要和及时的党内法规,就是《关于进一步激励广大干部新时代新担当新作为的意见》,这里面提到一个很重要的机制叫作容错纠错机制。在党的十八大全面从严治党的背景之下,各位政府官员、党政官员工作的效率低了,而且事情办理的难度更大了,这实际上与反腐败目标相违背。所以新时代新担当新作为讲到容错纠错机制很重要,即要宽容,特别是在履行法定职责上。所以这一点对适用监察法提出了很高的要求,即要求融入政治思维、法治思维。

我的结论就是,依法履职要差异化、类型化理解。首先要设置一个基本的标准,为依法履职确定一个底线。其次要个性化,不同的岗位、不同的层级,甚至监察对象的身份不一样,对于其依法履职的要求应不相同,比如有的是党员领导干部、有的是非党员,级别不一样、具体的岗位也不一样。比如,公务员法对公务员的考核就是差异化的,监察法也应与公务员法、党规联系在一起,只有这样才能把握好依法履职中"法"的来源、"职"的来源以及其表现形式。

陈伟[①]**:**我报告的题目是"论监察法与刑法的衔接协调与规范运行",从前面的讨论来看,对监察法和刑事诉讼法衔接的研讨已很集中,这块内容发表的文章、课题已经很多。在党的十九大报告里提到了监察委员会对职务违法和职务犯罪进行调查,从宪法修正案和监察法来看,已经非常清楚。把违法和犯罪作了界分,很显然前面的职务违法不包括职务犯罪的内容,一般意义上违法也不是犯罪,但这里界分了前面的违法是一般非刑事的违法。要界分,就需要刑法的评价,比如一个简单的受贿罪,我们调查什么? 在我看来,核心要调查的就是把这个事情调查清楚,要根据刑法受贿罪的要件进行调查。所以说,在这样一个具体过程中,监察法和刑法的关系仍然是极其紧密的,似乎在这样一个阶段刑事诉讼法仍然进入不够,但是通过我们长期以来建立刑事法治的理念,通过这样一个切口把我们的法治理念要注入进去,所以监察法和刑法的关系仍然是值得我们探讨的。

从总体层面来说,监察法第 15 条规定了 6 项内容,比刑法确实是要宽泛,这是不容否认的。监察法第 15 条是以人为中心来划分监察对象的。但单纯地以人为中心和单纯的以事为中心都是有欠缺的,因为监察对象也可以实施其他的违法犯罪情形,如盗窃、诈骗、抢劫等跟职务犯罪没有任何关系的犯罪。所有的职务侵占就是一般的公司职员,利用公司的职务便利把公司财产拿走了。比如快递小哥把快递拿走了,这就是职务侵占。所以整体结合起来,对照我们刑事法治的理念,结合监察法第 3 条,我们才能相对确定监察全覆盖的范围。

在主体里面,1997 年刑法很清楚地对自然人犯罪和单位犯罪作了明确性的规定,1979 年刑法没有。监察法第 15 条针对的是自然人的情形。问题是现实中还存在大量的单位罪,比如单位受贿、私分国有资产,这都是以单位为犯罪主体。也就是说,国家监察只针对自然人,给检察院提起公诉制造了困难,只能更改罪名,确定罪名之后再通过相应的方式去执行补充侦查合作。但监察法里为何没有纳

---

① 陈伟,西南政法大学监察法学院教授。

进去，而只能通过后期程序上的一种方式来解决？虽然也可能作为权宜之计得到解决，但从刑事层面、法治层面来看是不对等的，是存在问题的。

刑法第87条至第89条规定了追诉时效，但监察机关调查到底是否要求有时效，监察机关自身也认识不一。有的人认为监察法里没有提，因为时效的最终后果是附属在刑诉法当中的。问题在于刑法中的一些罪名，调查内容都是根据刑法来的，刑法规定时效是要限制公权力对这种状态的限定，刑法对于时效的这样一种限定，监察法上为何不予以规定，这是有问题的。

关于认罪认罚从宽制度。监察法里明确规定了，大量条款涉及认罪认罚从宽制度。普通案件在侦查阶段完全可以认罪认罚，乃至最终可以直接撤销案件。但《监察法》的认罪认罚不可能达到这一步。另外，认罪认罚过程中有效的律师帮助是需要的，因为作为一个没有法律专业知识的人，认罪认罚到底在多大程度上于当事人有利并不能明确体现。

关于监察机关自身刑事责任的问题。自监察法颁布施行，关于监察机关到底由谁来监督的问题，一直以来属于热门的话题，但对于适用监察法来说，因为将监察机关界定为政治机关，而不适用于监察机关。

赵天宝①**：**习总书记在党的十九大报告中指出要加强对权力的运行和监督，让权力在阳光下运行，强调自上而下的民主监督，发挥监督作用，加强对党员领导干部的日常管理监督。实际上现在有很多监督方式在中国古代都已经实践过了，要想实现廉政必然监督，只有严格监督方能实现廉政。

明太祖朱元璋当时采取了一系列惩罚办法，对此，主要就有三个问题：第一，他为什么要实行“重典惩贪”？朱元璋刚刚建立国家就采用了“重典惩贪”，其原因我总结了三个：一是明初复杂的政治形势。二是经济原因。往往新王朝建立时，经过几年战争，经济基本到了崩溃的边缘，民不聊生，这个时候如果基层官吏再徇私舞弊，容易导致历史周期率的再次发生，所以他就采取了“重典惩贪”。三是朱元璋历经过赤贫的状态，最后达到了权力的顶峰，他个人的经历是他采取“重典惩贪”的一个重要方面。最典型的一个小例子，他父亲去世的时候安葬费都没有。所以这方面给他个人影响很大，这是他采取“重典惩贪”的个人原因，当然也跟他后来当和尚，目睹元朝官僚的腐败有关系。

---

① 赵天宝，西南政法大学人工智能法学院教授。

第二，他采取了哪些办法？我总结为三个：一是高度重视“重典惩贪”。实际上任何一位统治者，古今中外都想把他所实施的行为规制到制度的范围之内，否则处理没有依据、不能服众，所以首先他就重视律法。二是亲手制定《明大诰》。处刑比较重，其中惩官的比例高达60%以上，比如《大明法》增加了许多对犯罪的规定，而且惩罚的方式也呈现出多样化的特征。三是重刑不避清贵高官。一个是他的女婿被诛杀，另一个就是户部侍郎贪污案，当时的户部侍郎比现在部长的权力还大，但由于倒卖官粮，侵吞公款，最后也被诛杀。所以他是大搞株连三族。当然，古代传统文化我们要镜鉴。当时朱元璋设置的监察机构，已经包括了中央监察机关，里面专门有督查院和六科，是监督地方，并且同级官僚可以互相监督。同时发动民众进行监督，如果中间敢有拦截者那就是灭祖，所以这是非常严格的。古代人这样的规定，落实到具体的法律规定上还是比较少的，这是朱元璋针对体制机制想的具体办法。

第三，对当代的镜鉴。一是完善立法。监察法只有69条，当然以后会慢慢完善。我觉得重要的是执行，无论是刑法、公务员法，还是监察法都规定了很多，关键是如何执行到位，我们还要从朱元璋身上学到很多东西，我们不能矫枉过正，但也不能软性执法，比如现在从党的十八大以来，我们惩治贪官腐败取得的效果不错，但我们处理的时候按刑法的规定，比如贪污等的金额10万元以上特别严重的就可以判处死刑了，但现在即便是上千万元、上亿元的也不一定判处死刑。当然，不是说对贪官必须从轻或者从重，只要按照刑法的原则罪责相适应即可。因为官也是人，他也具有刑事被告人的一般权利。二是加强群众监督，目前的主要渠道是通过各种方式进行举报。古代通过实名行不通，不具备这个条件，但现在完全没有问题。

现在进入中国特色社会主义新时代，全面从严治党、廉政建设的势头不错，要想长期保持下去，还需要完善制度并严格执行。当然，最高境界还是要行使公权力的公职人员廉洁自律不腐败。

胡兴建：上面4位发言人分别讲了一个主题，都是目前国家监察体制改革中非常重要的主题，一是政治和法治，二是党规与国法，三是监察与刑法，四是历史与当代。

张君：我个人认为监察法在未来几年的实施效果如何，乃至于监委能否在3～5年内快速树立起应有的权威，从根本上来说，还是得靠一支高素质的监察队伍。如何能够盘活现有的存量,提升现有干部的综合素质,如何提升纪检监察人才的增量,这一点应该说是迫在眉睫。在这样的形势下,西南政法大学率先在全国成立了监察法学院,充分利用了学科齐全、人才密集的优势,致力于培养专业化的监察人才队伍,我想这必然会对完善中国特色社会主义法治体系,建设社会主义法治国家,提供一个强力的智力和人才支撑。在此,围绕监察人才培养,讲三点我的个人建议:

第一,我们要在思想上统一认识,纪检监察事业究竟需要什么样的人才。监察实行公权力的全覆盖监督,这就要求纪检监察干部队伍应该配备经济、政治、法律等不同专业素养的专才与全才。党章、党规、党纪以及宪法、监察法等既应该作为基础课程,也应该作为核心课程,专才在实际工作中对于办专案效率高,而全才对疑难复杂案件的贡献大,比如在信息化发展进入新阶段,职务犯罪案件日趋智能化、隐蔽化的背景下,办理职务案件就需要精准分析研究与职务犯罪活动有关的人、事、物,提高证据采集的精准度。为此,建议监察法学院能够突出问题导向和需求导向,优化教学课程设置,做好两个统筹,改善好监察干部的知识结构,提升综合素养。

第二,怎么样提升监察人才培养的质量。监委工作具有高度鲜明的政治性,这就要求培养监察人才必须优先注重政治素养,对此我们建议监察法学院在教育中要坚持以德树人,首先要强调思想政治教育,培养监察法学院学生讲政治、讲规矩的意识和自觉。不仅要提高学生的法学知识水平,而且要增强学生的政治品德、职业道德素养,更要注重培养学生筑牢四个意识、坚定四个自信、做到两个维护。要摒弃学习的功利化思维,增强他们对纪检监察职业的认同感、荣誉感和责任感,使其做到志愿进入监察法律的部门,尽职奉献。

第三,怎么样处理好监察法学理论与实践的问题。习近平总书记强调法学学科是实践性很强的学科,法学教育要处理好理论教学和实践教学的关系,对此,建议监察法学院要打破和社会以及其他教育机构之间的体制壁垒,将实际工作部门的优质实践教育资源引进监察法学院,促进法学教育、法学研究工作者和监察实际工作者之间的交流,同时建立监察法学院与党校之间的合作机制,加强纪法理论研究工作,推动纪法贯通。一是监察法学院的专业教师在做好理论研究和教学的同时,要深入了解监察法与其他法律实际工作,促进理论和实践的有机深度融合。二是建议监察法学院要加强与各级纪委监委合作,建立一批实训实践基地,确保学生走出校门就是监察工作的行家里手，拓展学校的影响面、带动面。三是建立教育培训体系。举办更多具有针对性、系统性的各类培训，帮助在职的纪检监察干部加油充电，同时可以考虑适当引进金融、经济、财务、心理、侦查等其他学科，优化学科配置，改善知识结构，解决纪检监察干部队伍现在存在的本领恐慌和知识恐慌的问题。

王健：我主要谈几点感受：

第一，王周户教授讲到政治和法治的观点，我很赞同。因为从党的十八大以来，从习总书记全力反腐这块，没有一个强有力的东西解决腐败问题是很难的，政治上要服从，这是第一位的。强调纪委、监委是政治机关，我们要做到两个维护，从站位上我们要站住，才能够做好下面的工作。

第二，刚才章志远教授提出了依法履职的问题，这一点我也感受很深。纪委这几年权威已经基本树立起来了，但还要在这方面加强自身建设，监察权的滥用问题，包括问责只注重下级，上级就轻放，也存在问题。从去年开始我们就非常注意这方面的工作，力求做到在桂林地区相对的公正公平，为此，还在 2016 年出台了支持改革创新容错纠错的制度，这是桂林市的创新做法，到目前为止大概有 100 多名受到诬告的同志，我们也旗帜鲜明地给他们澄清。

第三，在监察法实施过程中也遇到一个突出问题，即办理的案件中一些应当依法移送的案件并没有完全移送的问题，这一块我感觉是有一些欠缺的，应强化监督、规范。

肖金明[①]：改革这么长时间，有一个普遍的感受与共识，是监察实践还在不断探索，非常艰难，监察一线的纪检监察干部都有很多困惑，这是现实，也是我们能够感知和理解的。因为我们的实践要不断向前推进，推进的方向不同学科有不同的看法，法学一定是讲制度化、规范化、法治化的。所以目前新一类的国家机关是一种什么样的职能，这个职能能不能让监察实践直接表现，这个职能有没有一个体系，直接关系到监察权的制度安排。从法学的角度、规范化的角度指向的都是监察活动，而对于监察活动有哪一系列的，比如监察关系，如何实现法律化，这在实践中我觉得是理论界目前介入非常少，而实践部门有强烈的新的知识、新的理论的要求，所以实务界是走在前面的。比理论稍好一些的是制度，因为这是实践

① 肖金明，山东大学威海法学院教授。

的一个基本需要,目前制度的供给还达不到一个良好的状态,监察立法的工作,包括监察解释这些工作,还没有真正展开,监察委员会有没有一个很好的立法工作,也是极为关键的。怎么实现监察体系的制度化,像探讨监察法与宪法、刑诉法、公务员法,甚至于与行政法之间的关系以及如何进行衔接等,此外还包括庞大的党内法规的制度体系,如何与监察法衔接,都是实实在在的问题。

最后,还是一般理论的探讨,立法学目前不是一个独立的学科,但立法的基本学科体系已经成形了,比如把立法学作为立法的科学来对待,讲这项工作的规律性,讲立法根本制度的基本逻辑性,学界已经有了很多探讨。监察法还是一个新的领域,我们也正在进行探讨,一定要加强基础理论研究。在法学当中现在还没有成形的法学是研究什么?一定是研究一种新的权力现象、制度现象,就是监察现象,你研究这个现象应该是基本稳定和基本确定的,对这个现象描述实际上在理论界还没有达成一个普遍的共识。比如监察对象的范围,是不大确定的。作为一个比较成熟的学科或者要让它成为一个独立的学科,最基础的工作就是应该创建基本的范畴,所以几乎每个法学的二级学科,如刑法的基本范畴是很清楚的,包括现在党内法规学也在努力走向一个相对独立的学科,也在做这些基本范畴的工作,是最基础性的。那么监察法学的基本范畴是什么,我觉得这些问题理论界都没有一个非常好的探讨。今天上午谭宗泽教授以政治法律为观察视角,对监察委员会如何定性进行探讨,包括一系列的制度配备,应该是把这两者既分开又结合起来了,刚好王周户教授的发言又是从政治与法治辩证统一的角度来看监察权为什么能形成目前的局面,以及其存在的正当性。这个视角是非常好的,尤其是王周户教授比较系统地谈了监察权的正当性、政治属性等。

政治属性应该是从一种角度而不是从全面的角度上来考虑的,中国的问题我概括为三个问题:一是中国共产党领导的政治;二是公有制经济;三是正义的社会。这在宪法当中表述得非常清楚,但如果要对宪法作一个真正全面科学的解读,中国共产党领导下的政治现在面对的最大问题就是法治的问题,所以国家治理把“党的领导”明确写进宪法,实际上就是要通过中国共产党领导、引领国家治理能力和治理体系的现代化。监察权的配置,监察委员会这个新的机构的产生,不从政治的角度来理解是不可能的。但具体的监察职能,无论是监督还是执法活动,比如调查、处置都应属于法学的问题、法律的问题,甚至还要上升到法治的问题。另外,加强监察理论研究,两个方面是很重要的,一个是多学科的对话,要从法学中不断聚合，大家共同来研究这个领域。另一个是理论和实践的结合非常重要，理论联系实际、实践联系理论，应该是一个学科成熟的必然途径，所以监察法的理论研究绝对不只是坐在这里的法学学者的事情，也需要纪检监察实务部门的同志们共同来推进。

胡兴建：2012 年之后，党和国家以前所未有的力度和强度在推进依法治国，据统计从 2012 年 12 月 4 日开始到现在，习总书记一共有 19 篇论述依法治国的讲话，都非常深入，在某种意义上实践是走在了理论的前面，这也是近年来理论界感觉到的一种压力。

田坤[①]：王周户教授谈到了“政治与法治的辩证统一——监察权独立存在的基础与思考”，都知道政治和法治是不分家的。作为政治的一个标志的党内法规和作为法治的一个标志的法律，这二者之间是互哺、互相借鉴、互相完善、互相提高的，在党的十八大之后这个特点越来越明显。就监察法、公务员法而言，里边的表述如“五湖四海”，特别是监察法的总则部分有很多原来是党内法规话语体系中的词语，这是党纪对法律的一个补充。同样地，中国共产党党内法规制度体系的建设和完善，也吸收和借鉴了法律的立法技术、立法理念成果。对此，党的十八大以后党内立法质量有了明显的提升，我觉得其中一个很重要的原因就是吸收借鉴了法律的立法技术。因此，王教授提到了政治与法治的辩证统一，我觉得非常好，能站在更高的位置理解和解释监察法，单纯从监察法的法律属性上去对条文进行解读解释，可能还存在困难和难度。

章志远教授谈到了“党规国法衔接视野中的依法履职”问题，我对章教授提到的监察法释义法学的概念非常感兴趣，也非常认同。刚才陈伟教授也提到了刑法教义学的问题。监察法公布实施以来，在学界以及纪检监察机关、宣传部门等相关的文章中，大部分的文章要么是对监察法直接条文的解释，要么是宣传工作。另外，比较多的文章主要是来自学界，就是对监察法进行释义。监察法虽然出台得仓促，但是上升为国家法律之后，我觉得应该有学术自觉和政治自觉，从监察法释义的角度，或者说从监察法教义的角度，多做一些有深度的解读。

陈伟教授提到了监察法和刑法的衔接问题，确实这是一个非常重要的问题，在监察法实施之后，我们可能把很多关注点都放在了监察法和刑事诉讼法的衔接

① 田坤，中国社科院马克思主义研究所副研究员。

上,我和陈教授的观点是一致的,监察法在实施和制定过程中对刑法的关照不够也不足,造成了在监察的实践过程中遇到了很多实实在在的真问题。比如陈教授提到的一个问题,假设说监察委员会的同志对被调查对象进行刑讯逼供和对证人进行不利取证,怎么处置、以什么样的形式处置,也还是存在讨论的空间。

赵教授提到了朱元璋的“重典惩贪”及其当代镜鉴,这很有意思。“重典惩贪”的“重典”维度很多,但如果我们把“重典”仅仅理解为重刑可能就有点偏颇了,特别是在当前的时代之下,有一种观点认为现在之所以贪污腐败这么多,就是因为中国的刑事法律还不够严格,但是我对“重典惩贪”这种理念还是持保留的态度,我认为现在中国的反腐败关键问题不是在于重刑,而是在于消灭犯罪“黑数”,也就是一方面要进一步完善刑事犯罪的法网,另一方面并不要追求刑法的苛严。放眼全球除了极少数国家,像中国对刑罚判罪配法如此之高是没有太多的。比如德国,贪污贿赂犯罪刑罚是很低的,不影响实际效果,特别是在中国,我觉得刑罚的高低对于反腐败的效果影响不大。中国很多官员你给他判五年或者十五年效果是完全一样的。刑罚的两个目的不外乎是惩治和预防,我觉得不一定要追求刑罚的重刑才能达到这两个目的。

胡兴建:无论是主题发言人,还是与谈人,提到最多的两个字就是“问题”,以问题为展开,确实是关注当前中国政治体制改革最重要的路径。

温泽彬[①]**:**王周户教授作的报告是“政治与法治的辩证统一——监察权独立存在的基础与思考”,王老师的观点我也是非常认同的,内容也很丰富,但我觉得主标题是不是应该是“监察权独立存在的基础”,应该包含以下方面,它为什么可以独立存在?第一个是它用法治的方式来解决政治性问题。第二个就是王老师提到的用于解决所有的公权力犯罪问题。但这有一个大的背景,就是中国这样一个党政协同的体制存在大量的人格混同,每个人很难说清楚自己的身份究竟是怎样,就像高校中以“管理”将教师也纳入进去了,也属于监察对象。所以在中国的现行体制之下,人的身份是多重与多元的。而中国原有的松散的监督体制无法达到全覆盖的效果,所以就构建这样一个独立的监察权。当然,进一步追问的话,为什么要独立存在?独立性是否符合这种权力配置的基本原理?

---

① 温泽彬,西南政法大学监察法学院教授。

第二位关于章志远教授的发言,启发很大,教义学的这样一种方法,确实我也非常认可,包括陈伟教授也是这样的方法。特别是对于依法履职的解读,确实涉及监督权的运用,所以对依法履职的法教义学解读,我也是长期感兴趣的。但是,我对章老师报告的依法履职的视野有一点不同的意见,我觉得对依法履职,正因为涉及监督权,现在无法判断监督权究竟如何去运行,如果做扩大性解释,将党规作为法律来解释,可能会进一步加大监督权行使的困难。所以我觉得对于依法履职监察法宜作限缩性解释,不宜作扩张性解释。同时,这也可以排除大量行政机关作的专业性判断以及裁量性行为。此外,还可以适用监察建议的方法,对单位履职过程中存在的制度性漏洞、重大的程序性问题进行监督,从而完善依法履职的功能。

第三位陈伟教授,也是按照法教义学的方法提出了六点,以我原有的专业知识,确实对很多问题不清楚,所以很受启发。但我有一个看法,刑诉法或者以刑法这样一个专业来看待监察法的话,那监察法肯定存在很多问题,对于监察法这个法学学科的研究,究竟是不是必须以原有的刑法为一个基础,当然二者的衔接问题需要解决。但如果单独对监察法自身的法问题进行研究的话,你会发现实际有些问题比衔接问题还更严重、还更亟须解决。比如,犯罪不移送的问题,像这种情况如何来规制呢?当然,这一层面的问题可能需要下一步的政务处分法进一步程序化、规范化、标准化。再如,监察法第46条规定,对违法取得的财物予以没收、追缴、责令退赔。这个条款以原有的刑法是无法理解的,而且其不接受诉讼监督等。所以确实存在很多问题,当然还包括认罪的处罚,监委如何来配合这些制度都不明确。

赵天宝教授的文章所提到的当代镜鉴,不一定是正面的,或许是反面的,我认为更多的是反面的警示。我非常认同重点惩治贪官不是解决反腐的必然或者必要的途径。在中国的国情之下,可能适当的重典,即使是按照德国的模式也不见得可行,至少当前阶段不见得有相关的配套给予保障。习总书记提出要把权力关进笼子里,而不是把人关进笼子里,如果我们的官员要么是在监狱、要么是走在进监狱的路上,这就是制度悲哀了。要做到把权力关在笼子里,就要运用法治思维,把权力寻租空间控制住,让官员犯罪的机会更少,这就是好的制度,让坏人也干不了坏事。

莫于川:本单元叫“监察理论与实践”,其实应该是“新监察法理论与实践”。

原先就有行政监察法、行政监察机关，现在是国家监察法、国家监察机关，是全新的。一定要认识到新时代带来的新问题。因此这个新的探索，从理论到实践我们要给予高度重视，所以我还是那句话，要集中力量把国家监察机关的权威树立起来。

同时，要切换思路，从长远来对待这个问题。我们这个单元前面几位发言和与谈人为我们提供了思路，那就是历史的眼光、辩证的眼光、全面的眼光，还有一种以人民为本的眼光来对待现在的难题，才能得到一个正确的解决路径和方向，这是值得我们思考的。

第三单元　主题：监察人才培养

主持人：方世荣　中南财经政法大学　教授
　　　　喻少如　西南政法大学监察法学院　教授

方世荣：我们这个单元的主题是“监察人才培养”，应该说是一个非常新颖的主题，因为过去还没有过专门的讨论，同时在座有很多来自实务界的同志，他们肯定对需要用的人才有他们的一种期待或者需求，这样我们就可以听到很多真知灼见。

姬亚平①：我的题目是“西北政法大学党内法规和监察法人才培养的缘起与探索”，我讲三个缘起、八个探索。

第一个缘起，为什么要研究党内法规和监察法？我本人是搞行政法的，搞行政法的使命就是建设法治政府，但是我深深感觉到按照传统的路径是很难建成法治政府的，比如研究规范性文件审查、政府信息公开等，确实有进步，但是法治政府建设在一段时期以来，主要是党的十八大以前，不仅没有进步，反而在倒退，为什么呢？政府的廉洁程度很低，法治政府的标准是什么？我想最低标准就是廉洁政府，基本的廉洁都做不到，就不要谈法治政府了，那么怎么做廉洁政府呢？按照传统的进路是不行的。党的十八大以后给我的启示是，建设法治政府要从管党治党入手，把党员干部管好，那么法治政府才有希望，全面从严治党要依规治党，党内法规就值得研究。

---

① 姬亚平，西北政法大学行政法学院院长。

第二个缘起，我们一直在讲依法治国，依法治国主要是治谁呢？我们过去说依法行政是依法治国的关键，但后来发现其实这么讲是不完全准确的。为什么呢？因为政府是“二把手”，“一把手”那是各级党委，只有把各级党委管住，才可能建成一个法治国家。所以依法治国要从全面从严治党、管党治党，从依规治党做起。

第三个缘起，在法治人才培养过程中出现的一些困惑，我们过去跟学生讲法律，都讲的是国法，但是很少讲党规，这就导致实际上对学生只讲了一半。中国的决策是各级党委在决策，行政机关负责执行，所以行政机关这个决策顶多是一种执行性的决策，创制性的决策在于党委，所以行政法里边的概念不尽准确。比如课上有学生问我，政法委在诉讼当中是什么地位？我国的三大诉讼法都没有规定政法委，政法委领导公检法，究竟是如何领导呢？这个问题不能不面对。那么要把这个问题讲清楚，以诉讼法来说是不够的，必须要结合党规。所以我们的法学教育也存在严重的欠缺，我们只注重国法不注重党规教育，这是不符合中国实践的，培养出来的人才在知识上也是不健全的。再如检察院里面有大量的检察官转到了纪委和监委，但是这部分人在知识结构上是有欠缺的，这部分人长于法律，但是在党规法就存在不足。纪委监委由两部分人构成，一部分是老的纪委工作人员，另一部分是检察院转隶过去的，原有的纪委工作人员的长处是精通党规，但是对国法方面不如转隶过去的这些检察官，那么检察官长于国法，但是短于党规，我们要培养知识结构全面的人才，必须要从学校里边做起，既要讲国法，还要讲党规，这样才能适应纪检监察工作的需要。

出于这样的考虑，为推动党内法规和监察法的人才培养，我们主要采取了以下措施：一是成立了党内法规研究中心，这是全国第一个党规研究中心，并由学校的书记担任该中心主任。二是监察法颁布以后我们成立了监察法教研室。三是着手编写这方面的教材，但不顺利，监察法的教材编得也不太顺利，各高校自己来编难以推进。四是设置了这方面的课程，设了两门课程，一门是党内法规，另一门是监察法，目前都是选修课，今年要修改培养方案，我们争取能够把监察法设为必修课。五是加强党内法规和监察法的学科建设，学科方案已报给学校，争取从2019年开始招收这两个专业的研究生。六是积极从事科研工作，写文章、报课题。七是引进人才，我们搞教学培养人才，首先教师自己要是人才，所以一方面是要求现有的教师转行从事党内法规和监察法的教学。另外，我们也从全国各地引进人才,从事党内法规和监察法方面的教学科研。八是学校决定给学院加挂“纪检监察学院”的牌子。因为纪检监察是两位一体的,既包括了党规,又包括了国法,以突出一个新的学科方向。

方世荣:感谢亚平教授从两个方面谈了这个问题,既结合了中国的国情,也从更高远的角度谈到了党内法规以及监察人才培养对依法治国的重大意义,并介绍了西北政法大学从八个方面所作的探索。

王青斌[①]**:**我今天谈的主题是“监察法治人才的培养”,我从以下几点来说:

第一个问题,监察需要什么样的法治人才。法治国家的建设离不开法治政府,监察一样也要法治化,所以我们说监察法治。其实在目前来看监察法治非常有必要,而且甚至更为迫切。其中,谁来监督监察委,监察委肯定会说自己监督自己,事实上自己监督自己是靠不住的。孟德斯鸠就曾警示“一切有权力的人都容易滥用权力,这是万古不易的一条经验”。而且,现实中也确实出现了这样的问题。举个实践中的例子,在河南出现这样一个案件,过去的行政监察局扣了人200万元不还,现在当事人到法院去起诉,如果在过去法院会受理,因为行政监察局是可以作为被告的,但现在法院不会受理,因为监察机关不是行政机关,被告主体不适格。上访也解决不了,这就是一个新的问题。实际上要实现监察法治,首先需要有人才,当然追根溯源监察机关怎么界定,包括监察权的性质这可能是一个更基本的问题。

从这一点来说,怎么去看待监察,当然有很多争论,包括官方所界定的政治机关,也有很多学者对这个提出质疑,包括陈光中先生也发文,说他不认为政治机关是一种准确的表述,他说中国的哪个机关不是政治机关呢?中国所有的国家机关都可以说是政治机关,他认为这个不能准确地界定监察委的特性,他更多还是认为是专责的监督机关。这就涉及一个问题,我们现在到底有几种权力?立法、行政、司法、监察。在新的权力体系下,作为一种新的权力,这种权力偏向什么呢?其实我更多倾向于认为监察权是一种类型权,其实扩大性地来说其还是行政权的一个范畴,但现在又不在行政法的体系内,从权力行政上讲是行政权,所以我们可以称其为类行政权,这就决定了它的法治化,就可以在很大程度上借鉴行政法治的一些做法。比如行政法治最核心的是什么?其中,一个是司法审查监督,一个

---

① 王青斌,中国政法大学法治政府研究院教授、科研处副处长。

是行政程序法，当然还有很多，在这两点上，应该说是有借鉴意义的。

举个简单例子，监察委能不能当被告？如果认为它是一种行政权，当然就可以。同样要实现监察的法治化，程序的控权就非常有必要。包括监察委内部的体系建设，也可以借鉴行政程序法的特点。这样一种类行政权的界定，也说明了监察需要什么样的人才，一定是和行政机关需要的人才有很多共同点。实际上关于监察的界定其实也有一定的法律依据，这也可以从监察法赋予监察委的权力看出。其中，第一种是廉政的教育权和监督检察权；第二种是违法和犯罪的侦查权，算侦查权或者调查权；第三种是处置权，但这种处置权既有行政性的处分，同时还有整个犯罪提起公诉的处置。总体来讲，还是更多偏向于行政。

第二个问题，监察法治的人才应当具备什么样的知识体系。从法学的角度来讲，他需要的第一是具备刑法、宪法这样的公法知识，第二是刑诉法知识，因为你要搞廉政教育法等，还有一个是必备的党内法规知识。所以从这一点上来讲，监察法学院完全放在公法，监察法人才的培养，还得有刑诉等其他学科的教师，如果按照传统的教育教学方法可能不能完全涵盖。

第三个问题，明确了基本的知识体系以后，怎么去培养人才或者说需要什么样的法治人才，即需要什么样层次的人才。我们说法学的这种人才基本有三个层次，本科、硕士、博士。那监察需要什么样的人才呢？从法学的角度来讲，我们现在的这种本科教育更多的其实不再分专业了，所以本科这个问题没什么可探讨的，大家培养出来都是一样，都是 14 门核心课程等。所以从这样来讲，可行的就是硕士阶段和博士阶段，而从硕士阶段来讲，监察法和其他法更多应当偏向于应用型人才的培养，现在一般将硕士分为法律硕士和法学硕士，而从这一点上来讲，在培养上，包括在招生条件上，个人认为以现在的法本升法硕后，再升方向可能会更好一点，或者说他的功底会更扎实一点。博士阶段这种人才我们需不需要，当然也是需要的，这个就不过多论证，但实务中大量的还是需要硕士方面的人才。另外，学生的质量好坏其实很大程度上取决于导师体系的构建，刚才我也提到了，监察法学的学科知识体系是多元的，所以我们在后续的监察法导师方面也应当有一个多元化的层次，一方面是学科类型的多元化，另一方面还有导师来源的多元化。

这里，我简单介绍一下中国政法大学的培养做法，中国政法大学法本、法硕是分方向的，现在一共有六个方向，民商院有三个方向，法学院相当于西南政法大学的行政法学院,也有三个方向,分卫生法、体育法、教育法,而其导师的来源,每个学院配两个老师,一个校内教理论的,还有一个来自实务部门进行实践指导的,这样一种导师来源的多元化,也可以避免理论和实践脱节,特别是像监察法这样一种新的实务性学科,联系实践显得尤为必要。

方世荣:青斌教授从人才规格、人才的知识结构以及人才培养的层次三个角度谈了他的看法,很受启发,也提了很多好的建议。

杨临宏[①]**:**我的第一个观点跟青斌教授类似,监察人才的培养首先必须要搞清楚一个问题,监察干部他到底是什么样的人才,我个人认为起码有三个现象要考虑:第一,他是法律人才;第二,他是政治人才;第三,他是政法人才。如果是政治人才,那么可能培养的方向应该更多地偏重于政治的基本理论,可能慢慢地就偏向于党政机构。如果是法律人才,他就应该偏向以法律为主。如果是政法人才,他可能就是二合一,所以我个人认为这三个定位不在其中显出一个来,我们来谈如何培养,可能都不科学。这是我要表达的第一个观点。

我要表达的第二个观点,监察干部他到底有多特殊,特殊到什么样的程度,需要专门为他培养人才。世界上任何一项工作都是特殊的,人大立法的干部也很特殊,是不是再来搞一个立法人才。世界各国就法学教育来讲有通识,这些基本的知识一旦学生掌握了,不管他将来从事什么样的工作,他都是能够胜任的。我个人认为作为老师来讲,是想通过一种精巧的制度设计,希望学生能够把将来在社会上闯荡的所有本领都学会,但这是不可能的,老师所能够传播的知识永远都是最基础的。但是,这种精巧的设计挡不住残酷的社会现实,一旦将来我们的学生毕业一、两届就业成了问题,这个马上就出问题了,为什么?因为将来不可能说纪检监察部门考公务员的时候就专门网开一面,单独进行考试,如果是单独进行考试的话,可能就会认为这个部门越来越特殊,而越来越特殊的话,问题也可能会越来越多。现在很多人对纪委部门是敬而远之,就是因为对它不了解。我个人认为作为监察干部来讲,他还是普通的公务员,不能特殊化,这是我要表达的第二个思想。

第三个思想,我想表达的就是从法学教育的角度来看,现在这些所谓的专业,其实我个人看来不管是综合类大学,还是专门化的大学,都只不过是一种管理的

---

① 杨临宏,云南大学法学院教授。

方法而已，是学校为了管理方便而进行的一种形式意义上的划分。为什么呢？比如民商法学院要学的那些课与行政法学院要学的课都是一样的，基础课都是一样的。只有到了专业课以后，可能根据学生的信息才会有一些差别。在这个过程中，作为一个法学专业来讲，首先可能一、二年级还是应当是以法学基础理论教育为主，到了高年级以后，学生自然根据他对社会的认知来挑选他喜欢学什么专业，或者说他想选哪些学科的课。比如监察法学院可以开一系列有关监察法的课程，学生自己来选，这个可能才是一种符合教育规律的做法。

我想表达的第四个观点，在人才培养当中，我们一定要搞清楚大学教育和干部培训之间的关系，许多办理案件所积累的监察机关内部需要注意的问题，那不是大学课堂能够讲清楚的，那是干部教育应该解决的。比如我法学毕业的学生到了纪检监察部门去工作了，到了纪检监察部门工作以后，我们得给他进行入职培训，这个环节是大学永远都没有办法来完成的，这个必须靠监察部门自己来培养人才。道理很简单，法学院的学生毕业以后，通过了法律资格考试，进入了律师事务所，律师事务所要给他指定师父，要跟着师父学习，学习合格了才能够得到执照。而我们现在就是把一切寄希望于大学把这些问题解决掉，那是不可能的。因此，我个人认为我们构建一个科学的培养体系这是对的，但是科学的人才培养体系当中，还是应该有分工，该由大学承担的责任大学承担起来，该由纪检监察部门承担的责任纪检监察部门也应该承担起来，培养人才不只是一家的问题。

另外，具体到纪检监察来讲，我个人认为还有观点值得注意，就是说我们到底是要本科还是研究生，这个我个人倒是觉得中国现在存在一种人才高消费的问题，明明只需要本科生的地方非要研究生，明明只需要硕士的地方非得要博士，这样导致了教育成本的大量上升，一个是国家教育成本的上升，另一个是学生自己教育成本的上升，我个人认为这是不科学合理的，人才的培养还是应当考虑成本效应的问题。

方世荣：我觉得临宏教授有很多新的思考，以前可能都没有考虑周到的一些问题，比如纪检干部到底有什么样的特殊性？这的确值得我们深思，包括人才培养中干部教育和国民教育怎么分工，这都值得我们去认真思考。

金承光①**:**我准备从下面三个方面来讲监察法学院成立一周年在人才培养方面所做的工作:

关于成立学院之后的定位,我们从科学研究、人才培养、学科建设、干部培训几个方面,做了一系列的探索和努力。纪检监察是非常专业的,中国大学教育有92个本科大专业,唯一没有的是纪检监察专业,所以纪检监察的干部基本都是学别的专业,然后转到纪检监察部门的。监察法学院依托行政法学院而成立,并结合了西南政法大学的实际情况。监察法方向的导师,包括授课老师,除了行政法学院的老师外,还包括法学院、刑事侦查学院、经济学院、商学院、政治与公共管理学院,甚至还有人工智能法学院的老师,聚合了几乎全校的师资力量。目前,我们做的工作主要是从实务法学硕士招生着手,按照法本法硕和非法本法硕,总共分了14个实务方向来招生,并在这个基础上申请了一个监察法实务方向的法律硕士。

首先,依照2018年1月教育部公布的全国本科专业的教学质量国家标准,包括92个大类本科专业公布了教学标准,这里面只有法学专业,没有纪检监察专业,所以我们在修订人才培养方案时,是在全校通用的法学专业的基础上,把一部分必修课换成了纪检监察的专业课程,增加了一部分与纪检监察相关的专业选修课程,并面向全校,所有专业开设了党内法规、监察法学两门专业课和有关的选修课。本科教学还是大法学教育,教育部规定了“10+X”,并规定了关于本科人才培养方案的总学分,我们在这个基础上换了几门课,增加了党内法规学、监察法学、监察调查原理等四门课程。这是本科的人才培养方案。

然后是专业学位,专业学位分为法学和非法学,全国法律硕士专业教育指导委员会统一规定了必修课和一些专业基础课,这些课都是必须开设的,监察法实务这个方向也开了一些选修课和实践课程,这些课程包括职务违法和职务犯罪、监察证据的收集和应用、监察调查、监察制度的比较、反腐败国际合作。其中,还包括一些专题,如信访举报、职业能力和职业技能,与监察有关的包括文书、执纪检查、执纪审查等,这都是属于监察专业部门的专业选修课或者是一些实践课程。

针对监察法学硕士来讲,有一些课程还是必修课程,一些是选修课程,实际上课程基本是通用的,但也有一些特殊的课程。监察法学专业的博士课程实际也是

---

① 金承光,西南政法大学监察法学院副院长。

一样的，必修和选修有一部分是修法学的，这一部分是法学专业本来就有的，此外，还开设了一部分和纪检监察业务有关联的选修课程。人才培养方案目前基本情况大致就是这些。

关于人才培养的问题，这方面主要做了三项工作：一是构建专业的师资队伍；二是开展学校和各地各级纪检监察委的合作交流；三是加强人才的培养。学院在5月成立了专门的监察法的师资队伍，配备了来自全校与该专业有关联的，以各学院的教师组成的师资队伍，因此监察法学的硕士生导师主要是来自各个学院的，现在学院正在编写监察法学的有关教材。此外，还选派了一些老师到企业去参加监察法的培训，今后还准备把一些老师派往各地纪检监察机构去调研、挂职锻炼等。

2018年西南政法大学共举办了100多场各地纪检监察委的培训班，利用他们到西政培训的机会，邀请了广东省广州市、山东省济南市、四川省宜宾市、贵州德江县四个有关部门，召开了四次座谈会。实务部门的同志给学院提了非常好的建议，比如，提升政治人才素养方面需要开设的课程，如党建知识、反腐败历史研究等制度课程，这些也是学院在具体设计时没有考虑到的，所以今年研究生的培养方案中可能马上要增加一些课程。然后提出了专业能力训练的建议，这也是以前没有考虑周全的，比如谈话、询问，实务部门的同志就建议单独开设一门这样的课程，等等。

关于培养监察员的综合能力方面，实务部门也给学院提出了很多意见，比如要加强大数据的选修课程，包括生理学方面的一些课程，在纪检监察干部的培训方面也提出了许多好的建议，如包括课程设置等。

关于战略培养规划，目前签约了湛江市纪检委、四川达州市的监察委，还有几个在商谈，本科生按照全校统一安排的实习时间，到2020年的暑假也会去实习。

在人才培养方面，也给同学们开设一些讲座，让同学们明确监察法学培养的目标和他们努力的目标，特别是政治素质方面的教育，这是我们比较注重的。

监察法学院运行一个学期以后，学院先后召开了监察法学硕士研究生导师工作会以及法律实务方向的学习总结会，通报情况。在这个基础上还召开了本科和导师总结会，目前本科实行的是研究生的培养模式，给每位本科生都配备了学校的老师。按照我们的想法，准备对研究生和本科生，配备相应的实务导师。

在学院一年的实践中，也遇到了很多困惑和难题，主要表现在：实务导师方面。因为各级监察委是保密性非常强的单位,所以有些地方要报批,一些地方不允许在职的纪检监察委的干部领导兼职,所以也遇到了一些困难。学院的老师与实务部门相对交流比较多的还是公检法部门、律所等单位,行政法专业与政府部门合作较多。而对纪检监察的实务部门相对就合作较少,这也是目前面临的难题。所以学院很希望去实务部门聘请一些业务好的纪检监察干部来担任学院的兼职导师,共同来培养监察法学方面的人才。

在专业实习就业方面,目前已经确定的有三家单位,实习生将去这些纪检监察机构实习。再就是关于学生就业的问题,学院召开座谈会时实务部门的同志也给我们提了很多很好的建议,比如到实务部门工作一个要求是必须为党员,而实验班 40 个人,本科四年不可能全部发展为党员,所以这里面也有问题。培养的人才以后怎么就业,能不能符合纪检监察实务部门的需要,能否达到这个要求,学院还在继续摸索。监察法学院也希望得到全国各地的专家,特别是纪检监察实务部门的同志们对学院建设和发展的大力支持和帮助。

喻少如[①]**:**监察法是一个新的部门法,监察法这个专业不仅需要学术的支持,还需要构建独立的基础理论体系和基本范畴体系,也需要一个独立的学科体系。当然了,更重要的是需要培养人才,所以为响应国家的号召成立了监察法学院,但也切身感受到了所面临的挑战。所以希望多听取专家学者们以及实务部门的真知灼见,并希望得到兄弟院校的支持和帮助。

童飞:我主要想谈两个方面:

第一,现状。荣昌区是在 2017 年 12 月底完成转隶工作的,从检察院转隶过来 20 名干部,通过一年多的运作,感觉主要存在两个突出的问题:检察院转隶的干部,法律的业务属性,如刑法、刑诉法比较熟悉,但是对纪律要求和政治要求则相对较弱,普遍认为程序比较烦琐,还不太适应;原来纪委的干部法律业务知识相对弱一些,适应新的任务要求、难度大一些。为解决这两个方面的问题,我们开展了较多的培训,比如每年都在区委党校举办专题培训班,邀请市纪委、市高院等有关业务专家进行培训,还举办了执纪监察大讲坛,请一些高校的教授、法检领域的骨干人员授课,安排参加市纪委监委调查的同志参加取得了一定成效,但仍然感觉缺乏知识的系统性。

---

① 喻少如,西南政法大学监察法学院、行政法学院教授。

第二,思考。为进一步增强监察人才的培养,不仅需要在实践中学习、提升、感悟,还需要在理论上进行系统性的学习培训,所以经批准,准备从今年开始委托西南政法大学监察法学院每年办一期培训班,同时加强与有关学术研究机构的合作,在科学方法的指导下开展理论与实践的调查研究,不断增强对党内法规与国家法规的相互贯通。增加对监察法与相关法的相互融通、衔接、理论的认知,既学国法,也学党规。课程设置方面,比如审计、金融、心理学等方面还比较缺乏,还有一些信息技术等方面,也都是比较缺乏的。希望高校培训机构,特别是监察法学院能够设置这方面的培训课程,也希望高校能与纪检监察机关建立指导实践调研的合作机制,共同推动监察法规体系和党内法规体系的完善和实践运用。

喻少如:童飞同志讲到荣昌两个突出问题,其实也是国家监察体制改革以来比较突出的能力和本领的问题。当然也提出了理论和实践相结合,加强与学术机构合作,这样一个好的建议。

胡洪①:我简单提两个建议。

第一个建议,培养人才的同时,要加强党性锤炼和警示教育。确实这个问题很关键,因为往往是执纪的人更善于违纪,如湛江就先后查处了1名县纪委书记、多名县纪委副书记。

第二个建议,培养人才的同时要解决好学用两张皮的问题。这里面有一对矛盾,就是学监察法的人不一定都有机会参加纪检监察工作,这中间还有公务员考试。而我们这些从事纪检监察工作的同志又苦于在职教育收紧,而没有办法得到提升。很多纪检监察干部都不是科班出身,这也是一大问题。

管光承②:紧紧围绕监察法人才培养,应主要抓两点:第一,监察法的人才一定要有三个意识,即政治意识、法律意识、调查意识。其中,政治意识是关键、是核心,法律意识是保障,而调查意识是基础。第二,课程设置我认为应根据监察法规定的监察委的三项职责来设置课程,那就是监督、调查和处置,从这三个方面来设置课程,这样监察法的人才也才能符合实际部门工作的需要。

另外,我想提几点问题:第一,国家如何才能从根本上遏制腐败问题?以前我看到很多检察院同志写的文章都指出,要彻底铲除腐败或者根治腐败应如何做、怎么做,但提出的具体措施都还不够有效。我觉得,要从根本上遏制腐败问题,就

---

① 胡洪,中共湛江市纪律检查委员会、湛江市监察委员会办公室副科级纪检监察员。

② 管光承,西南政法大学刑事侦查学院教授。

像监察法上所规定的,要建立起一个不敢腐、不能腐、不想腐的有效和长效机制,但至于如何建构,需要大家深入思考。

第二,现在无论是原来检察院查处职务犯罪,还是现在的监察委查处职务犯罪,侦查调查的成本太大、太高,留置的时候需要两个人全程陪同,24 小时不间断对其进行监控,且在留置期间还要保障其绝对安全,生活还要相对舒适。比如,走读式谈话回去出了问题,或者意外,或者死亡监委还要负责。刑法上有两个犯罪现在基本上落不到实处,一个是巨额财产来源不明罪,另一个是隐瞒不报境外存款罪,为什么落实不到位? 就是因为法律讲证据、讲事实。如果有证据证明你是贪污或者是受贿来的,还需要这两个罪吗? 正是因为没有查清这些巨额财产的来源渠道,才规定这两个罪。所以,要使反腐败取得压倒性胜利,最需要的是公务员财产申报法,这个法律出来以后,这两个罪名才能落到实处,侦查调查的成本也没有这么大。

第三,国家现阶段一年到底发生多少起贪污贿赂犯罪,没有谁说得清楚,底数不清,采取的任何调查措施也好、防控措施也好,都可能缺乏应有的可操作性、针对性和有效性,所以需要有效的方法来把这些底数摸清,才能够有针对性地采取相应的惩防措施。

汪太贤①**:**关于监察人才的培养,实际上监察实务部门也在思考,到底什么样的培养方式才是最好的,在此,我只提一点看法。

要搞清楚或者说要争取能够把握关于监察人才的培养,肯定首先要考虑的就是在专业教育上如何定位监察,如果把监察定位为一项工作,在教育当中肯定重点是如何去操作,监察的一些技术这方面肯定是重点。如果在教育中定位为一项职业,那么可能就需要把重心放在专业知识这样一个结构或者体系当中来进行培养。但是,如果还要把监察定位是一项事业的话,那么在教育当中肯定要注重思想理念上的东西。我的一个想法是,不能仅仅只是把监察人才的培养定位在一项工作、一项职业,还要把它看作一项事业,希望把人才作为一项事业的培养,不仅仅能够完成我们的工作或者是履行好一项职业,而且能够推动监察事业往更加美好和更加人性的方向去发展。

喻少如:汪太贤教授紧紧抓住了什么是最好的监察法治人才培养方式,或者

① 汪太贤,西南政法大学监察法学院、行政法学院教授。

说怎么样培养最优、最好的监察法治人才。他讲的定位很重要，不能仅仅把监察定位为一项工作、一个职业，应该把它看成一个事业。

王学辉[①]**：**在监察法研究的问题上，我自己有几个疑问：

第一，为什么监察机关要称自己是一个政治机关？这是否就意味着其可以凌驾于其他机关之上？

第二，监察法条文中的表述很多是政治用语，把党的一些政策和方针纳入了进来，这可能导致一些什么问题呢？具体来说，可能导致整个法学体系受到很大的冲击，整个法学体系、法学知识体系会受到很大的冲击。同样会使如刑法、刑事诉讼法等中成熟的理论知识受到很大的冲击，这就需要我们研究、适应这个改变。但是在理论知识储备仍不足的情况下，如何去研究、去适应这个改变，也是我感到的一个困惑。

第三，从廉政的角度、反贪的角度来说，监察机关的定位是很好的。但是，在手段方法和追求上，我觉得定位稍微有些偏差，监察机关不能仅仅局限于抓几个人，还是要站在国家体制建设这样的高度去考虑一些问题。比如，与其去抓人，不如想办法让大家不要去违纪违法犯罪。这也说明，对监察法的教育宣传力度现在仍然比较欠缺。我曾经到香港廉政公署去参观过，下面设有五个处，其中有三个处都是搞廉政宣传，真正办案的只有两个处，大家想想他为什么要这样设计？我还跟着他们宣传处去参加过一次活动，他们到幼稚园、小学一年级、二年级去给小朋友宣传。比如，教育孩子们2000元以上的东西是不能拿的，因此孩子们从幼儿园就知道了2000元以上的是不能拿的，基本形成了这么一个传统。而目前党和国家对监察法治反腐的教育宣传力度在人才培养过程中还不够重视、从早从小的法治教育工作等还不够突出，这也是我认为目前存在的不足之处。

喻少如：王学辉教授站在国家监察体制改革的高度特别强调了廉政教育，这实际上也是未来监察法学科专业人才培养需要加强的方向，甚至包括干部培训。

① 王学辉，西南政法大学监察法学院、行政法学院教授。

学 术 演 讲

主题："金开名家讲坛"

学习和贯彻我国监察法实施的若干问题

时　间：2019 年 4 月 12 日　19：00

主持人：谭宗泽　西南政法大学行政法学院院长

主讲人：袁其国　中国廉政法制研究会副会长、秘书长

嘉　宾：曾　哲　西南政法大学行政法学院教授

孙　兵　西南政法大学行政法学院教授

唐　尧　西南政法大学行政法学院教授

袁其国：

一、为什么要制定监察法

宪法第 3 条规定，国家行政机关、监察机关、审判机关、检察机关都由人民代表大会产生，对它负责，受它监督。宪法第 123 条、第 127 条规定了中华人民共和国各级监察委员会是国家的监察机关，监察委员会依照法律规定独立行使监察权，不受行政机关、社会团体和个人的干涉。监察机关办理职务违法和职务犯罪案件，应当与审判机关、检察机关、执法部门互相配合，互相制约。这是宪法规定的监察机关的性质、定位以及和其他国家机关的关系。

习近平总书记指出，国家监察体制改革是在全面从严治党、全面依法治国条件下进行的，改革的一个重要目标是要将全面从严治党和全面依法治国的要求结合起来，促进执纪执法贯通，有效衔接司法，推进反腐败工作法治化、规范化，为新时代完善和发展中国特色社会主义制度、推进全面从严治党提供重要制度保障，

这可以说是国家监察体制改革的基本指导思想、任务和目标。同样，王岐山副主席也指出，在中国历史传统中，“政府”历来是广义的，承担着无限的责任。党的机关、人大机关、行政机关、政协机关以及法院和检察院，在广大群众眼里都是政府。在党的领导下，只有党政分工、没有党政分开，对此必须要旗帜鲜明、理直气壮，坚定四个自信。

我认为，研究和学习监察法，应该把王岐山同志的这段话作为一把“钥匙”，把这些话理解透了，非常有助于我们弄清楚监察法为什么要这样规定，为什么要出台监察法，在实践当中为什么要这么执行。

从1978年上大学以来，学法律到现在有41年了，形成了基本的法治思维和法律思维。但是，我建议大家对监察法要改变思维，还要有政治思维，而且首先要有政治思维。因为监察法太特殊了，它和我们平时所接触的任何一部法律都不一样，很难用一个定义来概括监察法到底是什么法，虽然学校有监察法学院，但是据我了解监察法学科的建设还没有完全健全，所以对于监察法的应用实践还有待于进一步的探索。

自2017年王岐山同志讲这个话之后，再也没有其他人讲过。从这两年的实践情况来看，党政关系确实不是党政分开，只有党政分工。比如，2018年开始的党和国家的政治体制改革，很多过去认为应该分开的机构合起来了。比如中宣部，一般是管大政方针的，但现在也管具体了，比如管电影，每一部电影要投入放映须由中宣部审查；再如出版、报纸，都是中宣部直管；只有电视和广播由政府来管。中组部则直接管编制，管公务员局。而且，中共中央几个直属部门以前都不管具体的事务，现在也都要管具体的事务，有的甚至把以前国务院的有关机构直接吸收进去了，这就是一个新的变化。

我记得党的十三大时期，就是讲党政分开，对于从事政法工作的人有切身的体会，当时省一级的政法委已经没有了，这些人分别被分配到法院、检察院和公安局，省一级的政法委没有了，市县就更不用说了，但是后来形势发生了变化，政法委又恢复了。从几十年的实践来看，党政也确实分不开，党是领导一切的，用习近平总书记的话来说它不是抽象的，它是具体的。现在的党的纪律检查委员会和监察委员会合署办公，实行“一套人马两块牌子”就是最好的例证。所以，一定要理解王岐山同志的这句话，只有党政分工，没有党政分开。

下面讲为什么要制定监察法。王岐山同志讲要有文化自信。中国历史上的监察制度源远流长，主要由御史制度和谏官制度构成，其中御史制度是其主干内容，现在实行的监察制度中就有延续下来的一些因素。从秦代以后，御史制度就有了，职责就是弹劾纠察百官。在先秦时期，御史是一种官名，是负责记录的史官、秘书官。秦以后，御史职位仅次于丞相，主管弹劾、纠察官员过失诸事。御史制度发源于秦汉，定型于隋唐（监察御史），完善于明清，影响直至现代。唐代韩愈曾任监察御史，明代的于谦、海瑞曾任监察御史。到了晚清，慈禧太后要改革清朝事务政治制度、司法制度，很多部门都被改了名字，比如总理各国事务衙门改成外交部，有了法务部，有了刑部，有了工部，国务院作为行政部门也有了，大理寺改成大理院，就是现在最高人民法院，有了检察厅，就是现在的检察院，当时检察厅是设在大理院之内，中国的检察制度诞生于1906年，也就是清光绪32年。有些学者把检察院历史和御史制度结合起来，认为检察制度渊源是御史制度，我可以肯定地说和过去的监察御史制度没有关系，检察制度就是从国外引进的，和传统没有关系，只有现在的监察委员会是一脉相承的。都察院从明代就有了，从朱元璋时代一直延续到清代，甚至到了辛亥革命以后，孙中山的五权宪法也保留了都察院。关于监察体制改革的历史因素，有一个非常流行的说法叫不忘本来，汲取外来，面向未来，以上是本来。

借鉴外国的反腐败体制，就是汲取外来。反腐败的形式有分散型，也有集中型，分散型的以美国为代表，是少数，集中型的是多数，以瑞典为代表，世界范围内有一百多个国家。如国外的议会监察专员统一行使反腐败职能，包括检察院的法律监督，监察监督等都是由议会进行。而检察院监督，则以俄罗斯为代表。俄罗斯没有监察委员会，而且俄罗斯是多党制，检察院没有批捕权，批捕权在法院。还有日本、韩国等，尤其是新加坡、我国香港地区的体制，这两个地方的监督权力也是统一行使的，且相对来说比较廉洁，此外这两个地方还有一个共性，就是华人社会，所以王岐山同志认为这两个地方的做法值得学习借鉴。国外的情况无非就是这么几种，我觉得值得学习的地方就是监督的公开化，特别是财产公开，这是国外比较普遍的。

监察体制改革的原因，一方面是因为行政监察不能概括所有公权，另一方面就是法律衔接不畅，主要是纪检和检察监督衔接不畅。例如，检察院公诉并经法院审判，到监狱服刑后党籍还在。对此，王岐山曾询问过最高院的领导，最高院回应说，法院只管诉讼，党政处理不属于法院的职责，现在监委统一行使职权以后，先党纪处理,这个问题就不存在了,统一把权力收走了,特别是留置以后,纪委现在反腐败手段非常多样,十几种调查措施,和过去大不一样了,国家这几年反腐败的工作,尤其是党的十八大以后,确确实实是在大力推进。

中国的反腐败还有文化上的原因,例如,一些地方把做官作为发财的手段。我觉得现在的反腐还是治标没有治本,本在哪里?就是如何看待做官。第一,特权能不能少一点,特权小了诱惑就少了。第二,能不能以政绩论英雄,政绩是可以量化的,干部选拔的标准一定要以政绩为主。第三,能上能下,现在只能上不能下,还有就是干部选择的渠道仅限于体制内,没有体制外渠道,其实有很多优秀的企业家,他们的治理和管理能力很好,为什么就不能吸收进体制内呢?

从"两高"报告来看一下 2018 年反腐败的形势。2018 年,各级法院审结贪污贿赂、渎职等案件 2.8 万件 3.3 万人。2016 年,各级法院审结贪污贿赂等案件 4.5 万件 6.3 万人,同比分别下降 97.5% ,96.7% 。2018 年,监检衔接配合顺畅,互相制约原则有效落实。检察院会同国家监察委员会制定了办理职务犯罪案件工作衔接、证据收集审查等规范。受理各级监委移送职务犯罪 16,092 人,已起诉 9802 人,不起诉 250 人,退回补充调查 1869 人次,不起诉率、退查率同比分别下降 9.5 和 37 个百分点。2016 年,立案侦查职务犯罪 47,650 人,同比下降 159.92% ,2018 年占 2016 年的33.77% 。当然,这并不等于说监察委员会查的人一定少,可能这些人正在留置期间,还没有移送到检察院,不能说监察委员会成立以后查得越来越少。

总结来说,因为历史原因、借鉴国外经验及我国的国情,党和国家选择了进行监察体制改革。

二、监察法的特点

其一,这是一部党和国家自我监督的法律。王岐山同志指出,党的十八大以来,我们党自我监督、自我革命的成果显著。宪法修正案(五)和监察法的颁行,就是要把党和国家自我监督和自我革命的成果用根本大法和基本法的形式固定下来,使这种自我监督和自我革命常态化、法治化,形成了以党纪反腐为先导、监察反腐为主责、司法反腐为保障的基本格局。

其二,这是一部融组织法和程序法于一体的法律。综观我国的法律体系,关于组织机构、职权配置等的一般都体现在组织法中,其职权运行则是由独立的程序法律来规范。而监察法则例外,它是一部融组织法和程序法于一体的法律。在机构设置上，国家监察委员会由全国人大产生，负责全国监察工作；国家监察委员会由主任、副主任和委员若干人组成，主任由全国人大选举，副主任、委员由国家监察委员会主任提请全国人大常委会任免；国家监察委员会主任每届任期同全国人大相同，连任不得超过两届；地方各级监委由本级人大产生，负责本行政区域内的监察工作；地方各级监委由主任、副主任和委员若干人组成，主任由本级人大选举，副主任、委员由监委主任提请本级人大常委会任免；地方各级监委主任每届任期同本级人大相同。

在职权配置与程序设置上，监察法适应了惩治和预防腐败的客观要求。监察机关对所有行使公权力的公职人员进行监察，具有权力监督的彻底性；主要职能是调查职务违法和职务犯罪，开展廉政建设和反腐败工作，维护宪法和法律尊严，具有很强的维宪性；主要职责是监督、调查、处置，具有标本兼治、监察反腐的可期待性；主要权限包括谈话、讯问、询问、查询、冻结、调取、查封、扣押、搜查、勘验检查、鉴定、留置等，具有反腐手段的完整性。特别是用留置替代"双规、双指"，适应了腐败问题处理涉及的违纪、违法和犯罪交织的规律，破解了刑事强制措施的局限性。这也是监察法的一个亮点，即党规向国法转化的一个重要体现。

其三，这是一部授权法，也是一部控权法。各级监察每一个环节从开始的调查谈话，到最后的处置，都要向党委报告，党委对其进行领导就是一种控权，还有其他机关对它的制约。比如检察院也是监督机关，但是检察监督是彼监督而非此监督。

其四，这是一部具有源头和引领特质的法律。监察法是小"宪法"，在公法上，地位高于除了宪法以外的所有法律，这点不要质疑。如果质疑就容易出问题，为什么？监察法一出台，组织法修改了，相关法律法规都修改了，就是为了适应它，为了符合它的要求。

同样，关于监察委员会是什么性质的机关，从宪法上来讲是监察机关，从实质上来讲其就是政治机关。第一，应当将监察法作为基本法来对待，因此不能将监察机关仅当成一个监察机关来看待，它实际上是政治机关，只是行为方式和我们通常的司法机关不一样而已。这一点，从检察院转隶到纪委监察委工作的同志体会非常深刻，很多人不适应，不适应就是因为他的角色变了。

第二，就监察法的主要内容来说，总共有 9 章，包括总则、监察机关及其职责、监察范围和管辖、监察权限、监察程序、反腐败国际合作、对监察机关和监察人员的监督、法律责任和附则,共69条。

三、法学界对监察法的评价

有学者认为,监察委员会不是政治机关,而是监察机关,理由在于:一是,监察机关的监察和检察机关的监督一样,都属于国家专门监督体系的组成部分,要服从并从属于人民代表大会的宪法监督;二是,各级监察委员会的监察对象不是国家机关和社会组织,而是所有"行使公权力的公职人员";三是,各级监察委员会对公职人员监察的重点是依法履职、秉公用权、廉洁从政以及道德操守等情况;四是,各级监察委员会的监察同时包括了党纪监察、政务监察和刑事监察这三个方面。

个人认为,监察委员会从党的层面讲是政治机关,从国家层面讲是监察机关,国家层面是因为它和一府两院并列。但是,从党的层面来讲就是政治机关,是政治性最强的一个国家机关,检察院转隶的工作人员现在也基本认同监察委员会是政治机关的基本属性,并认为自身从事的工作,从根本属性上讲就是政治机关的工作属性,也是政治性最强的业务机关。

关于监察调查权的性质,也有学者认为实质上就是侦查权,理由在于:一是,监察机关所收集的证据要为检察机关和法院所接受,都要满足刑事诉讼法所确立的证据要求。例如,监察法明确规定"监察机关在收集、固定、审查、运用证据时,应当与刑事审判关于证据的要求和标准相一致";二是,监察机关所收集的证据材料要受到刑事诉讼法所确立的非法证据排除规则的规范,这一点与侦查机关所收集的证据材料并无二致;三是,监察机关经过调查取证,认为被调查人涉嫌职务犯罪的,唯有达到"犯罪事实清楚,证据确实、充分"的程度,才能移送检察机关审查起诉;四是,对于监察机关调查结束的案件,检察机关在审查起诉过程中发现事实不清、证据不足或者遗漏主要犯罪事实或主要证据材料的,可以采取补充调查措施,包括退回补充调查和自行补充侦查这两种措施。

我的看法是,不构成犯罪的调查就是监察调查,构成犯罪的调查就是侦查,当然要受刑事诉讼法的约束和规范。量变引起质变,程序二元,证据一体。

关于监察留置的性质问题。留置是监察法颁布以后争议最大的措施,留置取代了"双规",过去"双规"不管"规"多久是不计入刑期的,现在刑期从进了看守所算起,留置一天刑期就少一天。此外,时间缩短了,过去"双规"没有时间限制,现在留置有时间限制了，一般三个月，特殊情况下六个月，而且要经过严格的审批程序。

更确切地说，监察留置同时带有“特殊刑事强制措施”与“隔离审查措施”的性质，属于一种被用来进行党纪调查、政务调查和刑事调查的综合手段。

但是留置错了怎么办？目前从监察委员会的实践来看没有出错的问题。因为没有救济手段，也就没有出错一说。还有被调查人的权利保障问题，但是留置场所比看守所要舒服得多。对这个问题怎么看呢？只能站在政治角度看待这个问题，但被调查人员权利的保障问题确是客观存在的问题。个人觉得这有一个时间的问题，监察法颁布到现在一年多的时间，它的执行仍然是在摸索阶段或者说是磨合阶段，监察委员会自己也在不断调整制度，监察委员会不能讲零无罪、零退查等。作为法律人，既要讲政治，也要讲法律，因为监察法的有些程序和内容要通过法律来规范和调整，所以在有限的范围内研究这个法也是必要可行的。

另外，关于律师为何不宜介入监察留置程序的问题。第一，监察委员会不是司法机关，监委行使职责的法律依据是监察法，不是刑事诉讼法。第二，职务犯罪调查工作相对特殊。职务犯罪主要表现是行贿受贿，行贿受贿很难拿到物理证据，多数是言词证据。在对职务犯罪的调查取证中，最大的挑战就是串供、隐藏证据，甚至销毁证据，因此在调查过程中要排除这种干扰的可能性。如果在调查中，被调查人形成串供，再突破就会很难，这样就达不到反腐败的效果，该被惩治的则得不到相应的惩处。第三，职务犯罪案件，往往会涉及一些国家的机密、秘密，律师队伍也不宜介入。另外，律师队伍也是鱼龙混杂，所以经常会出现这样的情况，一方面办贪污罪犯，另一方面又在办律师涉嫌参与犯罪的案件，所以律师分类有必要，现在司法部就在建设律师分级分类制度。

四、监察法的贯彻实施

首先，要把握监察法的基本要义。把握其根本要求，这是其一，学习监察法根本要求就是要加强党对反腐败工作的集中统一领导。其二，把握总体目标，一方面要实现党内监督和国家监察的有机统一，另一方面要实现对监督对象的全覆盖，实现对履职行为的全覆盖，实现对监督领域的全覆盖。其三，把握主体属性，监察委员会既是政治机关，也是监察机关，但主要是政治机关，其运行规律和国家机关运行规律是不一样的。其四，把握其基本职责，监察委员会履行监督、调查、处置职责。这是监察委员会的三种职责,其中监督是基本职责。

其次,完善监察法的实施机制。一是要完善调查程序机制,具体就包括线索程序机制、立案程序机制、调查取证机制、留置程序机制等。二是要完善处置程序机制。主要包括对立案调查证据的审查机制、对立案调查结果的处置机制、对涉案款物及涉案人相关处置机制等。三是要完善监督制约机制。具体有完善党委对监察工作的管理监督机制、人大及其常委会的权力监督机制、检察审判等司法机关配合制约机制,以及民主监督、社会监督和舆论监督机制与监察执法人员回避机制、被调查人申诉复查机制和监察人员责任追究机制。

最后,落实司法机关贯彻监察法的职能责任。其中,包括明确检察机关对接监察委的职能责任、审判机关对接监察委的职能责任、公安机关对接监察委的职能责任和司法行政机关对接监察委的职能责任。在这之中,对接最多的就是检察院,虽然两家在联合了,但检察院也保留了一些侦查权,主要是在诉讼当中发现的侵犯公民民主权利和人身自由的这类犯罪,但要注意的是,这部分是法律赋予的可以调查的权力,但不是应当侦查,应注意表述。为什么呢?因为这个权力从根源上讲是监委的,这部分权力是监委让渡给检察院的。同样,这也就导致了衔接的问题,一旦案件中出现了比如贪污贿赂、徇私舞弊等,相关犯罪的最后就应由监委决定由谁来查,监委如果认为由检察院查更合适就检察院查,监委认为各查各的更好,就各查各的,都是由监委决定。

监察委员会的主要职能是怎么量刑、对接,公安机关对立案的职能职责主要是配合,比如技术侦查的配合,司法行政机关主要是监狱对接。还有律师怎么辩护的问题,这个应该说有要求,司法部目前对律师分类分级管理是相对的。

总体来讲,我们要跳出法律来看监察法,不要局限于法制思维思考监察法的问题,要有政治思维。这是我要说的观点:第一,要有政治思维;第二,监察法也是发展中的监察法,它不是永恒不变的监察法,随着监察实践的不断推进,监察法也要做出必要的调整,就会回到法治的框架内。另外,反腐败是政治任务,政治任务是服从形势的,形势变了,监察法也要变化,应该有这种认识。但是,目前情况下应首先树立政治思维,这样才能把监察法学习好贯彻好,才能正确处理好其他法与监察法的关系。

主持人:跳出法律的框架来看监察法,以国家的视角来看监察运行,以政治思维来统帅法律行动,这是一个非常有价值并且是正确的建议和判断。

但是,有一个值得商榷的问题,即监委的地位问题。刚才讲到了职能对接的问题,讲到了检察院要对接监察职能,公安也要对接监察职能,司法行政机关也要对接监察职能我都没有意见。但是法院要对接监察职能,这个我有意见,不明白为什么法院要对接监察职能?法院作为居中裁判的司法机关,它为什么要对接监委的职能?

第二个也是我很重视的一点,就监察法的地位目前看来最热,大家都很关注监察法,监察法在法律运行中的地位确属超然,党和国家也对其寄予了厚望。但如果说这次修宪设置了国家监察机关,新增了国家权力,那是根据宪法所确定的监察机关的宪法地位或者叫宪制地位相应调整了有关法律,起作用的还是宪法,不能理解为宪法让位于监察法而满足监察法的需求,只能说满足国家机构设置的需求。和其他国家机关一样,监察机关也要遵守宪法和一般基本法。这是我的问题与基本观点。

唐尧:主讲人从五个方面阐述了主题,特别是从历史源流这个视角,以古今中外的对比来看监察制度,视角很好,有理论深度,讲座的内容中实践经验丰富,有数据作为支撑论证很充分。另外,就政治和法律的关系阐释非常好,政治和法律是一家,都是上层建筑的内容,所以不一定要严格区分二者,而要特别强调政治和法律的关系,比如政治思维、跳出法律看监察法,这个我不否认也不反对,从政治与法律关系阐述监察法非常到位、透彻。

另外,我请教两个问题。第一个就是如何避免从侦查中心向监察中心,就是侦查中心主义向监察中心主义转变,我们知道这些年,之前以侦查为中心、公安为中心,现在则以审判为中心。但讲座中谈到,公检法要配合监察机关,是否要变为以监察为中心呢?

第二个就是党纪处分、政务处分、行政处分的衔接问题。以前没有政务处分,这三个处分在适用条件等各方面都有交叉,这三个处分怎么来衔接?

孙兵:第一,监察法的地位属于“小宪法”,是仅次于宪法的部门法。第二,就是监察机关的地位,更多要求从一个政治的角度或者说跳出监察法或者跳出法律思维来对它进行定性,定性为一个政治机关,从而理解在监察法当中涉及我们的调查权,特别是留置权很难从法律的角度来进行理解,从而认为应该从政治的角度来进行思考。第三,监察法是一个发展中的法律,而且指出了在贯彻实施当中需要完善的几个方面。但是我想请教几个问题。

第一个问题,作为一个法律人,为什么我们要跳出法律思维而从政治的角度来思考监察法?的确每个人都要讲政治,都要坚持党的领导,坚持中国特色社会主义制度、思想等,这是必需的。但是,作为监察法,我一直认为不管怎么样其都是一部法律,监察机关始终就是一个法律机关,在依法治国的背景下,它不应该和立法机关、行政机关、司法机关有任何的执政区别。但是我认为监察法更多的是在当前依法治国大背景惩治腐败的国情下紧急出台的这么一部具有更大的威慑意义的法律,同时也是对我们所有公职人员进行约束的法律,这样来讲,紧急情况又是对公职人员在当前反腐形势严峻之下,所以制定一些特别的措施采取一些特别手段,而且更多地对我们的官员,不是对我们的老百姓,是限权,是控制官权,在特定情况之下,我觉得从法律来说也有紧急状态下的法律,也有特殊时期紧急的立法这么一种大背景,我的问题就是希望进一步从政治意义上解读监察法。

第二个问题,我最关心的就是如何对监察机关、监察权进行监督和制约的问题。实际上作为法律人不能回避权力必须要进行监督和制约,虽然它在制度设计当中面临很多困境,既然对所有公职人员进行监督,那么我们也设置了人大对监察机关的监督,包括咨询,也设置一些社会监督、舆论监督,但是真正到解读权力相互制约、相互监督的问题,我觉得这才是作为法律人更应该关注更应该思考的问题。如何在相互监督、相互制约当中来进行一些制度的设计或者进行权力的平衡,这是涉及对监察机关或监察权的监督制约问题,我还想听听主讲人在这方面有什么样的设想和完善的建议?

第三个问题,主讲人指出实务当中的操作问题,违法犯罪如果涉及了公职人员就由监委来进行,但如果没有涉及公职人员可能就是公安机关来进行,我碰巧接触和了解到一个聚众赌博,或者说非法开设赌场罪的案件,涉案人员中有两个公职人员,还有三个非公职人员。在这种情况下,涉及监委或者纪委和公安机关如何进行介入,如何进行衔接和协调的问题。

问题一:监察法实施之后,在实际操作过程之中,立案之后到有职务犯罪的人到犯罪嫌疑人明确的阶段,没有相应的强制措施,造成犯罪人的串供毁证这些问题,我想问以后监察法会不会对这个阶段提出相应的措施?比如限制出境或者监视这类措施,不然这个阶段从立案到逮捕之间有个阶段是空白的,在实际工作过程中特别容易造成串供毁灭证据问题的发生。

主持人:这个问题很实际,讲的就是监委从立案调查到留置期间,以及一些没有留置的人员，我们称为“走读”，在“走读”期间也发现了不少问题，包括串供，包括自残自伤的问题，这部分应该有什么样的措施和什么样的一些建议呢？

问题二：作为基层的工作人员来说，我们主要是针对村一级或者县一级，副科或者科级，在这个实践中，在监委立案调查程序之前有的留置人员也会配合调查，留置的话强制显然有点大，因为达不到犯罪的标准，碰到轻微的我们有什么方法？有没有次于留置的措施？

袁其国：关于谭院长提的几个问题，他说法院为什么要与监委配合？这个问题在理论上可能有问题，但实践中不存在任何问题。

第二个问题是唐老师的问题。就问题本身来说，从去年以来修改法律过程来看，比如刑事诉讼法修改是为了适应监察法，实际上修改时机是不成熟的，可是没办法，监察法已经颁布，颁布以后就要执行，没有过渡期，从颁布之日起就实施，刑事诉讼法就要赶紧修改。

在政治上怎么看监察法的特殊地位，以及监委的特殊地位？在中国共产党的领导下，反腐败特殊的需要，既有实体内容又有程序内容，所以说是“小宪法”，监察法是监委在我们国家机构中的特殊位置决定的，所以对它只能是配合，我觉得这是实际情况，理论上不一定法律配合，但是实际是配合。

第三个问题是监察法到底是纪委在执行还是监委在执行？一套人马两块牌子，是监委在执行也是纪委在执行，就像硬币两面，谁在执行，主要是需要什么身份出面的问题，比如给检察院移送起诉的时候以监委的名义出现，这毫无疑问，但是对各地纪检组发文件就以纪委的名义发出，或者说是党内就以纪委名义，在党外以国家监委名义，就监察本身来讲是监察机关来执行。

如何避免侦查中心向监委为中心转移，目前情况监察为中心是客观存在的，也不要回避它，但是监委也不是说我怎么办你就怎么判，从法律上来讲还要经得起检验，因此我不认为会完全以监委为中心，但都要配合监委是客观存在的。

监察有没有限度有没有禁区？从法律规定来讲是全覆盖，三个全覆盖，领域全覆盖、对象的全覆盖还有职能全覆盖，但是只对人不对单位，单位不能覆盖。

关于留置逮捕的问题，留置从法律上来讲是有问题的，但是前面讲了它是政治的需要，有同学提出了让渡，因为你是公职人员，其实被留置人员除了公职人员也有非公职人员，留置对人员的保障的问题，随着时间推移这些问题可以解决，目前只能从政治上来看待这个问题，否则永远琢磨不出来，但是作为法律人我们要关心这个问题,我们希望这个问题能得以更好地解决,我首先申明这个留置是有问题,不是一点问题没有,但是这个问题目前来讲是政治的需要,这个问题随着时间推移会解决的。

村干部从主体来讲不是国家公职人员,这一点不太好处理,没有公职,怎么开除,没有党籍,党内怎么处理?但是刑事处理是完全可以的,一般村干部不是公职人员,但是如果侵占或者挪用了国家重要款物,比如救灾款、抢险款、扶贫款等,就要以职务犯罪和挪用资金罪来处罚。

还有串供与不配合的问题。我觉得这个只能说明没有把调查手段用好,这个时候就可以让公安配合,采取其他的手段,如必要的话留置一段时间,当然留置要履行相应程序,对于不配合的人就更应该留置。

对监委进行法律监督,从法律来讲我觉得就是两个部门,一个就是党的领导,领导也是监督,而且是最强的监督,监委要留置一个人,不能自己随便留置,还要报告当地党委领导。比如,甘肃省某干部要被留置,监委研究好后向市委领导报告,同时向甘肃省监委报告审批。还有人大的监督,两会报告里面我看到监委去作报告,这也是监督。监察法是一部授权法也是一部控权法,相对其他机关来讲监委是强势部门,但是要接受党的领导。但监委自己也会出问题,自己也有腐败问题,也有作风问题,谁来查?只能自己查自己。监督就仅是人大和党委监督,法院、检察院与监委是制约关系。

在工作当中有两个公职人员和三个非公职人员如何介入衔接分工?我觉得,如果公权力在这里面起主要作用就由监委处理,非公职人员一起也调查了,如果是非公职人员起主要作用就可由公安查,监委可以和公安协调,一块查也可以,还有各查各的最后一并起诉也是可以的。我个人倾向于这种案子就由监委一家查了得了,这个问题这么处理,工作上应该是不难解决的。

主持人:监察法实施一年来再加上之前监察法的试点,取得了一些经验,也做了大量的工作。应该说,能够满足执政反腐败的决心和保障政治安全,这就是监察法的独特的政治性。监察法的调整对象就是监察对象,监察对象有两个很重要的条件就是“公职人员身份”和“行使公权力”,我们的研究成果当中,针对监察机关识别监察对象的标准我们认为应主要从公权、公职、公务、公财这“四公”入手,所以说要成为监察对象,首先的问题就是要有职有权有分配的权力,即公共资源、财产的掌控者、分配者、管理者。对此,首先,监察对象最重要的一个本质特征是,要有为人民服务的身份和条件以及义务，也正因为这个特点，今天所讲到的很多话题大家都能理解，即监察法调整的是特定的人群，这部分特定的人群是被赋予了公共服务使命的，从为人民服务的角度来看待这批人，应该是当前这样的。

也就是说，在人民当家作主的社会主义国家中，公职人员行使公权力是为人民服务的，这就要求他不能违法为自己和自己的关系人谋利，这是老百姓的心愿，也是人民主权的反映，还是我们党执政的目的和目标。所以，基于这样的缘由，就可以发现监察法很多的制度设计是针对特定的人群而非普通的公民的，这是这部法律真正不一样的地方。所以，可以说这是党和国家的自我加压、自我革命。因此，同刑事诉讼法等法律对破坏社会关系的行为人的侦查行为不一样，监察是针对党和国家公职人员等的内部忠诚度的侦查行为，这也是党和国家赋予监察机关特殊地位、使命的根本原因。同样，监察机关也是基于党和国家的高度信任，我们也要相信，监察机关能够承载这种信任并能够完成这种使命，而监察法作为中国特色社会主义法律体系的重要组成部分，它的特殊性就在于公职人员是主要的调整对象，公职人员行使公权力的行为就是监察法主要调整和规范的对象。

基于这个立场以后请各位在研究中要注意监察机关不是在约束公民的行为，也不是凌驾于其他国家机关之上，而是约束所有国家机关的工作人员以及行使公权管理公务分配公共利益的人，对这样的人有再严格的要求都符合人民的期待，所以我们要有这样心态来对待监察法。从这个意义上说，监察法的贯彻实施是监察机关对整个国家的政治生态、法律生态，乃至于社会信任度的再一次净化和强化。

主题:"金开名家讲坛"

政务处分法制定中的若干问题

时　间:2019 年 4 月 12 日　15:00
主持人:唐　力　西南政法大学副校长、教授
主讲人:秦前红　教育部"长江学者"特聘教授、武汉大学法学院教授、武汉大学珞珈特聘教授、中国法学会宪法学研究会副会长
嘉　宾:谭宗泽　西南政法大学行政法学院院长、教授
　　　　汪太贤　西南政法大学行政法学院教授
　　　　王学辉　西南政法大学行政法学院教授
　　　　曾　哲　西南政法大学行政法学院教授
　　　　喻少如　西南政法大学行政法学院教授
　　　　温泽彬　西南政法大学行政法学院副教授
　　　　梁洪霞　西南政法大学行政法学院副教授

秦前红:我最近在思考,其实所有学者的忙碌都是为改革做合法正当性的论证,如为什么要有监察体制的改革?在监察法制定的时候学者想的是现取现用,就是怎么制定监察法?监察法应该包括哪些内容?我把它称为精神的阶段,有两个方向,第一个方向是监察法治要解决基础的问题,即监察法或监察制度改革带来的影响是什么呢?比如,检察院的宪法地位没有发生变化,宪法与检察院的组织法,包括其他法律依然把它称为检察机关。但应该注意的是功能发生了变化,原有的几项功能都给了监察委员会,在新的形势之下检察院怎么实现功能的优化,这是检察院内部的问题。比如三个监督职能是什么关系?检察院的法律监

督、监察机关的监察监督和人大监督是什么关系？警察、检察、监察，这三个机关是什么关系？这是需要研究的。中国的宪制机构中，过去是人大制度下“一府两院”，中央层面还有军事委员会，“一府两院一委”，到现在变成“一府两院两委”，机构之间是什么关系？行政权、监督权是什么关系？这些都是需要研究的。早期在做监察法治研究的时候我提出了一个说法，司法机关、人大机关要有它的一些纪律。我曾经有表述说机构自治，我在研究人大制度的时候讲代议机构自治的问题。我所讲的这个话语体系还是西方话语体系，如果要用自己的监察话语体系，最近说的比较多的就是功能优化的问题，监察机关、司法机关、立法机关、行政机关的功能怎么优化？监察机关到底应该干什么？是解决基础的问题，是精神性的问题。这就体现在做精细化研究上，这种精细研究包括与讲座话题有关系的监察法治的发展方向问题。

2018 年 3 月 11 日通过宪法修正案，有些同志就主张 3 月 11 日审议监察法的草案。2018 年 1 月 2 日我参加中央座谈会的时候提出了一个意见，我认为原先学者设想是先通过宪法修正案为监察法提供合法程序，经过一到两年的试点，让监察实践充分展开再搞监察立法。当然，最高政治决策是同时进行制度设计和颁布，逻辑上就产生了一个问题，监察法和宪法的审议和表决怎么样做程序安排？3 月 11 日通过宪法修正案，宪法生效是什么？不仅是表决通过还要颁布，没有颁布并没有生效，没有生效就作监察法草案有什么依据。后来就是 3 月 12 日作的监察法草案说明。监察法模式是诸多考量，按照正常的监察立法模式是，第一种立法是组织法，第二种立法是官员法，第三种才是职权法。过去全国人大和地方人大有组织法，两院有组织法有检察官法等，政府也有公务员法，我们正常立法模式应该是监察组织法，再出台监察官法，再出台其他的法律，但是这种立法模式高层在考量的时候认为会出现不能适应监察体制改革需要的问题，后来监察立法模式采取综合立法，整个监察法共 69 条，前三章是讲了组织法。第 14 条讲了监察官法，后面是职权法、组织法、程序法。当然，这种立法模式有利有弊，存在立法精细化不足的问题、立法规则的供给不足的问题。严格来说，监察机关是公权力部门，公权力部门应该遵循法无授权不可为的基本原则，没有法律规定授权是不可以实施行为的，但是监察实践是必须要继续的。就像法院不能拒绝裁判一样，监察机关和监察官有了案子就要办，但是办案的法律依据是有问题的。

当时和马怀德教授参加监察法的论证，参加专家座谈的时候，我们两个不约而同地认为,为了解决监察规则供给不足的问题,应该给中央的监察机构制定监察法规的权力,广义上中央的机关都是有制定权的,人大和人大常委会可以立法,“两高”可以作司法解释,军委可以制定军事法规,国务院可以制定行政法规,国务院各个部门可以发布部门规章。监察法只有69条,因为这个条文太少、太原则、太抽象,因此出现了制度供给不足的问题。监察机关执法的依据不足问题,现在很多采取的是中纪委和国监委联合发文。发布的这些规定,全国各组织各机关一起照办,没有什么大的问题。但是联合发文存在正当性的问题,中纪委和国监委联合发布文件算什么?是党内法规?不是。党内法规要以中纪委的名义单独发文。是规范性文件?也应不是。而且这些规定都有外移性,不仅仅约束监委和纪委的内部系统,还要对外部组织、公民权利产生深刻的影响,这种情况可能会遭遇的困境是什么?比如到了法院审判阶段,法院可以不打折扣地实现。但依据什么约束社会组织机关,约束公民个人,执法依据是什么?这个问题没办法解决。所以本可以让监察法落地的两个途径,一个是监察法规的制定权,另一个是监察法的解释权,这两个制度一个是欠缺,另一个是没有激活,导致了现在的困境。

当然,高层也是意识到了这些问题,在十三届全国人大作立法规划的时候,马上就想到了这两个法律,一个是政务处分法,另一个是监察官法。政务处分法也涉及很多问题。

一、政务处分法和监察法是什么关系

为什么要解决这个问题呢?因为监察法归于终极法,定位是基础性、纲领性的立法,这样一个立法也是确定监察改革的边界。监察改革到底能走多远、怎么走?靠监察法来确定。你如果不这样理解,不靠监察法来确定监察改革的边界,会产生重大的问题,中国的宪制永远处于不稳定状态,最后会给宪法秩序、法秩序造成极大的不确定性。如果我的理解是正确的,那么立即产生一个问题,政务处分法和监察法是什么关系?是一般法和特别法的关系?是新法和旧法的关系?如果通过主体一致,监察法是全国人大通过的法律,政务处分法也让全国人大通过,这个问题从逻辑上是可以达成共识的,即认为全国人大通过的法律叫基本性法律。但是实质上新修的立法法或者实务的一种处理把很多问题突破了,比如律师法或刑诉法的关系,民法中合同法和债权法的问题,还有民族区域自治法,这是全国人大常委会通过的,全国人大常委会只是做了部分修改,是突破了立法的原理的。这个关系要处理好,我想应该是作为“上位法优于下位法”。但是这样会遭遇一个问题,监察体制改革太快,有些问题是我们想不到的,有些问题是超越了我们的思维水平的。这个法律对监察法进行突破你不能体现立法与时俱进的话,突破太多、太频繁,就会遭遇很多法适用上的逻辑混乱问题。从立法技术上作另外一种选择,就是制定监察法典,或者对很多监察事项采取修改监察法本身。这个就可以处理突破的问题,如果不是按照这样的方式,再另起炉灶,在监察法之外弄一部新法,一定会出现法法协调、法法衔接的问题。

二、政务处分对象与监察对象的关系

哪些是政务处分对象?哪些是监察对象?这决定着两部法的调整范围问题。监察法第 15 条是对监察对象范围的确定,但监察法第 15 条产生了很多问题,用了太多的不确定概念。这个规定里面有公职人员和有关人员,公务员,从事公务管理的人员,从事管理的人员。我个人思考监察法问题的时候,我一定要说监察范围到底怎么确定?按照监察法作教义法的解释理解,中国无人不可以成为监察对象。当时甘肃监委一个同志和我交流,说对我这个讲法稍有意见,其中一个意见是关于监察法第 21 条怎么理解,涉案人怎么理解。我的理解是因为有涉案人的条款,逻辑上都可以对上,我说讲监察职权,最重的一个监察措施是叫留置,对涉案人可以采取留置措施,难道不可以说是监察对象。怎么确定监察法第 15 条的范围?我觉得谭宗泽教授用了“四公”,公权、公职、公务、公财,这就把第 15 条说清楚了,如果谭院长的“四公”能够成为我们监委同志行动的共识,是可以大大地促进我们监察法治的优化的。说实在的,我对当下监察法治总体的判断是对的,作为监委主要领导人如果比较激进,步子迈得很大,会把不应该纳入监察对象的也弄到这个范围里面来。

政务处分法和监察对象里面提了这么几个观点,监委履行三项职责,处分也是监察履职的方式之一,逻辑上讲政务处分是监察职权,你怎么来解决监察权的行使对象和政务处分对象的关系问题呢?我认为主要有这几点。

第一,政务处分的对象应以监察对象为限。既然政务处分权只是监察权的一项具体权能,那么,政务处分对象自然不应超出监察对象的范围。实践中存在对监察对象以外的主体进行政务处分的做法,如对公办医院的管理人员和普通医生一并给予政务处分。这些做法应当予以纠正,即不应由监察委员会给予普通医生政务处分,而应建议有管辖权的行政执法部门进行处理。对此,可以在政务处分法中作出相应的指引规定,比如规定“对于公职人员以外的人员涉嫌违法的,监察机关可以建议其他机关进行处理”。

第二,监察对象并非都是政务处分对象。根据监察法第 15 条的规定,监察委员会的监察对象包括“公职人员”和“有关人员”两大类。其中,“公职人员”是指具有公职身份的人员,最常见的就是党政机关的公务员;“有关人员”则是指不具有公职身份,但因行使公权力而成为监察对象。例如,河南有些村小组的人员被纳入了监察的试点范围,你能够把这一批人也作为政务处分对象吗?对于这两类监察对象,只有其中的“公职人员”属于政务处分对象,“有关人员”不属于政务处分对象。一是既然监察法已经对“公职人员”和“有关人员”作出区分,那么,监察法第 11 条第 3 项规定的“对违法的公职人员依法作出政务处分决定”,就表明政务处分对象限于“公职人员”。这样的理解是对法律进行体系解释的当然结论。二是因为监察对象中的“有关人员”通常只是临时行使公权力,而不具有公职身份,所以对他们进行政务处分并没有多大实质意义,比如对没有档案的非党员村干部而言,给予其记过处分并无多少实际影响,同时监察委员会也不能撤销其村委会成员的职务。

三、政务处分措施及事由与公职人员身份类型的关系

我觉得政务处分法要处理好政务处分与公职人员身份的关系,这也是监察法第 12 条、第 13 条有监察派出和派驻条款,要实现监察全覆盖以后,面临监察机关、国家机关、社会组织关系处理的问题,政务处分措施有警告、记过、记大过、降级、撤职、开除 6 种,事由则是公职人员存在的违法行为,对这个问题也有几种想法。

第一,设置政务处分措施时需要顾及公职人员的不同身份。比如监察法规定的 6 种处分措施,降级是肯定不能适用于法官和检察官的,司法制度改革以后,法官、检察官有一套独特的录用考核惩罚体系。可以参照公务员法第 3 条规定,法律对公务员中的法官、检察官等的义务、权利和管理另有规定的,从其规定,也可以考虑在政务处分法明确列举 6 种处分措施之后,再以 1 款的形式规定“法律对法官、检察官等的政务处分措施另有规定的,从其规定”。

第二,规定政务处分事由时需要兼顾公职人员的不同类型。不同类型公职人

员从事的工作千差万别，规范其行为的法律规则也有所差异。政务处分法设计的时候对处分的事由要考量不同类型，是否可以做硬性处理？一是对普遍适用于所有公职人员的处分事由，可以在政务处分法中作出规定，比如贪污贿赂、泄露国家秘密或工作秘密等，可以做一般性处理。二是对适用于大部分公职人员，但是与其他公职人员依法履职不相冲突的处分事由，也可以规定在政务处分法中，比如"违法实施行政处罚、行政强制措施"这一处分事由，是普遍适用于行政机关公职人员的，且规定这一处分事由并不会妨碍法官、检察官等其他公职人员履行职责。三是对分散存在于不同类型公职人员的处分事由，政务处分法宜作出原则性、概括性的规定。四是政务处分法对特别情况、特别领域应作出授权规定，即授权国务院、国家监委、最高法、最高检、国务院组成部门、省级人大及其常委会、省级政府、省级监委等主体，在不与政务处分法相抵触的前提下，对其系统内部或所属地区公职人员的处分事由作出补充授权规定。

四、政务处分与内部惩戒的关系

国家监察体制改革，前所未有地做了监察职能的整合，但并不是把其他所有机构的内部惩戒功能收走了。具体来说，过去政府内部有行政监察部门，应该是两个面向，一个管行政，另一个管效能，有令不行慵政懒政，纪委也到处抓庸政懒政不作为的问题。法院和检察院内部惩戒也是没有拿走的，法院是机构不拆、人员不散、思想不换，司法最独特的功能是判断，判断是以行使裁量权为载体，因此要对其进行控制。一定要用内部人"对付"内部人，当然监委队伍里面也有一批懂审判，懂法院内部运作，但是总体来说监察队伍构成里对司法审判不熟悉，我们设置原理就是以法官"对付"法官，为什么司法制度改革以后法院和检察院内部一定要有法官和检察官的惩戒，当然这个机构运行名不副实，但是方向是对的，比如法院内部的惩戒，监察部门去启动，惩戒委员会判断，再给相应惩戒结论，这是符合司法运行规律的，但如果都由监委包揽，干不好也做不了。

第一，政务处分不应代替内部惩戒。一是因为通过内部惩戒追究的责任，通常是一种专业责任和内部责任；二是因为政务处分对象只限于公职人员，比如很多事业单位或者行业受法律法规授权管理的组织内部，有大量人员不属于公职人员，这一类对象如果有违法行为只能由内部惩戒，不适用政务处分。

第二，政务处分应与内部惩戒相衔接。政务处分与内部惩戒分别追究不同的责任，比如法官惩戒追究的是司法责任，政务处分追究的是一般职务违法责任。此时，政务处分可以与内部惩戒并行，违法的公职人员可以受到双重处分及惩戒。2019 年 4 月 25 日，监委颁布了关于政务处分暂行的规定，叫作首惩负责制，如果内部惩戒先做了，我们就不给政务处分。我认为这条规定不符合制度运行的实际和原理。

五、政务处分事由与监察调查范围的关系

按照监察法的规定，政务处分主要是指公职人员的职务违法行为，可是违法还有什么样的情况？除了职务违法以外还有一般违法，在这种情况下按照监察法的规定，职务违法由监委来负责，一般违法通常按照有关法律和法规规定，当然有关行政执法部门负责调查，从逻辑上看会导致什么问题？政务处分的事由是不限于监察法规定调整范围的事项，如果这个思考成立，会导致什么问题呢？

第一，并非所有违法行为皆需进行政务处分。如果公职人员的违法行为情节较轻，一般对其进行谈话提醒、批评教育即可，不应给予政务处分，例如，公职人员存在违法停车的行为，且已经受到公安机关交管部门的行政处罚，对于此类轻微违法行为，不必由监察委员会进行政务处分。应当在政务处分法中作出规定：一是延续监察法第 45 条的规定，即“对有职务违法行为但情节较轻的公职人员，按照管理权限，直接或者委托有关机关、人员，进行谈话提醒、批评教育、责令检查，或者予以诫勉”；二是可以规定“对有职务违法以外的违法行为，但情节较轻的公职人员，已受到行政处罚的，不再进行政务处分”。

第二，实现司法、行政执法与国家监察工作的衔接。这里面的很多技术性问题，就不细说了。

第三，实现政务处分程序与刑事司法程序的协调。监察立法的时候，把党纪政务处理给了纪委，初衷是整合发挥制度的效果，我们也有说法，叫作挺纪于前。在监察改革以前，有的人被送进牢里面，还保持党员的身份，逻辑上要先给纪律处分、给政务处分，再给其他处分，但是会有什么情况呢？监察机关调查结束以后，移送到检察院审查起诉逮捕，到法院审判，监察机关移送以后检察院作出不起诉，法院宣判无罪，这种情况现在不可能。但是，监察机关“做菜做饭”，检察院全部移送，法院就照单全收，实际上宪法所规定的或监察法所规定的监委和法院或检察院的制约关系，这个制约关系就会很差，甚至毫无制约关系。另外有种情况，监委

有执纪政务处分和犯罪调查权,监委很多案件构成犯罪但是不移送,这是目前很大的问题。监察改革本来要提高办案质量,收集证据要达成刑诉的标准,但是现在变成什么情况呢?监委说达不到这个标准就不移送,不移送并没有监督制约机制,假如说实现政务处分和行使司法调查,假如实际真的存在监委移送了检察院决定不起诉,法院宣判无罪,前面做了政务处分以后你怎么办,你不能把对象开除或撤职,严重影响其合法权利,这个怎么衔接?

六、政务处分与党纪处分的关系

中国的法治发展到今天出现了许多特殊问题,就是我们改革开放 40 年来过去讲的法治是单一法治,健全社会主义法治都是在国家法治体系范围以内。十八大讲中国特色社会主义法治体系,现在是二元的体系,既包含国家宪法和法律法规体系,也包含党规党法这种体系,二元并列体系之下党规党法调整边界,党规党法的效力范围,还包括党规党法的效力的基础是需要研究的。现在是从严治党,监察法对公职人员尤其是党员有很多特殊的权力限制,中国刑事法的进步是律师介入,但是现在变成调查阶段律师不能介入。这种权力的特别限制,我们是没有作出清晰明白的理论基础说明的。我的很多学生尝试用特别权力关系原理说明这种限制的正当性和必要性,特别权力关系理论讲的是三权分立的一种框架,跟我们以人民代表大会作为根本政治制度的框架不能相符,是不相互兼容的。中国共产党是使命性的政党,我们是否可以用契约性的理论来解释,在入党宣誓那天起你把很多权力让渡出去了,但是也有一个问题,党员也是公民,宪法规定公民是有基本权利的,基本权利按照宪法有一套特别保护制度。还有一种情况是我们党员不是一个独立的原子,你成为党员可能影响家属影响子女基本的财产权利、自由权利、人身权利等这些问题,你怎么对这种情况做出处理,需要有一个好的研究。包括在政务处分法里还有一个问题,就是政务处分能不能搞司法救济,监察法规定作出监察调查处分以后是内部的救济方式,可以申请复核复议,但是如果复核复议也不同意,能不能提起其他诉讼,是否开放诉讼渠道?我觉得政务处分法也面临这个问题。

主持人:刚才秦教授通过六个方面探讨政务处分法与监察法的关系,为我们理清了一些思路,也有一些体会。这六个关系,一是政务处分法与监察法是什么关系;二是政务处分对象和监察对象的关系,我听秦教授的意思监察法要宽泛一些，政务处分法相对窄一些；三是政务处分措施及事由与公职人员背景的关系；四是政务处分与内部惩戒的关系；五是政务处分事由与监察调查范围的关系；六是政务处分与党纪处分的关系，秦教授对这些问题进行了非常好的有深度、广度的思考，对我们也是一种启迪。

汪太贤：从秦教授近期的研究和讲座来看，对我们有很大的鞭策，我们应该做很多的检讨，秦教授研究有这样一些特点是我们需要学习的。第一，采取超前介入研究的手段，我们一般都是等到法律和制度成形或者颁布以后才关注这个问题，但是秦教授是在国家打算要做这个事情或者打算要立法的时候就超前介入这个研究当中，他很多研究确实具有很大的指导意义，我们这种滞后性的研究在很多时候肯定不如他这种研究有力。

第二，秦教授的研究具有前瞻性。可能各位是看一个问题，就看这个问题本身，而他看到问题的后面，看到趋势看到发展的方向和脉络，这是我们在研究当中要学习的。

第三，他的研究我们听起来觉得收获很大，是因为他是紧贴问题，提出问题，而这些问题是实践当中的问题，也是学理上很重要的问题。

无论是政务处分法还是监察法，实际上我们要重点考虑我们现在仍然比较模糊的问题，就是监察权到底是什么权？什么性质的权力？我们现在一般表述，比如它是一个政治权力或者监督权，这种说法太抽象了，没有多少意义，因为政治权力有很多，监督权也有很多，但是往往是没有特指的。在我看来要真正看到特指，就要对监察权有最接近的定位，因为这个非常重要。如果把监察权看作一种整合性的权力，在中国这并不是真正的性质，看作制约性权力的话，可能在后面的一些权力和职能、职务、职权的交叉或者关系当中，可以看到很多东西。如果看作制约性权力的话，这个权力肯定就要横切到其他权力当中，比如司法权或者全国人大的立法权还有行政权中。这个就有问题，因为内部自身带有监察性的这些职权怎么处理的问题，我的一个想法是以权力横切这种方式，把一种权力而不是把其他覆盖横切到里面。一般要和内部权力有一定的分权，这种横切是否只是在纠谈方面，我可以提出比如行政机关这样的政务方面庸政懒政的问题或者司法机关。监察机关可以提起，具体的方式像民国初年纠谈制度和后期监察制度，这个好处在于什么？就是避免一事二罚的情况，如果监察机关完全行使处罚权不分离，比如用记大过或者开除处分，但是内部机关也做出基于同一个事由的处分就形成重复的问题，为了避免重复性，外部形成哪种权力，内部行使哪种权力，这要分割，避免了权力的冲突问题。

对关于监察法制定的一点看法。因为在一个国家法律当中可以这样划分，一部分法是官法，就是规定官的；另一部分法是民法，不是我们现在意义上的民法，就是老百姓的法律，但是对一般官法的规定，我想它抽象性程度如果很高的话，这个法律可能有很大的问题。所以我们从监察法制定来看也存在这个问题，监察法包含其他一些内容，比如关于组织的、关于监察官的、关于监察程序的，还有带有监察原则性的规定，这种情况有些国家采取组织法、监察官法，还有程序法或者某些方面具体的措施的法律分开来制定。但是我们国家用监察法包含的关系，我同意秦教授的看法，可以把监察法看作基本法，因为基本法规定范围可以抽象，在基本法下面可以制定一些分门别类的法律，监察法有的内容，其他法也有的，我们看成是衔接，也可以这样来处理。

对于官法的话我有一个看法，在一些国家制定官法和民法往往在宽严程度上是有很大差异的，在官法当中如果某些规定大家看起来很难接受，我想这可能是由于官法本身一些要求所决定的，当然当中有很多问题，但是这些问题肯定会在实践当中积累处理的经验。

谭宗泽：六对关系中我对第一对关系、第二对关系意见都不大，主要是第三对关系，就是关于公职人员的处分，政务处分法适用范围调整对象，秦教授的主要观点是政务处分对象是公职人员，其他有关人员不应该纳入政务处分的范畴，我觉得这种划分可能需要再做设定。我个人是这样来理解，政务处分的大前提是纪检监察委立案查处的对象，可能是公职人员也可能是类公职人员，比如村干部，参照国家公职人员认定的情况，我觉得应该是公职人员或者是其他人员。我想重要前提是立案，而不是其他的身份。所以只要是立案的人，我可以对他进行政务处分，而不因为是其他有关人员就豁免政务处分的这样责任或者后果。

再一个问题，就是第四对关系，基于同样行为承担两个后果，在法律来讲行政处罚和一般法律性处罚中间都不应并处，应该不再重复处罚。政务处分法也讲了罚款，罚款和其他资格罚是可以并处的，但是前提要有法律规定，现在政务处分和行政处分双轨并行也一直是困扰的很重要的问题，花费这么大的代价反复以政务处分程序、行政纪律处分程序对公职人员或者有关人员查处，一方面反映我们从严治党纪律在前，但不能因一个事情惩罚两次，我很赞同秦教授的观点，非常认同。但是处置以后怎么分,秦教授的观点可能会给公职人员带来重大的福利,双轨制中间的处分是这样的问题。所以我觉得第四对关系分类是对的,但是处分的情况来讲不替代,但是这种不替代是不同种类的情况,同种类就不应该重复处罚了。

王学辉:第一,为什么有一个政务处分?大家都知道,从中国共产党建党、成立新中国以来,从陕甘宁开始有纪律处分,后来变成违法违纪处分这个概念,最后变成政务处分法。监察法为什么不用那些已经成熟的概念,而要使用政务处分这个概念?主题里面的"政务处分"这四个字就是今天最紧要的词,但是没有说清楚。在这种情况下政务处分究竟是什么含义,和我刚才描述的概念当中,它是发展还是扩大?为什么要这个样子?我的想法是为了解决党在这方面的管理处理和行政处理的贯通才用这个词,这是我的浅见,如果没有贯通的需要就没有必要创造政务处分的概念,这也可能是秦教授在下一步研究当中给国家提建议的时候必须要考虑的一个问题。

第二,从陕甘宁开始一直延续到现在,这个过程当中关于违法处分违纪处分,实际上具体制度安排还是涉及了,我认为比较完善。当变成政务处分的时候,它和那些处分有什么内涵外延上的差异,刚刚汪太贤教授提到横切的思路,我觉得需要考量,就是避免重复。他举了一个例子,政务处分做了以后内部惩戒要做一次,我觉得不公平,不能重复处理,这些对我们是有帮助的,但是如果没有这样的横切就可能出现重复,这不可避免,这是在政务处分法立法的时候必须考虑的东西。

第三,任何运行的公正还是来自程序的控制,这是程序的价值,所以政务处分能够很好地制定运行,必须研究和设计相应的程序,没有这个东西政务处分就可能会出乱。

秦前红:政务处分法已经纳入了十三届立法项目了,在制度建构下来讨论,是可以用原来的惩戒办法,还是说另外搞一个政务处分?因为是国家监察体制改革以后弄了这个监察架构,要对这类违法行为相应处分,作为力量的整合提高效率。比如过去的纪律处分或者行政纪律处分是指政府系统,我们人大系统、政协系统、民主党派系统或者其他系统怎么做的,用政务处分系统装起来,基础是什么?到底有没有必要?我其实很赞成学辉教授的考量。

新宪制若干体系：法治、规范、公平、监督

莫于川*

新宪制新的法体系，就是法治体系、法规范体系，国家公权力体系和法治监督体系。它在发生变化，变化到什么程度？对我们带来什么样的挑战和机遇，这是需要思考的。2018 年宪法修改以后监察法出台，新的监督体系和格局在形成过程中。纪念监察法实施一周年，在总结反思的时候，就不能仅仅谈到监督。宪法学科、行政法学科都是公法学科，而监督处于主体论、行为论、监督论的后面部分。宪法同样如此，前面是国家体制、公民权利，后面是权利监督和救济。这意味着在思考如何完善体系时，一定要往前思考，前面是怎么样的？比如，我们国家法治体系是什么，法规范体系是什么，还有公权力体系是什么。

今天这个话题不仅是宪法学的问题，也有很多是政治学、法理学的问题，是一个开放式的话题。关于监督体系，中美对话会中有一个人权与司法对话会。美方参会人员的提问就涉及监察体制。如在限制人身自由（留置）以后，仍然没有律师介入，还是只有事后国家赔偿，这样的人权保障有意义吗？监察部变监察委，“双规”变“留置”，有什么本质的区别？他们不能理解的原因在于，各个国家和地区的体制不一样，不都是三权分立体制。例如，我国香港地区就不是三权分立，实施的是行政主导制，第一个是行政管理权，再写立法权，接下来是独立司法权和终审权。我国台湾地区是“台湾地区行政管理机构”“台湾地区立法机构”“台湾地区司法机构”“台湾地区监察机构”“台湾地区考试机构”的次序。监察委员会的建立是同体监督变为异体监督，就是最大的不同。正是在这个过程中，我们的监督体系正在发生变化。

---

* 莫于川，中国人民大学教授、博士生导师。

一、中国奇迹

中国奇迹类似于市场经济,中国的改革使用“市场经济”特别多,慢慢形成一个固有概念。日本出现经济奇迹时,是靠终身雇佣制、员工序列制和行政指导制三制构成日本经济奇迹的支撑点。日本经济奇迹影响全世界,问题在于中国奇迹是否成立?意味着什么?它的出现和改革开放离不开,改革开放40余年,究竟改变了什么,带来了什么,其实就是改变我们的思维方式和行为模式。以前动辄树立权威,公权力拥有者认为私权利所有者必须服从,计划经济高度体制,经济如此,行政如此,官员和行政机关认为老百姓、企业应该纳税、交钱,应当听指挥。公民个人利益追求呢?不考虑,所以公民也好,社会、企业也好,没有自己独立的地位,哪有动力。自己是自身利益的最佳判断者与决策者,所以要保证私权利,私权利实现和保障带来整个社会财富增加,这是所有公法制度的基本模式。因此,要保护私权利,约束公权力。我们改革开放就是摒弃掉了一些空想成分,才到了今天这个程度。就是把空想成分摒弃掉了,才有马克思的科学社会主义,才会指导革命成果。问题在于,本身还有空想成分。如苏联国家20个左右全失败,蓬勃向上的社会主义阵营一下子垮塌掉,这叫经济竞争失败,因为这个不可持续,没有真正的活力激发出来,保护不了自己的利益追求,企业没有、个人也没有。因此,要实事求是,把公民、家庭、社会组织、企业应该有的权利还给他们,尊重他们的选择权,这就是自由。其实政府做减法,公民企业做加法,还给他,你退回去。我们看到很多地方改革发展比较好的地方恰恰是这样,而恰恰政府伸手太多,管制太严的地方,反而有问题,矛盾特别多。把公民、企业应当有的自由权利、选择和平等追求这样基本的权利还给他,党政领导机关做减法,做自己应该做的事情,这就是真正的发展。所以,才有了今天这么一个结果。

改革开放40余年,为什么要总结?还有未来几十年,比如未来30年怎么发展?到2049年共和国成立100周年,到那个时候,到现在刚好是30年。未来30年中国改革开放怎么走,如何变,这就是要我们对前面40年怎么改,怎么变,经验教训在哪里,要有深刻、正确地反思,才能正确地往前走。中国奇迹如何来判断?经济社会不断发展,北京成为全世界唯一的既举办夏季又举办冬季奥运会和残奥会的城市,承认经济发展和社会开放程度,才有举办权。同时我们也有不平衡、不充分发展,所以党的十九大报告指出:中国特色社会主义进入了新时代,我国社会主要矛盾已经转化为人民日益增长的美好生活需要和不平衡不充分的发展之间的矛盾。从长远看还要有推动发展的动力。经济社会发展还是抓住两条：搞市场经济，要推动民主政治。抓住这两点不放，而不能只有一点，否则即便发展，也走不远，走不稳，还会倒退。

介绍一个材料给大家。国际货币基金组织（IMF），8 月底发布 GDP 总量 140 年的变化这样一个统计数据，从 1960 年统计到 2099 年，怎么变化？排前 16 位，统计结果是什么？2017 年年底统计，2018 年开始就预测。1960 年我们国家正好是三年灾害，那个时候中国 GDP 不清楚，肯定 20 名开外。到“文化大革命”结束的时候，仍然顽强发展，到了美国的 5%。到南方谈话，挽救了中国，挽救了革命，挽救了人民。邓小平同志一路找人谈话，就三句话：你同不同意我们继续走改革开放的道路；你同不同意搞市场经济；你同不同意我们把浦东开发开放。因为他说了一句话：“原先浦东开发开放人们都反对，我心软，就放弃了，现在不能不坚持了，谁再劝我，浦东不要开发开放，我跟他急”。1992 年南方谈话改变了中国的发展轨迹，1993 年修改宪法把市场经济写进去。几十年改革开放，经济总量已经上去，已经到了美国 10%，2004 年我们已经超过德国，成为第三，到了美国经济总量 1/4。举行奥运会以后，我们国家奥运景气一直还有，2008 年已经超过日本，成为第二，就那个时候是改革开放 30 年，是美国的四成。到 2017 年，就是 65%，小于 2/3，新时代第一个 5 年计划结束了，继续往前走。2018 年预测，就有加权因素，这个时候有一些倾向性，可能对中国有利，比如存在不稳定因素，投资拉动，负面外部效应等。为什么叫作两个 15 年，第一个 15 年是实现现代化，第二个 15 年即 2050 年实现社会主义强国，这都是写进去了十九大报告的。

不能光看 GDP，因为 GDP 可以集中在少数人，比如中国香港，它的贫富程度差距比较大，其实还是一个发展不平衡的问题，为什么叫“尺有所短的香港，寸有所长的西藏”。我们来看一看，2018 年修宪有一些亮点、特点、要点：一个新时代中国特色思想；其次就是社会基础，统一战线范围又扩大了，有志于中华民族伟大复兴的爱国者也是我们的阶级基础；共产党领导写进正文第一条第一款，成为社会主义本质特征；国家主席不超过两届的规定取消，设立宪法法律委员会；监察法治入宪，创设监察制度，国家监察体制发生变化。过去全国人民代表大会产生一府两院，现在是一府二委两院。法治变迁有很多的方法，立改废是一个方法，解释是一个方法，惯例形成一些缓慢的变迁也是方法。修宪的目的，通过立改废就是要得到更符合实际的宪法,要尊崇它,普及它,实施它,维护它。其中就有一句话“依宪治国,依宪执政”,提出这个命题的时候,是写进依法治国决定的重要文献,依宪治国、依宪执政的本质就是要坚持改革开放的方向,宪法里写的就是改革开放取得的成果,高度共识,没有太大风险。否则,想写也写不进去。所以,提出“依宪治国,依宪执政”最深刻的道理在于要承认过去改革开放很不容易取得的成果,形成的共识,特别是转化成制度文明,你的宪法法律要尊重它,遵守它,这是最好的坚持改革开放。1978 年改革开放到 1982 年已经有几年,改革开放的认识写进了宪法。1988 年修宪把非公有制经济写进去,1993 年修宪把市场经济写进去,1999 年修宪把社会主义法治国家路线写进去,2004 年修宪把人权保障路线写进去,把改革开放的成果巩固进去了,2018 年修宪把人民为中心和社会发展最主要的动力在于追求美好生活和解决发展不平衡不充分的矛盾写进去了。

西方经济、民主、法治理论也有很多空想成分,同样要采取实事求是选择精华去其糟粕的态度对待。比如,西方很多国家经济发生困难,只要用了经济学家的理论,都要失败,为什么?别人改革探索,你对这个过程进行总结,你总结的可能有偏差,还有总结以后又过时了。例如,自由经济的市场能自动达成均衡,其实这些理论是总结过去的经济发展模式,但回头去看就不行,比如过去都没有认识到政府调控作用性。只要形成一种理论它就滞后了,不是说不要学习西方,要积极学习,他山之石可以攻玉,王名扬先生编写《英国行政法》《法国行政法》《美国行政法》等,概括为公法之“中国法学界普罗米修斯”。到现在为止为什么行政法遇到困难问题不好解决呢?就是行政行为。行政法一般分为总论、主体论、行为论、程序论、监督论。王名扬老先生编写中国第一本正式出版行政法学教科书《行政法概要》,好多内容都过时了,只有行政行为这一章原样保持到现在。我们是要注重他山之石继续学习,但是要注重现在的他山之石不是一两百年前的理论,现在人家怎么做,如日本苦情处理制度怎么运行,没有行政法院又怎么运行,更主要认识中国自己的特色。实践这么多,有些照抄照搬,比如听证制度,现在用得怎么样,能不能有一个准确的后评估加以改进呢?从这个意义上说,要尝试走一条中国特色社会主义、市场经济、民主政治、人本法治的道路。所以没有统一的标准,要从实际出发走出符合国情的道路。

二、中国特色社会主义法治理论体系

中国特色社会主义法治理论经过了很多年的发展,从 1978 年开始,经济改革、政治改革走了很多的弯路。十一届三中全会决定改革开放,十二届三中全会的经改决定推不下去,因为涉及政改,1989 年十三届三中全会决定推出政改决定,结果发生风波,没有条件就流产了,现在党的重要文件汇编里找不到中共中央关于政治改革的文件。到了 2013 年十八届三中全会作出全面深化改革决定,其实这是个经改决定,总共十六部分绝大部分谈经济,法治才 2000 字。2014 年十八届四中全会作出全面进行依法治国的决定,主要谈政治、党的领导、军事问题等,全部都是争议最深刻的部分。到了党的十九大报告,明确作出决策,到十九届三中全会细化政治体制改革和机构改革,这才有了国家监察委。所以,才有了现在的发展,法治建设的发展从过去集权到民主,粗糙粗放到精细化发展,过去简单照抄他山之石也对,但不完全满足需要,到现在的中国化,法治发展这是一个内在为主和实用为主的变化。

法治、规范、公权、监督这就是法治,依法治国决定谈到这句话的时候引起了非议,专门谈依法治国,没有法治体系怎么有法治国家?怎么描述的呢?就是“4+1”:要建立法、执法、监督、救济四个体系。“形成完备的法律规范体系、高效的法治实施体系、严密的法治监督体系和有力的法治保障体系”,这是党的文件写的,之后还有“完善的党内法规体系”。这就复杂化了,前面一气呵成,立法、执法、监督、救济一气呵成,党内法规是什么?党内法规体系要管党治党,国家法律呢?依法治国。罗豪才老师提出了倡导“软法”,软法、硬法各有各的用处,当然国家立法不仅仅是硬法,也有软法。党内法规体系是中国一部分的规则,这就叫“4+1”。因此才有了十九大报告中的一句话“一定要发展中国特色社会主义法治理论”,不要用西方的话语体系来分析。“4+1”的法治体系正在发展,包括硬法和软法。更多不是国家立法主体的机构对成员和相关主体制定的有约束力的规则,像行业协会制定的规则,党内的法规至少也是一个软法,对党员有很强的约束力,但软法不软。法律规范体系哪些是法律规范?“国法+党法”“硬法+软法”“国家法+民间法”。当然有民间的习惯、习俗,某种情况下出现就成了判断是非的标准,解决纠纷的标准。

内容包括实体法、程序法、条理法。条理法是什么?法律法规规章第一章是什么?总则。总则是什么?很多都是条理法,它类似于自然法。有人说它存在吗?在哪里?实体法在哪里,哪一个法律法规写了“实体法”这三个字。其实严格说起来,“程序法”三个字也找不出来。同样如此,条理法也是法学用语不是法律用语。实体程序规范怎么来的?没有条理法,根本就没有方向感没有价值追求,没有可能把它制定出来,而且是合法正当有效。实体法、程序法打架怎么办,缺口怎么办,条理法来引导,所以叫引导实体法和程序法。所以讲社会主义法规范体系,不是我们原先传统理解的那一点点硬法或者只有国家法,它可以在中国特色法治理论有更多的法。

我们的法治从粗糙到精细,每经过 15 ~ 20 年上个台阶,从只重视法律形式到重视实体法,到重视程序法。以前讲程序根本不以为然,季卫东老师写的《谈程序重要性》,影响特别大,那个文章之前原先根本没有重视程序问题。我们现在不是公法发展吗?是“4 + 1”,法律规范体系也在演变,不是传统的三要素说,两要素说,行为模式,法律后果。条理法最重要的形式就是法律原则,以及某些高度的社会共识,它主要解决法律方向、品格、功能问题,是多面向广泛存在,在很多领域是一个先在的存在,指引实体法、程序法运作,特殊情况下直接发挥调整和规范作用。实体法、程序法规范规则我们是熟悉的,对条理法规范其实是陌生的,对法原则也不重视。

举个例子,政府信息要坚持公开为常态,不公开为例外的原则。《政府信息公开条例》38 个条款,有没有这个原则,有没有这个精神,有没有这个条理法呢?38 个条款是在总则、条理法这背景下写的,后面叫程序法,没有这个条理法原则以后,还有没有这个精神,这个价值追求呢?就是重大的原则问题。就是要谈变化过程,为什么?因为本来我们制定规范调整行政行为可能会引起纠纷比较少的就是信息公开,比如征收征用,限制人身自由,这些容易导致重大冲突,是复议诉讼比较多的案件,过去确实也是很多。给你财产没收,把你停产整顿,限制人身自由 15 天。我们预测信息公开摆在那儿,不会产生太大的争议。结果这个条例推出以后,实践操作中处于能不公开尽量不公开的状态,结果导致信息公开成为全国民告官复议和诉讼最多的案件类型,不是之一。直到中共中央文件专门用一个自然段写政务公开要以公开为常态不公开为例外为原则,而且中共中央、国务院印发的《法治政府建设实施纲要(2015—2020 年)》,把这段话原原本本转化过来,政府信息要公开为常态,不公开为例外的原则才成为我们的法律原则。

有些条理法、法律原则,可能是明文写出来,有时候可能没有明文写出来,隐在字里行间。立法目的很清楚,也有很隐含的。立法精神、法律价值也是从头到尾字里行间慢慢体会。物权法没有规定可以依照习惯,这是民法总则的原文,习惯就是法啊，什么法？当然就是条理法。

大家知道英美法是判例法，对行政法来说大陆法也是判例法，欧洲大陆具有行政法院的国家是法国、德国。行政法院是用判例的，英美法也好，大陆法也好，判例制度用的是什么来判案？就是条理法。英国法当中自然公权越权无效，美国法公开透明正当程序，德国法的比例原则，都是通过经典案件总结出来形成的法原则，法理论，否则不能解释。英美贸易成员国，50 年、100 年前的案件，为什么对香港产生约束力呢？就是条理，通过法律原则来判的案件。

软法，写进了依法治国决定里面，而且也写进了《法治政府建设实施纲要(2015—2020 年)》。原先传统依法行政依据的就是法律，其他都不是，红头文件不算，其他规范性文件是抽象行为，不是法规范。监管执法工作的时候，规章以外的其他行政规范性文件是一种抽象行政行为，不是立法，不是行政立法，不是地方立法，因为立法法没有定义它，但是试图要赋予它效力，可是没有通过。特别是市民公约，乡规民约，行业公约、团体章程，它就是软法带来的效果。

三、公权力体系

传统公权体系就是立法权、行政法、司法权。还有特殊的公权体系立法权、司法权，英国、泰国、日本等国还有皇权。皇权不可小觑，并且这还不是传统的封建国家。还有我国台湾地区，行政权、立法权、司法权、监察权、考试权也属于公权力体系。我们公权力体系体现的一府两院，我们叫三权分工，分工负责。中国现在要谈公权体系变化，就是一府两委(监委、军委)两院加上执政、参政议政和军事权。人民的权利转化以后形成立法权、行政权、司法权，司法权包括检察权、审判权。现在，一般类的国家公权力分成四种，立法权、行政权、监察权、司法权。监察委成立以后，修宪加上专门的监察法，就形成现在的体系。以前监察权在行政权里面的时候就是行政监察，尽管合署办公，叫纪检监察合署，但还是上级下级关系。纪检监察对象就是政府机关及其首长。

能不能有特殊类？这也是认为具有的最大争议，也是我最想创新的地方。我们现在长期存在的公权力运行状态，因为用了传统的西方法治理论和分析工具、话语体系，没有办法给它归类，因此不能认可它有一种公权力，但实际中一直在运行。为什么长期行政行为中没有决策行为，源头上产生非常大的违法侵权效果，因为是党委决策，我们只是执行，没有决策因此不作为特殊类型。我们写教材的时候,一定要把行政决策行为作为行为论的一种行为,因为决策之后才规划,规划之后才能许可,许可之后才能检查,检查之后才能处罚,处罚之后强制。我想把实践和理论统一起来,执政党行使了领导权,政协和民主党派行使了协商权,武装力量人民解放军,我将它归类为军事权。领导权、协商权、军事权是具有中国特色的国家公权力类型,与一般公权力一起构成我国完整的国家公权力体系。既然是特殊类有没有行使的依据?政协章程和议事规则是软法,宪法序言有没有法效力?我所接触的大部分人认为,宪法序言是有效力的,可能效力等级不一样。我认识的至少1/3宪法学家认为我国已经形成宪法惯例,中共中央提出修改宪法的建议算是个宪法惯例。中国特色社会主义法治体系中有没有公权力体系的变化,领导权、协商权、军事权、监察权等能不能在当中配合成一个体系,请大家再思考。

四、法治监督体系

法治监督体系,包括内部监督、外部监督、监督网络体系等,监察委的设立叫作监察委体系。我认为它的运行有它的特点,要更加有效地监督,监督监督者。任何人都想逃避责任,这是人之常情,但是你推卸责任,逃避责任,我们要约束你,法就是要约束权力者。

行政监察的监督对象都是行政机关,全世界的公法制度基本品格都是约束行政权力,保障公民权利。纪委监察委仍然合署办公,但是从政府机关里独立出来了,属于外部监督,监督其他公权力运行。监察法有好几个条款有种种联系因素,不是党员领导干部也可以对你采取措施,特别是两种主要犯罪,职务犯罪的涉案人员也可以留置,所以权力很大,伤害也会大,但是效果也很强。以前反腐治标,现在要达到治本。还需要考虑一下,监督监督者的问题是否达到它的效果了。

由于现在采取了以党领政、以党领军、以党领社、以党领群,由于新的大部制,党直接站到前台,行使管理运行协调监督等职责,那就有一个问题,复合形态的事物越来越多、越来越复杂、越来越频繁的时候,党政职能相近的合并设立,或者合署办公。党政军群社事都说不清楚是什么关系,是公权力,还是私权利,还是"社会公权力"?20世纪全世界出现新的公共管理运动,叫参与行政、合作行政潮流,主体多元化,行为多样化,关系多样化。既然这么多参与复杂形态,如何依法保障以人为本、受到监督、受到救济呢?没法告状就很麻烦了。比如现在谈合宪审查,权限裁决、诉愿审查、信访调查等复合型监督救济能不能进行救济?让我们党政,特别是政府领导能够直接介入,不光是解决最后的问题还包括前面发生问题的协调,调整政策,苗头出现,还有伤害已经产生,都可以进行解决。从这个意义上说新的公权力监督体系的难题,最后被解决,既然是复合型行为越来越多,我们有复合型监督救济机制来解决,这样行不行?

法治体系、法规范体系、监督体系在发生深刻变化,我们一定要对这样的变化有新的认识,否则就很迟钝,过于敏感或者过于悲观都不行。我也不会过于乐观,我一直是一个谨慎乐观主义者。

点评环节

点评一:法律原则,法律目的非常重要,因为很多人脑海里根本没有这个东西,特别是行政执法人员。我曾经准备对执法目的进行研究,但是限于很多问题没有搞下去。对于法律体系的构建很宏大,很多单位制定规范的时候,根本不征求单位内部的意见。

莫于川:四个体系,是有脉络的,我还没有梳理清楚,从行政指导到研究民主,后来又进一步研究其他方面,现在研究到理论层次。过去没有干成行政法,只考虑行政诉讼法,行政程序法也没有推出,行政法总则推动整个行政法上一个台阶。其中,总则部分就是一般规定,其实要写很多条理法。我们力图把它变成制度规范,从理念变成制度,便于操作,但是制度不能完全代替理念,正确理念加上完善制度,良法加上善治才能成为期盼的法治社会,否则法规范越多,离法治社会越远。

点评二:早期研究行政指导,中期研究行政法治理论体系,现在已经上升到整个法治理论体系,而且这里面有核心概念,公权力体系。第一,莫老师提出了"尺有所短,寸有所长"的新宪制认识观。传统比较法研究,都是比较的二元对立,非黑即白,通过香港、西藏调研实践,我们又觉得非常高明,非常有分寸感,体现了成熟学者的智慧。第二,条理法新宪制的解释论。莫老师对立法目的、立法精神、法律精神、法律原则包括罗老师提出软法的东西,特别对执法人员不受重视,提出整合性的概念,有它的理论上的价值,特别是行政法总则的制定工作,这个又有实践的意义。第三,公权力体系新宪制的结构图。归结为人代会下的一府两委两院+执政参政军事,作为特殊权力跟传统一般权力作为对应,这个肯定在我们领域是有冲击性的概念。

莫于川:之所以这样放是因为监督关系,党委也是监督对象,而随着整体上执政党行使领导权,一般权力架构还是执政党非常高的核心权力,像监督关系,总体上一定就是一个龙头,包括党委,包括人大,监察委就是人大派生的。

第一部分,中国奇迹,有一个大的前提,世界大国进入长期的和平的状态,是中国奇迹能不能产生的外部环境。从宪法角度来看,公民经济自由逐渐扩大,经济自由越来越大,但同时不是彻底放开,这是中国政策的特点,非常的实用主义,并不是古典自由主义,也不是计划经济,这种实用主义取消的一个原因就是政府之间的竞争,转向经济绩效。邓小平说黑猫白猫论,中国的经济政策也有很强的实用主义特征,包括在与美国的贸易战当中,我们迅速出台外商投资法。为什么能够做到实用主义呢?很多国家包括欧美,很难调整,特别是欧洲五国,一个很重要的原因就是民主政治走向一个极端,就是民粹。而中国政体,采取的既不是欧美式走向民粹的民主,也不是苏联非常极权的专制,而是党领导下的协商民主体制。这是保证中国在立法政策上面的政体的原因,既能够保证政府效率,也能够使政府的政策具有很强的适用性。大家说改革开放也好,到最后,最爱的还是经济。我更多采取观察的态度,不是特别倾向哪个更好,哪个一定比哪个更好,中国改革开放以来,经济是在一个箱体当中左右振荡,像炒股票一样。

经济不能取代一切,经济发展了,人解放了,所有要相互连带。现在更注重协商民主问题,正在反思和探索它的前瞻。

提问环节

提问:条理法适用会不会变为另外一种权威机关的法律?

莫于川:在中央集权情况下,条理法会不会滥用?条理法和实体法、程序法什么关系?既然清楚就用实体法,不清楚的时候,才用条理法。条理法就是这样,实体法平时干活,干活的时候,你们也拦不住,实体法要撂挑子,我也能干起来。

提问:政协委员在监督过程中,会导致行政效率的降低,从而导致政协委员交流难吗?

莫于川:协商有很多方式,行政有协商,一个机构执行,比如城管部门,好多部门配合,也是一种协商。政协协商,我新定位为一种协商权利,公权力,这样可以起到行为有所规范,对它发挥作用,又不能忽视,政协和民主党派的权力行使到一定社会影响力,我自己研究成果是,所谓权力就是影响力,一个人影响别人。我影响你的行为,就是我对你行使了权力,其实就是我制约了你,我影响而且是严重影响,否则就没有权力。

它会不会降低效率,这样的监督全世界都有,多数都有。《日本行政法》专门讲了行政总是讨厌约束、讨厌法律,这是它的本性,法律就是给行政套上锁链,但是又要你跳舞,这就是法治精神。你说可能影响行政效率,我觉得可能不是一个问题,行政效率可能是别的原因,列宁说了,今后的世界,最大的敌人就是官僚主义,也就是效率问题。其他的问题解决了,就是人性的弱点问题,还有组织的弊端问题,而不是其他的监督力量薄弱。

构建独立的监察法学

时　间:2019 年 4 月 13 日　19:00
主讲人:杨临宏　云南大学滇西发展研究中心主任
主持人:唐　尧　西南政法大学行政法学院副教授
嘉　宾:曾　哲　西南政法大学行政法学院教授
胡　荣　西南政法大学行政法学院副教授
林孝文　西南政法大学行政法学院副教授
何永红　西南政法大学行政法学院副教授
程和祥　西南政法大学行政法学院博士

2010 年时任全国人民代表大会常务委员会委员长吴邦国同志向第十一届全国人民代表大会第四次会议作全国人大常委会工作报告时庄严宣布,中国特色社会主义法律体系已经建成。当时说是七个法律部门,七个法律部门当中没有现在的监察法,我们现在就在思考中国特色社会主义法律体系当中应当把监察法划在哪一个部门? 宪法及相关法划不进去,民商法划不进去,行政法好像沾边,经济法划不进去,社会法划不进去,刑法划不进去,诉讼和非诉讼法也划不进去,我们就思考了,这个学科怎么办? 反观现在国内研究监察法的学者,大致包含三个领域的学者,第一波是研究宪法的,第二波是研究行政法的,第三波是研究刑事诉讼法的,除了这三波之外其他的人基本上都是零星对监察法进行研究。这涉及几个问题:为什么同一个监察法三个不同学科都要来研究它? 凭什么?

一、法治中国建设需要独立的监察法学

监察法应该归于何处? 宪法修改以后有五个条款与监察法有关。行政法这

波学者是目前研究监察法最多的，把监察法作为行政法的一个科研增长点，重新开辟一个领域来研究监察法，这个问题值得思考。研究刑事诉讼法的人来研究监察法，我个人认为目的是划清监察法监察手段和刑事诉讼手段之间的关系，研究监察法出台和刑事诉讼法有哪些矛盾。与此相适应，我们要考虑作为独立的监察法学院，监察工作需要什么样的人才？我们把监察人才当作法律人才、政治人才、还是政法人才？如果作为法律人才，在世界任何一个法学院培养人才基本上来讲都是通用的课程，大学里面永远不可能把所有法律知识教给学生，只是把法律的理念、法律方法等教给学生；如果是政治人才，可能他的学科上更多偏向于政治学或者在我国就是党史党建；如果是政法人才，他就是一个复合型人才，既要懂法律又要懂政治。

要说清楚这个问题，我想简单看一看什么叫监察法？从汉字造字角度来看，监，今天看简体字的监，看不懂它是什么意思？两竖边上一个人一点下面是器皿，我们思考凭什么监察要有器皿，器皿当中的监是什么意思？我们必须要解决这个问题，我们看甲骨文当中，监是这样写的，“監”，左边一个器皿，上面是放器皿的工具，右边跑着一个人眼睛睁得大大对着这个器皿，他干吗？所以今天把它解释出来就是——监，它最本质的含义就是一个人对着一个盆要看，看什么？古代没有镜子，只能用盆打一盆水，说白了就是跑在这个地方照镜子，看看自己脸上有没有污垢，如果放在经文里面来看是这样写的“檢”，左边是材，材就是树里的眼睛代表两只眼睛，右边代表一个人，中间一个盆有水，下面一个业，所以现在简体字看不懂。什么是察呢？察字是一个宝盖下面一个是祭祀的祭，察怎么和祭祀有关？如果有宝盖通常代表家，代表的是房子，下面祭祀的祭是察，但是今天看不懂，你看这个祭，左上部是什么字？是月，中国汉字当中绝大多数有“月”的字和动物内脏有关系，比如肤、肺，所以这个“月”在古代祭祀中就是代表奉献给神灵的礼物，是贿赂神灵的礼物，祭祀怎么给他，弄个素的神灵不要。右上部甲骨文当中这是什么？就是手，“祭”就是用手把这个肉放在展示台上就是祭，用我们今天话来说贡桌，祭就是这个意思，祭祀就是这样。我们可以看得出来，在家里从事的祭祀活动是十分庄重、十分慎重的一个活动，不能随随便便的。所以如果我们望文生义来理解监察的话就是一种十分郑重的检察。

在我看来，所有的法律就是解决这四个字以及因为这四个字所引发的问题，就是权利和权力，权利是私权利，权力是公权力，由公法解决，法律最关心的就是给它们划一条界限,让它们各自清楚自己的边界在什么地方,各自应当如何来执行,作为监察来讲最核心一点就是要解决这个问题。修改后国家权力分为四种,立法权、行政权、监察权、司法权。立法权所追求目标是民主,所以一个法律能不能少数服从多数,只要多一票就能够通过,所以它追求民主,行政权追求目标是效率,司法权追求目标是公正,那监察权追求的目标是什么?我反复研究过,到现在为止没有人提出来,我个人认为监察权所追求的价值目标就是廉洁,它以廉洁为价值目标,为了实现廉洁,可能会采取一些我们认为稍微有点过分的手段。我们可以看得出来,我们相应给他配置的决策手段也不相同,我们的立法权配置的决策手段是民主集中制,所以这个法律能不能得到通过,要不要修改,人大来投票来表决,人大表决通过了就行了;而行政权追求的价值目标是效率,所以我们宪法和政府组织法当中给行政权所规定的首长负责制,一个人说了算,而我们司法权为了保证公正,我们设计的决策机制是两审终审,为什么一个案子一审法院审了之后还要经过二审法院审,有的国家有三审,就是为了实现公正,这是我个人认为必须要划清的。监察法把价值目标定位在廉洁,因为我们国家现在说监察法是反腐败的法律。这里面涉及一个问题,如果确定是为了实现廉洁,很多问题我个人认为就可以理解了,如为什么要采取一些强有力的手段。现在监察过程当中打击措施很多,但是防范用得很少,现在反腐败大家都知道打击用得太多了,但是我们监察机关很少认真来思考如何防范。我个人理解现阶段监察机关来不及开展防范腐败的工作,现在是灭火,防火的工作来不及做,如果把这波火灭掉以后将来有可能才腾出手来防范,而我们大家都知道你要消灭腐败,按照克里特加德的观点,两个方式,第一铲除腐败条件,第二消除腐败动机,让官员腐败的机会没有了,腐败条件没有了,让官员不产生腐败的动机,就算有条件也不腐败。

如何才能够做到铲除腐败条件?即不让官员有腐败的机会,道理很简单,就是要防止官员做了决策以后还不需要承担责任,如果一个地方官员能够灵活自由地行使权力,行使权力以后还不需要承担法律责任,这就产生了腐败的条件。如何消灭官员的腐败动机?很简单,要让不腐败之所得大于腐败之所失,说白了就是官员得到的好处比他失去的要多,这样他就不会腐败,而我们现实生活当中往往出现的问题就是腐败之所得大于腐败之所失,再加上还有一个查处的百分比。比如现在惩治腐败抓得很严,现在抓出来的腐败率是5%还是95%?如果我们是5%的话,每个官员都会想我这一辈子在官场上运气还好,才抓到5%,我难道不会成为运气好的95%？风险一计算，腐败划算。反过来如果我们抓到腐败的对象是95%，只有5%能够逃脱，或者我们能够达到99%，只有1%的人能够逃脱，那我们想，99%的人能够被抓到，我不可能成为幸运的1%，这样他就不敢了，反腐败只要把克里特加德的两个公式明白了就可以了。

刚刚说过监察制度是往政治路上走还是往法治路上走？二者不一样，如果把它作为政治机构来看待的话，个人观点，我们建立监察机制应该用的就是政治思维，用政治思维来解决这个问题，如果我们把它当作是法律机关，那么我们应该是法治思维。监察法还应该按照法治的思维来讲，不应该仅按照政治的思维来讲，或者说按照政治思维这可能是起始阶段，最终改革的目标是什么现在我们看不清楚，所以习近平总书记才讲要深化监察体制改革，不是改到现在不改了，还要继续深化，将来按照什么方向发展还要看。

第二个问题来了，吴邦国同志报告的法律体系当中没有监察法，监察法归到哪儿？我觉得就应当是独立的法律部门，也就是说，监察法不属于宪法和宪法相关法，不属于行政法，不属于民商法，不属于经济法，不属于社会法，不属于刑法，不属于诉讼和非诉讼法，它自己独立。我个人认为如果要让监察法真正发展，作为纯粹学者来讲就必须和过去研究切割开来。

二、监察法产生的条件已经形成

为什么监察法产生的条件已经形成？一般认为法学的产生要具备两个条件：一是要积累一定的研究资料；二是要有一批专门的法学家或者要有一批专门的人才，这样一来我们就可以理解了。我们法学有没有研究监察法的研究资料？我在实践当中也有人经常来问，西方国家的监察制度如何，我们的监察制度又是如何，我给他们讲，你们错了，为什么？因为我国现在的监察制度的产生需要有一个理论来源，它是来自西方还是来自东方？我个人研究以后得出结论，我国监察制度的来源更多借鉴于中国古代监察制度，借鉴了御史台制度的思想，不是借鉴西方国家的监察制度。我国从西周时期就已经有了御史台，然后逐步发展，历朝历代都注重这个问题，御史台制度代表了这个，所以历史上已经积累了这个资料。我们现在制定监察法过程中已经形成了一批法学家，原来研究行政法的学者多多少少现在已经触及了监察法，要么是写的文章，写的著作，要么就是我们讲授监察法宣传监察法，而且形成了一个群体，这个群体已经很庞大了。国家监察法制建设需要专门的人才,专门的人才是否需要设立一个专业呢?我个人觉得有商榷的必要。所有的本科学生都应该学一样的书,到了研究生阶段要培养专门人才,就按照他的兴趣爱好来培养,没必要限制他,因为研究生阶段学生有自我的判断能力了。监察法是中国现有法律中最特殊的法律,它有这么几个特性:第一,兼具法律和政治性,法律规则和政治规则交织在一起,有些东西没办法用纯粹的法律思维来看,比如监察法既要对违法行为、犯罪行为进行监察,也要对违纪行为乃至对公职人员的道德行为实施监察,法律是法律,道德是道德,我们应该区分开来,违反法律不一定违反道德,违反道德也不一定违反法律,所以这个问题必须要解决清楚,但是监察法两者都要管。第二,它所解决的是国家对公权力的监督,解决的是权力和权力之间的关系问题,我们说的要硬碰硬的监督,如果监督权比被监督权还软弱这肯定不行,所以必须在制度构建当中使监督权强于被监督权,只有这样监督权才能发挥它的效应,否则它没有办法发挥效应,当然也有学者主张,权力来监督权力,这种实际上讲不通,所以中国讲老大难问题,要有一个更强的权力来解决,没有一个大的权力解决不了问题。第三,监察对象也很特殊,这个问题不是靠一个逻辑靠一个标准就能够定下来的,必须要有具体的专门的规定,这个问题才能解决。比如监察法到底能不能管以前的问题,我们国家的监察法是 2018 年 3 月 20 日公布生效,那 3 月 20 日以前的问题是否可以实施?我个人认为它复杂,由于复杂必须当成一门专门的学问来研究,如果简单它就不需要解决了。

最后,我们要构建一门独立的监察法,必须要切断这几个法律部门之间的关系:第一,要把宪法和监察法的关系切断,要隔离开;第二,要把监察法和行政法之间的关系切开;第三,要把监察法和刑事诉讼法切开,把这三对关系构建好我们构建一个独立监察法就能够成功了。现在难就难在研究监察法的人也就是研究这三个法的人。换句话说,学者要自己对自己革命,学者也要刀口向内,刀刃向内,把自己不该干的活划掉。

三、监察法的内容

监察法到底应该包括哪些内容?我认为监察法可能应该包括六个方面的内容。第一个是监察基本法。监察基本法去年 3 月 20 日已经公布了,这个没问题了。第二个是监察组织法。监察组织这个组织架构怎么来架构?第三个是监察官法。中央已经定了,监察官法已经开始起草了。第四个是监察程序法。第五个是监察证据法。如果监察证据法没有的话起码要有一个问题,就是法律要认可。第六个是监察救济法。如果对监察机关采取的监察措施不服有异议怎么办?我认为也应该提供救济。

另外一个问题即党内法规,党内法规现阶段也是理论研究的一个重点,但是我也注意观察了研究党内法规的人,现在都是公法学的,私法学者不关注,党内法规的问题涉及一个问题:纪检和监察合署办公,但是严格意义上来讲纪检和监察可以作适当的区分,现在把它放在一起,感觉在监察委工作或在纪检工作一点党内法规不知道也不对,反过来搞纪检的干部一点监察法知识不知道这个也不对,这就导致我们刚才所说的可能它是政法的综合体,既要有政治的东西又要有法律的东西,但是这样一来同学们学习的难度太大,如果把党内法规作为监察法的一个部分的话将来问题就来了,法律资格考试要把党内法规纳进来,这一系列的问题个人认为都可能会影响到我们实践当中的做法。

这里有个问题还要注意,一个学科体系和一个教学体系是有差别的,要区分开来。我个人认为监察法学整个构想应该从六个方面或者"6+1"来考虑,但是如果把党内法规考虑进来的话问题又来了,党内法规的范围到底包括哪些?党内法规的体系也很庞大。

主持人:大家首次听到了,我也是首次,监察和检察这个词的词源,我从来没有考察这个,杨教授展示了这个词怎么来的。关于监察法的性质,大家都谈论了监察机关是政治机关,还是法律机关。我认为这个问题杨教授解释非常清晰,比如监察机关是一个政治机关,我们要有政治思维,就是要讲等级,要讲服从,要讲环节。如果是一个法律机关要有法律思维,要讲公平公正,这个解析非常清晰。监察委很特殊,是政治机关,同时又是法律机关是国家机关,这个解析我认为非常清晰。杨教授认为从五个方面展示了监察法学成为一个独立的法学学科,条件已经成熟了。而且,杨教授对监察法学内容看得很清晰,独立监察法学几个部分比较清晰,按照行政法体系,监察官法相当于行政主体部分,因此基本法、组织法、证据法,后面是救济法,还有一部分责任法会不会有?这可以研究,至少主要部分很清晰了,既然我们是同步,所以我们共同努力来完善这个体系,推进我们国家监察法制监察法学的发展。

胡荣:杨教授以问题为导向,从监察法应该归于何处,监察法需要什么这两个方面着手,阐释中国法治需要独立的监察法,他做出一个判断,这个判断就是目前我们监察法学产生的条件已经形成,同时,阐述了监察法学的独立性要切断和宪法、行政法、刑事诉讼法的关系,最后提出建立独立监察法学的构想,让我收获颇多。

这个题目叫作构建独立的监察法学,独立的也就意味着我们以前可能会有这方面的监察学,可能以前叫作行政监察学或者纪检监察学,但是并不具有独立性,我们怎么让监察法学现在成为独立的学科呢?我一直在思考这个问题,一个学科要独立出来,可能要有一些条件、有一些标准的,我记得美国有一个世界理论体系的创始人也是社会学家叫沃勒斯坦(wallerstein),他提出一个学科成为一个学科要涵盖三个方面内容:一是要有学术范畴,也就是明确的研究领域,包括研究范畴和研究方法;二是学科要有组织结构;三是学科是一种文化,包括它有区别其他学科的学术论证,有特定的学术风格以及陈述模式等。比照这样一个标准,监察法学要成立一个独立的学科我很赞成杨教授的判断。

学术范畴方面的研究对象主要是研究基础理论、监察法学基本制度以及监察法的实践问题,它的理论有这么几个基点,一个是权力监督,一个是民主集中制,另外是法治原则,还有人权保障原则。范畴的话应该有几个,一个是监察法和监察法治的关系,另外是监察法和监察对象的关系,还有监察行为和他相匹配的监察责任的问题,这是学术范畴。关于研究方法,我觉得当下要注重两个方法:一个是监察法教育学,因为监察法立法模式和其他模式不一样,是采用综合立法的模式,设置了组织法、证据法,同时又充满了很多政治概念,有一些立法比较粗糙存在很多漏洞,因此我们应该要站在一个法教育学这个概念出发对它进行体系化的解释工作,做到逻辑和理论的融洽性。另一个要强调方法,因为监察法现在已经在具体运行,存在很多实践问题,我们怎么解决?我们只有深入社会当中,然后提炼发掘解决方法,比如刑诉还有刑法衔接问题,等等。

赵天宝①:考证是法律史善于用的方法,杨教授从考证开始,首先论述中国法制建设的必要性问题,然后就论述了现在可能性问题,因为条件已经成熟,有五大条件,接着论述三个学科,要成为独立学科必须有所区别,最后设立监察法学的体系框架。我个人认为监察的廉政目标,今天发言中也提到监察和反贪是硬币两个方面,只有监察才能廉政,这是创举。

杨教授认为我们设立监察法会不会减少腐败机会或者消灭腐败动机,尤其是

① 赵天宝,西南政法大学人工智能法学院教授。

对于消灭腐败动机提出一个方法让腐败所失大于腐败所得，再次请教一下这个问题。第二个问题杨教授说到监察法学产生条件已经形成的时候强调一个是管理面宽，既管道德又管法律，提出监督权要强于被监督权，这没有问题，但是现实当中存在对违法犯罪行为去监督就可以，但是到金字塔的顶端的时候如何设计监督最高监督权，因为监察上级很难，杨教授解释一下如何设计这个路径？

杨临宏：法律研究方法是我们在讲西方的方法，在我看来中国这套方法体系不完全接受西方，也没有完全比照西方，或许有一部分学者是按照西方的规范学科体系来构建，也有一部分不按照这个学科体系来构建，比如法社会学的问题，法社会学从名称上就不属于法学，法只是定义，法社会学的核心落脚点在社会学，所以我们有一些学者喜欢用这个方法，也有不少学者不喜欢用这个方法，弄得不好过多偏向社会学。云南大学研究比较好的就是民族法学，但是现在研究民族法的人很少。不同的学科会有不同研究的方法，但是就我们国家来看我个人认为也没有几个方法，大家都是共同的。

关于顶端监督的问题，这个世界上永远不会有最顶端的问题。日本"二战"以后修改宪法，"二战"以前皇室的财产是私有的，但是"二战"以后为了防止大家对皇室行贿，就改成皇室的财产属于国家所有，如此皇室的腐败就少了。但是反过来英国不一样，英国王室的财产是私有的，女王可以炒股，她有自己的财产。不同的国家有不同的性质，这不是监察法的问题，只能靠完善一个国家的宪法基础，靠监察法解决不了这个问题。另外一个就是关于如何让腐败之所失大于腐败之所得，说白了就是要让腐败者得不偿失。让他得不偿失的方法可能核心有两个：第一个是提高破案率，提高破案率这个问题就很麻烦，刚才我说了我们破案率到底是百分之几，谁都说不清，为什么？因为我们所看到的是已经揭露出来的腐败，还没有揭露出来的腐败有多少？第二个是加大打击的力度，我个人认为现在国家打击力度应该够大，但是打击的是否公平？比如一个乡科级干部可能贪污了十万元就坐牢了，如果是厅级干部，他十万元退回来可能就没事情了，这就涉及不公平的问题，这样的话我个人认为主要的方法就是提高破案率和加大打击力度，但是打击力度也不是严刑峻法就能够解决的问题，世界上没有任何一个国家能够杜绝腐败，可能更多问题还是重在教育，所以香港反腐败靠的就是从娃娃抓起，从小教育怎么反腐败，那个才是真正的反腐败。

问题一：目前党内的法规政策文件很多，也很碎片化，是否有可能党内法规政策文件实现内党化,与法律体系二者之间的价值追求对接是否容易,最后就是对犯罪标准和违纪标准的评价。

问题二:国家监委聘请了第一批特别的监察员,想问您对这样制度有什么看法?第一批监察员身份非常特殊,他们可以对监委进行监督,同时对一些公职人员进行监督,您对他们选择对象及他们的工作职务范围有什么看法?第二个问题是关于国家监委与当前农村村委监督委员会之间是否可以达成工作的联系或者新的机制,因为现在比较特殊,既要扶贫攻坚又要乡村振兴,国家又提出建立健全村监督委员会,是否对接到国家监察委员会这个问题?

问题三:您提到要建立独立的监察法学,监察法应该与其他的法律进行切割,对这个提法我作为一个曾经的法律人有一点商榷的意见,因为《监察法》第33条明确规定,监察机关依照监察法规收集的证据材料在刑事诉讼中可以作为证据使用,监察机关在收集固定审查运用证据的时候应当与审判关于证据的要求和标准相一致,以非法方法收集的证据要排除,不得作为案件处置的依据,个人认为监委取证依据也是刑事诉讼法以及高法制定的刑事诉讼解释和高检制定的刑事诉讼规则,监委取证应该是依据这三个标准进行取证,如果切割,以审判为中心的模式下如何法法衔接?

杨临宏:刚才这三位实务部门同志提的问题,第三个问题,我们所说的切割说法只是在研究的时候。如果你真的对监察法感兴趣了你就研究监察法,刑事诉讼法你就不要去做,刑事诉讼法不要研究了,包括研究行政法的将来要忍痛割爱,以后专门来干监察法这个事情,不是完全扔掉不要了,法律相互之间是没办法切割的。另外一个问题是村里面监督委员会能不能和监委对接起来,我个人认为对接不起来,因为村监督委员会是自治组织内设的机构,不属于国家机关的范围,但是工作上可以建立一些机制,比如通过村里面的监督委员会得到一些案件线索,建立工作的联系机制这是可以的。至于说要聘请一些特约的监督员或者要聘请这些顾问,更多的是要解决复杂疑难的问题,可以借助外脑这种机制,但是中国的监督员如何发挥作用也是值得研究的。

党内法规能不能形成一个体系?我个人认为这是肯定的,党的各种规定越来越多,多了以后要查找执行起来比较困难,我个人认为等到将来发展到一定阶段形成一个体系这是有可能的。那么形成体系以后它和一个国家的法律是什么关系?个人的观点是这样的,涉及公职人员的法律法规执行的是纪检监察部门,在执行过程当中党内法规只能针对党员来要求，对于非党员或者非领导干部就不能执行了，而国家法律按照监察法适用的人是公职人员，前提是拥有公权力。另外违法和违纪怎么区分清楚？大致来讲就是根据情节严重，情节严重达到一定程度属于违法，达到一定程度属于违纪，这种区分标准可能就要看有关部门的法律解释了，比如说闯红灯算不算违法？算不算违纪？这涉及闯红灯罚款是否通知单位，如果通知单位监察机构是否要介入。

问题四：自古以来的朝代几乎用公权力来着重监督公权力，有权力都会产生腐败，有可能产生腐败的权力来监督权力，为什么不采用没有腐败可能的私权利来监督权力呢？

杨临宏：用权利来监督权力，第一你没有能力发现，从什么地方发现出来？假定有一波人违反八项规定大吃大喝，你怎么监督？第二就算你知道吃喝的地方但人家有门卫你进不去，你没办法进去，但是由公权力来监督可以采用强制手段，只有利用公权力介入才有可能，当然调查个人手机信息这也是要依法进行了，所以用私权利来监督公权力我个人认为所产生的效果还没有公权力监督公权力好。至于说私权利会不会腐败？这个值得思考，因为我们一般研究的腐败是公权力腐败，私权利的腐败我们一般不叫腐败，一般叫私权利会被滥用。比如我个人作为消费者，我有消费者的权利，我不正当过度运用这些权利也可能导致滥用，所以公民行使自己合法权利的时候不得损害国家集体和他人的权利，私权利有可能被滥用，但是我们不能叫他是腐败。

问题五：在构建独立监察法学的时候，在出台之前就提前进行构建，研究的学者主要倾向于宪法行政法领域，我们如何脱离现有理论构建监察法学？

杨临宏：个人认为不管哪一个学科，有些理论是相通的，我们没有办法把这个学科和那个学科划清楚，任何一种划分是相对的，找不到对的方法能够区分开来，比如我们研究公法的是否不借助私法的理论，这个有可能，反过来研究私法的人涉及公法的问题，像这种情况就值得来研究。在实际当中如何利用其他的理论，可能要进行认真梳理，哪些理论对我们构建监察法有利，哪些理论对我们构建监察法可能有参考价值，这些问题要认真梳理，到目前为止个人认为我们目前还处于盲期。

问题六：讲座题目是构建独立监察法学体系，我是否可以理解为独立起来之后监委独立行使监察权，和法院和检察院分割开来。从对象来说监察法是监督国家公职人员,针对的主要是公权力,可不可以后来把它对象加上私权利,这是对监察法定位的困惑。还有一个小问题,您说现在监察法学体系主要是对于古代监察制度的传承,但是王岐山副主席非常欣赏像新加坡还有香港的反腐机制,就像香港的廉政公署,高层对于一个体系架构倾向于向这样已经有先进体系的一些制度学习,你的想法是?

杨临宏:监察法学体系是理论上的体系,不是要求把监委独立和其他部门不搭界,不能这样理解,我们现实生活当中,监察法赋予监委处置权,但是最终处置以后如果需要追究法律责任需要检察院起诉,由法院来审判,所以是不能绝对独立出来。在香港也是这样,廉政公署只有调查权,调查完了以后要移交给香港律政司来提起公诉,但是律政司是代表香港政府起诉这个人,最终由法院来裁定。至于借鉴中国古代监察制度的思想和借鉴西方国家监察制度的思想,应该说肯定两者都有。如瑞典议会督察专员制度,监察体制是作为议会的部分,而我们国家是独立出来;香港的廉政公署是政府反腐败机构,本身也是特殊时代的产物,是应急制度,最后搞成为常设机构。

主持人:监察法内容体系非常庞杂,监察法既是独立法律部门,也与经济法、行政法等等有联系,所以我是同意杨教授的观点,预测监察法会成为一个独立的法律部门,与此相应监察法学会成为一个独立的部门。

谭宗泽:独立监察法学,是指监察法学作为一个学科的独立性,而不是监察法的独立性,监察法学科一定是一级学科下的二级学科,和其他所有法都不可分割,只不过因为研究对象具有独特性,研究方法具有独特性,在特定历史时期中间又不能够和相似度比较高的刑事诉讼制度、刑法学、行政法学、公务员制度等完全归并,从这个角度来讲监察法学作为独立的二级学科没有异议。法学是一门基础性教育,独立的监察法学科,其实是明晰研究方法或科学的研究方式,并不是和其他学科没有关联,关联非常深,血和肉的关联,这是学科问题。

目前对监察法和监察机关的行权的确有两种比较明显不同的观点:一种观点是比较明确地认可监察机关的政治机关地位,比较明确地认可监察机关在执行国家监察法履行反腐倡廉的国家使命上面所应有的超然态度和集中高效的反应能力。另一种观点认为强调是国家机关,注意到监察机关也是通过人民代表大会选举,监察法第3条也讲得很清楚,国家专司反腐的专职机关。监察机关定位是国家机关,政治机关是本质属性,也是作为中国共产党领导下的政治机关。监察机关应该既是政治机关又是法律机关，监察机关的行为应该是决策的政治性和行为的法律性，监察机关在处理个案的时候一定要经得起法律的检验、纪律的检验，如果纪律部分是内部法律关系的话，要移送审查起诉追究刑事责任一定是经得起检验的，因为进入刑事诉讼之后律师就可以介入，监察法第33条讲得很清楚，要按照审判的要求来举证。现在来看监察法才实施一年，各地的实践经验还逐渐挖掘，相关的问题也逐渐在凸显，需要持续观察。

监察前沿

监察调查措施的策略问题研究

管光承　龚　正*

[摘要]　同样是讯问措施，有的办案人员费尽心血也无法“撬开”被调查人员的口，而有的办案人员却能察言观色，灵活运用策略技巧轻而易举地让被调查人认罪服法，主动招供。为何相同的措施会产生不一样的结果呢？究其原因不在措施本身，而在于使用措施的技巧和方式方法。监察法规定了十二种调查措施，正确用好这十二种调查措施是破解职务犯罪案件查处难的关键。本文通过对调查措施在初核、立案调查阶段的不同特点，并结合实务中相关案例进行分析，探索了适合调查人员使用的策略，希望借此能够提高调查人员查处职务犯罪案件的效率。

[关键词]　监察机关　调查措施　策略技巧　证据获取

一、监察调查策略概述

（一）监察调查策略的含义

“策略”源自我国古代的军事思想，是古人关于作战方法的智慧结晶。在《现代汉语词典》中“策略”的定义有两种：第一，根据形势发展而制定的行动方针和斗争方式；第二，讲究斗争艺术，注意方式方法。①

对于监察调查策略含义的界定，应当将其限定在特定的范围以内，根据监察法的规定，“监察调查”特指“监察委员会对涉嫌贪污贿赂、滥用职权、玩忽职守、权力寻租、利益输送、徇私舞弊以及浪费国家资财等职务违法和职务犯罪进行调

---

* 管光承，西南政法大学刑事侦查学院教授；龚正，西南政法大学行政法学院2018级硕士研究生。

① 任惠华、熊鑫：《侦查策略概念探析》，载《四川警察学院学报》2009年第6期。

查”。从上述规定来看,监察法明确了监察调查的主体、对象。我们再来探究监察调查的目的,即:为了获取被调查人违法的证据材料,以查明被调查人的行为是否构成违法以及是否追究其刑事责任。

通过上述分析,我们试着给“监察调查策略”下定义,即:监察委员会在收集关于涉嫌职务违法和职务犯罪行为的证据材料时,所运用的智谋艺术和方式方法。

(二)监察调查策略的要素

1. 监察调查策略的主体

监察调查策略的主体既包括制定监察调查策略的人员,也包括实施监察调查策略的人员,此外这些人员还需要具有特殊的身份条件,即监察委员会的工作人员。

在职务犯罪案件中,很大一部分是从人民群众的举报中挖掘出来的,因此各地监察机关需要依靠人民的力量,和广大人民群众站在同一条战线上,共同打赢“反腐败”的胜仗。但是需要特别注意的是,在实践中个人和单位为了收集证据,举报涉嫌职务犯罪的国家公职人员,可能也会运用到各种调查策略。但是个人和单位不能成为此处监察调查策略的主体。因为普通的人民群众不具有公职性,能够获取的仅仅是犯罪线索,不能将其提供的线索作为犯罪证据直接使用。这与监察调查策略的目的——“获取的被调查人职务犯罪证据材料”不同,因此个人和单位在这里不能成为监察调查策略的主体。

2. 监察调查策略的对象

广义上监察调查策略的对象包括监察调查行为所指向的人、事、物、场所。“人”指的是被调查人、证人、被害人以及其他相关人员。根据监察法第 11 条的规定,“事”是指“监察委员会对涉嫌贪污贿赂、滥用职权、玩忽职守、权力寻租、利益输送、徇私舞弊以及浪费国家资财等职务违法和职务犯罪进行调查”。“物”指的是赃款、赃物以及相关的实物证据。“场所”指与职务犯罪行为相关的地点。

狭义上监察调查策略的对象特指:涉嫌职务违法和职务犯罪的国家公职人员。

3. 监察调查策略的载体

监察调查策略的载体指的是监察调查的行为。策略最基本的目的便是为行为服务,本质上策略就是一门行为的艺术,无行为便无策略。监察法对监察调查的行为作了具体的规定,其中监察人员可以实施的法定调查措施包括谈话、讯问、冻结、留置等十二种。需要特别注意的是，对于监察人员实行规定的十二种措施以外的措施的行为，应当进行相应的限制，对于其中的强制性措施应当进行严格的限制。

4. 监察调查策略的目的

监察调查策略的目的是监察人员通过监察调查行为所要达到的预期效果。根据目的的种类，可以分为整体目的与个别目的、主要目的与次要目的。整体目的指的是查明案件事实、获取犯罪证据，抓获犯罪嫌疑人；个别目的是为整体目的服务，通过将整体目的进行分解，以完成整体目的。主要目的和整体目的一样，是通过相关的策略查明案件事实、获取犯罪证据，抓获犯罪嫌疑人；次要目的是通过监察调查的手段达到预防腐败、法制宣传、廉洁文化建设等目的。

（三）监察调查策略的本质

同样是讯问措施，有些办案人员费劲心血也无法“撬开”被调查人员的口，使案件查处陷入困境，而有些办案人员却能轻而易举地让被调查人员认罪服法，主动招供。为何相同的措施会产生不一样的结果？究其原因不在措施本身，而在于使用措施的技巧和方式方法。监察机关处理的案件，多是高智商犯罪，犯罪人的行为多具有预谋性。往往在实施行为前，就早已经想好了相关的措施应对监察人员的调查。因此监察调查办案人员与被调查人员之间，进行的其实就是场没有硝烟的“战争”，在这场斗智斗勇的“战争”中决定成败的关键就在于“策略的运用”。明朝的军事家刘伯温指出：“用兵之道，以计为首。”策略不仅在古代战争中地位重要，在现代这场特殊的“战争”中同样重要。就其本质而言，监察调查策略就是让监察人员在调查职务犯罪案件中取得胜利的方法论。

（四）监察调查策略的特征

1. 有效性

“有效性”是监察调查策略中最根本的特征，策略的最基本任务便是为目的服务，如果无法达到调查效果，那么该策略便是失败的策略。“有效性”作为监察调查策略的最根本特征，要求调查人员充分发挥主观能动性，根据案件的具体情况制定出正确的调查策略，科学地进行决策和部署。此外，调查策略要达到有效性，除了需要承继千百年来职务犯罪侦查人员的智慧结晶，还需要调查人员掌握心理学、逻辑学、犯罪学等多个学科的知识，综合运用，才能高效地解决实践中所会遇到的调查难题。

2. 合法性

"合法性"是监察调查策略的前提条件,这既是出于保护社会和国家法益的要求,同时也是出于保障人权的要求。监察法第八章对于监察人员的法律责任作了具体的规定,要求监察人员必须将自身的行为限制在法律规定的框架以内,否则将受到法律的惩罚。除了需要遵守监察法的规定,对于刑事诉讼法、刑法等法律的强制性规定,监察人员也必须严格遵守。"合法性"要求监察人员在制定监察调查策略时,必须考虑到保障人权的需要,不得实施虐待、体罚、变相体罚等法律所禁止的行为。

3. 灵活性

"灵活性"是监察调查策略的基本表现,因为具体案件所涉及的调查对象、事件、情节不同,决定了没有任何一个策略可以绝对地适用于所有案件。首先,在策略的选择上,应当根据具体的案件进行具体的分析,选择正确的策略。其次,在策略的实施过程中,应用辩证的眼光看待问题。调查过程是一场斗智斗勇的战争,随着案件调查的深入进行,一开始选定的调查策略可能会出现与现实情况脱节现象,这就要求我们的调查策略随着现实环境的变化而变化。

(五)监察调查措施与策略之间的辩证关系

从分工的角度来看,监察调查措施与监察调查策略两者是"工具"与"手段"之间的关系。"监察调查措施"承担着"工具"的角色,"监察调查策略"承担着"手段"的角色。"工具"的价值是通过"手段"来实现的,如同"留置"的适用方法失当,则有可能侵犯人权。而适用方法适当,则能有效地限制嫌疑人的不法行为。"留置"本身并不能决定调查效果的好坏,真正能够决定调查效果好坏的是"留置"的使用手段。因此监察调查策略的使用是否得当,直接决定着调查结果的成败。①

从作用的角度来看,两者相互依赖,相辅相成。如同在射击比赛中,枪手要想取得好成绩,不仅需要有一把好枪,同时也需要拥有使用好枪的技巧。所以在监察调查的过程中,监察人员既需要选择适当的调查措施,同时也需要运用好调查的策略,这样才能发挥出两者的效果。比如,案件已经到了立案调查阶段对嫌疑人仍然采取"谈话"的措施,无疑是给了犯罪嫌疑人毁灭证据、串供的好机会。正

① 王家恩:《论侦查策略与侦查措施之关系》,载《福建警察学院学报》2016年第2期。

所谓“巧妇难为无米之炊”,再好的策略,如果调查措施选用失败,最终也只会是徒劳一场。

二、初核阶段所运用的调查措施及其策略

根据监察法的规定,现在监察调查的措施为“12 +3 模式”,即 12 种基本措施(谈话、讯问、询问、查询、冻结、调取、查封、扣押、搜查、勘验检查、鉴定、留置)加上 3 种附加措施(反腐败国际合作、限制出境、技术调查)。因为在初核、立案、结案三个阶段,使用调查措施的种类会有所限制,同时策略的运用也有不同的原则和特点,所以本文将调查措施分为初核和立案两个阶段进行探讨。

(一)初核阶段调查措施的使用原则

1. 秘密初核原则

初核阶段的案件事实是不清晰的,监察机关所掌握的犯罪证据在这个阶段也不充分。如果此时接触被调查人员,往往会打草惊蛇,使犯罪分子拥有足够充分的喘息时间来销毁证据、订立攻守同盟、转移赃物赃款,最终让调查陷入被动的局面。所以为了保障案件调查的顺利进行,在初核阶段某些需要直接与被调查人进行接触的措施应当相对的禁止(如冻结、搜查)。

秘密初核还要求调查人员必须遵守保密协议,保密的内容包括以下几个方面:(1)对线索、案情保密;(2)初核行为在秘密状态下进行;(3)原则上不得触动被调查人员;(4)不得泄露举报人的情况。①

2. 迅速及时原则

在初核阶段监察人员所获取的违法线索,应尽快进行核实,否则随着时间的推移会加大证据查证的难度。首先,职务犯罪案件中犯罪人多会将违法行为通过表面合法的手段进行掩盖,随着时间的推移对于该违法行为的排查量会越来越大。这就要求我们的办案人员及时对举报以及查处的线索进行处理。其次,在职务犯罪案件中,被调查人地位高、关系网密,对于举报人的线索处理不当,举报人因害怕被报复,在之后的调查中可能会不配合,甚至是作伪证。

3. 初核适度原则

初核阶段的工作是为立案做准备的,初核阶段只要达到可以立案的标准就应

---

① 尹立栋:《职务犯罪初核标准化体系》,中国检察出版社 2014 年版,第 15 ~ 17 页。

该结束了。首先,初核阶段持续的时间越久,目标暴露的可能性越高。其次,初核阶段能够使用的调查手段有限,且不具有强制性,不利于证据的查处和保全。为了提升调查的效率,加速案件的侦破,当犯罪事实认定充分,需要追究犯罪人职务违法犯罪责任时,就应当及时立案,对犯罪分子、赃物赃款采取强制手段进行控制。

4. 保障人权原则

监察机关的调查措施具有一定的强制性,在初核阶段案件事实不清晰、线索不确定,对于犯罪事实存疑的被调查对象采取强制措施,极易侵犯他人的人权。所以在立案前对于剥夺人身自由、财产权利等强制性措施(如讯问、冻结、搜查、留置、限制出境、技术调查)应当进行严格限制。

综合保障人权与秘密初核的准则,初核阶段可以运用的调查措施主要有谈话、询问、查询、调取、勘验检查、鉴定。

(二)初核阶段获取犯罪线索的策略

1. 谈话措施的谋略与技巧

(1)谈话的特点与目的

谈话措施是我国监察体制改革的一项特色成果,源自纪委的谈话制度。谈话制度的设计本身不具有惩罚性,初衷主要是对可能发生职务违法的监察对象进行批评教育、提醒警示,将职务犯罪的苗头扼杀在摇篮里。监察机关行使的"监督、调查和处置"职能中,监督是最主要的职能。① 谈话制度充分体现了监察机关监督的职能,对于有职务犯罪倾向的公职人员,监委的提前介入约其谈话,能够让谈话人充分认识到自己的错误,积极改正。

谈话制度本身具有柔和性,它是所有监察调查措施中惩罚力度最轻,对被调查人员影响最小的一项措施。对于那些长期身处高位、社会地位高的国家公职人员来说,谈话的方式不仅能够保障自身的合法权利,还可以不影响自己的正常工作。所以谈话措施,在实务中通常能够得到约谈对象的积极配合,减少调查过程中所遇到的阻力。

通过谈话的方式,调查人员可以了解谈话人的思想状况、经济状况、社会关系等内容。根据谈话的内容调查人员可以与手中所掌握的线索进行佐证,从而对案

① 马怀德:《中华人民共和国监察法理解与适用》,中国法制出版社2018年版,第75~78页。

件的真实性进行初步的判断，决定是否有开展下一步调查活动的必要，或者是否进入立案调查程序。对于某些职务违法行为，情节轻微，不需要追究刑事责任的，谈话措施还可以直接作为处置的一种方式，对当事人进行批评教育、提醒警示。

(2)谈话措施的运用原则与注意事项

对于职务违纪的案件，谈话措施的运用需要遵循"倾听为主，引导为辅"的原则。谈话过程应该让约谈人员自己主动交代问题，对于某些未交代的问题或者交代不清的问题，可以由监察人员进行引导。

谈话措施的运用需要特别注意以下几点：第一，不得任意打断谈话人的讲话。这样做能够保障谈话内容的连贯性，更有利于厘清案件的发展脉络。同时给谈话人充分供述的机会，更能使其认识到自身的错误，充分发挥教育、挽救的作用。第二，对供述的内容要进行深究。出于趋利避害的心理，多数谈话人会对自己违法犯罪的事实故意隐瞒或者做虚假陈述。这需要监察人员认真倾听谈话人讲话，从中发现破绽，并以此为突破口进行深究，打消谈话人的侥幸心理。第三，不得过早透露自己所掌握的线索。在实践中，职务犯罪通常都是一个长期的过程。举报人举报的内容、监察机关所掌握的线索，可能都只是谈话人职务犯罪行为的"冰山一角"。实践中也存在大量的案件是从职务违纪的调查出发，从而挖出嫌疑人的职务违法行为。所以监察人员手中所掌握的线索，就是与谈话人进行谈判的底牌。如果过早亮出底牌，谈话人往往会就轻避重，只交待监委所掌握到的案件事实，而对深藏在"冰山"底下的事实闭口不谈。

值得特别注意的是，谈话的对象仅限于国家工作人员，无国家公职身份的普通公民不能成为这里的谈话对象，但是属于询问的对象。

(3)谈话措施在调查职务犯罪中的运用

在涉嫌职务犯罪的案件中，谈话措施的运用应该进行隐藏，与被调查对象尽量不要进行正面对抗。不同于犯罪情节轻微的职务违纪、违法案件，职务犯罪案件中嫌疑人需要承担刑事责任，由于刑事制裁自身的严厉性，在实务中通过谈话方式能够主动交代自己犯罪问题的嫌疑人非常少。同样刑事制裁的严厉性也导致嫌疑人与调查人员之间的对抗性比较强。采取谈话措施，意味着就需要跟犯罪嫌疑人进行接触。有了正面的交锋，便很容易暴露目标，嫌疑人通常会采取隐藏毁灭证据、串供等手段来干扰监委的调查。所以谈话措施运用不当往往会弄巧成拙，增加调查的难度。但是我们不能因此就否定谈话制度在职务犯罪调查中的作用,谈话制度在初核中扮演着十分重要的角色,正确运用能够达到事半功倍的效果。

在涉嫌职务犯罪调查时,谈话可以采用以下策略:

第一,隐藏谈话的主体。根据监察法第19条的规定,对可能发生职务违法的监察对象,监察机关可以直接或者委托有关机关、人员进行谈话或者要求说明情况。对于监察人员的谈话,约谈人通常都会有戒备心理,对案件事实拒不交代或者避重就轻。然而将谈话的主体委托给被调查者关系密切的人员如单位的领导、同事等,可以减少约谈人的戒备心理,使其更加敞开心扉交代自己的问题。根据被委托人所反馈的信息,监察机关可以自行决定是否开展下一步的调查活动或者进入立案调查程序。将谈话措施委托给他人时需要注意以下几点:首先,在委托对象的选择上需要谨慎,委托对象必须满足保密性的要求。其次,需要对委托对象的行为作出必要的限制,在谈话中绝不能透露出代表监委谈话的性质,在私下也不能与被调查人员进行接触。最后,在谈话中委托对象需要携带录音设备,以防止谈话内容的失真以及谈话内容被恶意篡改。

第二,隐藏谈话的意图。在初核阶段与被调查对象进行谈话时,不能够对约谈人透露出过多的信息,以防止在立案前犯罪分子便转移、或销毁证据,干扰调查程序的正常运行。当谈话开始时,隐藏调查的意图可以减少调查中所遇到的阻力。隐藏调查意图可以采取如下手段:对涉嫌职务犯罪的约谈人进行谈话时,可以用对其进行职务晋升为名,约其谈话了解状况。同样,也可以用调查较轻情节的违纪、违法行为为幌子,来窥探其是否有实施严重违法行为的可能性。

第三,隐藏谈话的客体。某市检察院在侦查某国有物资公司总经理甘某(正处级)涉嫌贪污贿赂案件时,遭到了被调查人的强烈抵抗。侦查人员经过分析研究,决定采取"声东击西"的策略,突破调查困境。侦查人员以公司业务员向某为案件的突破口,对其进行了传唤,从向某的口中,找到了甘某贪污贿赂的关键线索,掀起了物质公司贪污贿赂的"盖头"。[①] 对于共同职务犯罪,隐藏谈话客体是一项非常奏效的措施。当主犯反侦察能力强、地位高、突破难度大时,在初核阶段调查涉案人员可以采取"迂回前进"的策略,先不与其进行正面接触,从从犯、帮助犯入手,打开案件的突破口。根据从犯、帮助犯的谈话内容,监察人员能够对主犯

---

① 邵朝模:《职务犯罪侦查破案36计》,中国检察出版社2013年版,第53~59页。

的犯罪情况有初步的了解,并决定下一步的调查措施。实务中嫌疑人的犯罪线索,很多都是从被调查对象身边反侦察能力最弱的人中挖出来的。所以隐藏真实的谈话客体,迂回前进,往往能够收获到意想不到的成果。

2. 询问的谋略与技巧

(1)建立亲和关系

亲和关系的建立能够为询问提供良好的对话环境,能快速建立起证人、被害人与调查人员的信任感、亲密度,提高询问的质量。

第一,询问个性化。针对不同的对象,询问的方式应该随机应变。如询问的对象是家庭妇女,调查人员可以先就家庭、子女、学校的情况与其进行交流。询问的对象是中年男士,可以从喜欢的运动、爱好、工作的单位等方面进行交谈,增加双方谈话的投机性,创造出舒适融洽的交谈环境。

第二,实行镜面反射行为。镜面反射行为指的是调查人员使自己的行为与询问对象的行为相匹配。心理学的研究表示,在谈话中如果一方的行为被对方反射,双方之间的沟通会更加的舒适,一方也会更容易喜欢对方。调查人员可以通过调整自己的坐姿、语言等方式,达到镜面反射的效果与询问对象快速建立起亲和关系。

第三,培养并传递同情心。受害人、证人是否愿意积极与调查人员配合,很大程度上取决于调查人员是否能够理解他们所面临的困境,并让受害人、证人感受到。传递同情心可以通过触摸询问对象、积极倾听、关心询问对象伤情病情等方式。

第四,避免过早提出质疑。过早提出质疑会让询问对象感到自己是犯罪嫌疑人,产生不安感情绪,消极配合,降低询问的质量。在询问过程中,被害人、证人在回答问题时难免会有矛盾,过早提出质疑还会打断在后面询问中的自由陈诉,不利于还原案件的真相。

(2)平衡询问控制权

为了保证询问程序的正常进行,调查人员需要对整个谈话过程拥有一定的控制权。但是证人、被害人才是询问的主体,所以调查人员对询问过程的控制又不能够过度,对话过程的重点始终应该是询问对象。对询问的控制权可以分为两个阶段,即先期控制权阶段和控制权转移阶段。

先期控制权阶段,指的是在询问开始时,由调查人员进行引导、控制,让询问对象积极参与到询问的过程之中。在此阶段,首先,调查人员必须理解证人的状况,提供关怀。当调查人员能够与询问对象之间建立起信任感时,询问对象会认识到双方是站在同一条战线上,具有共同的目标,在进一步的询问中便会更加积极的配合。其次,要控制好证人的焦虑。在询问开始前,对于表现焦虑的证人,可以引导他做几次深呼吸以达到身心放松、压力减小的目的。必要时也可以改变询问的地点、时间,让证人放松下来。最后,推迟压力性问题的提出。对于案件关键线索的询问,通常会引起询问对象的焦虑和恐惧。焦虑和恐惧会伴随询问的整个过程,在如此情绪的主导之下,证人、受害人会作出不完整叙述。所以在询问开始时应该问一些比较轻松的问题,采用"温水煮青蛙"的方式层层推进,克服询问对象的心理恐惧感。

控制权转移阶段的主要目的是从证人、受害人脑海中最大限度地提取与案件有关的线索。在这里证人、被害人的心里已经恢复了平静,调查人员与其已经产生了一定的信任感,已经具备了从询问对象口中挖掘线索的条件。此时,调查人员应该将控制权交给询问对象,并让询问对象认识到自身对于案件的重要性。首先,对于问题的提出应该采用开放式的方式,尽量让询问对象能够积极主动地回答相关问题。其次,使用平和的语气进行询问,避免询问对象产生抵触的情绪。再次,增加证人的自信,对于证人提出的线索表示肯定,认可,并表示感谢,以激励证人举报出更多的线索。最后,巧用"沉默"的手段。在询问的过程中表示必要的沉默,可以给询问对象留下充足的时间进行思考,寻找证据。同时当证人处在长时间的沉默中时会感觉到不舒服,为了摆脱这种不适感,证人会提出新的证据来打破这种沉默。①

(3)询问的提问方式和用语规范

首先,综合运用封闭式和开放式问题。开放性的问题具有还原案件事实,挖掘出新线索的可能性,但是由于缺少对回答内容的限制,证人、受害人的叙述可能会偏离主题。封闭式问题能够将询问对象带回到正确的轨道上,但是限制了问题的焦点不利于询问对象的发散思维。所以询问的提问需要综合采用两种方式:在具体运用时,应当用开放式问题开始,封闭式问题结束,其中以开放式问题为主要的提问方式。其次,在询问中避免使用负面用语,例如"你怎么会不知道""你到底

---

① 方斌:《论侦查询问中的交流技巧——以证人和被害人为中心》,载《中国刑事法杂志》2013年第1期。

有没有说实话”等语句，以避免证人、被害人产生消极的情绪，破坏良好的谈话氛围。最后，减少询问中的专业术语，根据询问对象的专业文化背景不同，询问中使用的术语应该随之调整。例如，对于给领导开车的司机，通常不会知道对冲账目、抽逃出资等会计专业术语。

3. 调取证据的谋略与技巧

在职务犯罪中，犯罪嫌疑人通常是由自己或其近亲属严密监控着相关的犯罪证据，所以证据具有易毁性、隐蔽性的特点。一旦有任何风吹草动，犯罪人或其他人便会立即毁掉或转移关键证据。所以在采取调取措施前要防止走漏风声，以防嫌疑人提前转移、销毁证据。

（1）采取调离措施

当嫌疑人权力过大，直接掌控着相关的犯罪证据时，可以采取将嫌疑人调离之计。将嫌疑人调离其所在的地区或岗位，然后趁其不在的期间抓紧时间进行系统的排查。通常系统排查的范围包括嫌疑人的办公室、单位的会计账簿等。需要注意的是，在初核阶段出于保障人权的目的禁止对嫌疑人的住所进行搜查。例如，在侦查某市市长李某涉嫌贿赂一案，为减小调查的阻力，省检察院报请当地地委安排李某前往省委党校培训班学习 25 天。在这 25 天的时间里，侦查人员从李某经手的重大市政建设项目入手，经过仔细的核查发现了其在经济往来中的造假证据。面对铁一般的事实，最终李某交代了自己受贿 98 万元的事实。

（2）先隐瞒调查意图

在对关键证据进行调取、查封时，可以先隐瞒调查的意图，暗地里对嫌疑人涉嫌的问题进行调查。比如，可以用审计机关日常查账为幌子，就嫌疑人涉及问题的会计资料进行核查，当发现其确有问题并且涉嫌犯罪时，应及时对关键资料进行调取。如需进入嫌疑人的办公室进行调查，调查人员可以伪装成单位的保洁人员进入办公室；也可以通过秘密配钥匙的方式，在夜晚潜入。对于其中涉案的关键性证据，可以先进行拍照、摄像。如需进行查封、扣押，如果已经打草惊蛇，为了避免嫌疑人销毁其他犯罪证据，同时也应立刻进入立案调查程序，对嫌疑人采取留置、讯问等强制性手段。

（3）借助第三人

监察法第 23 条规定了监察机关采取调取、查封、扣押手段时，相关单位和个人应当配合。所以当监察机关的介入确实会加大案件的调查难度时，可以假借他人之手完成证据的调取、查封、扣押工作。通过他人的手来调查证据,可以达到非常好的隐蔽效果,能极大地减少调查中会遭遇到的阻力。比如,当需要核查被调查人的单位会计账簿时,为了减少阻力可以与财政局配合,让财政局以查账的名义收集指定单位的会计资料,然后将其会计资料直接移送给监委进行审核。

三、立案阶段所运用的调查措施及其策略

(一)立案阶段调查措施的使用原则

1.“三同时”原则

在采取强制措施收集证据时,任何一项措施的运用,都必定会引起嫌疑人激烈的反应,正所谓“牵一发而动全身”。在对嫌疑人采用讯问措施时,其家属与相关知情人发现事情败露,会立马转移或毁坏赃物,以帮助嫌疑人掩盖罪行。在搜查、冻结嫌疑人涉嫌犯罪的财产时,为逃避法律的制裁,嫌疑人可能会乘机逃跑或者找关系、拉靠山为自己撑腰,阻碍调查人员的工作。所以在采用以下三种措施时应该同时进行,才能达到预期的效果。即:讯问、搜查、冻结或者留置、搜查、冻结,同时进行,多管齐下,达到让犯罪嫌疑人措手不及的目的。我们将其简称为“三同时”原则。

2. 适度原则

(1)时机适度

在对犯罪嫌疑人使用措施的火候把握得好,能为下一步的破案创造先机,打下良好基础。时机的选择需要考虑两个方面:首先是“外界环境”,在合适的外部条件不具备时,贸然采取措施与嫌疑人进行接触,可能加大破案的难度。如检察院在办理一宗贿赂案件时,决定采用强制措施对嫌疑人进行控制,可是嫌疑人这时病情恶化,急需住院治疗。侦查人员不得已采取了 24 小时在医院不间断盯梢的方式,防止嫌疑人逃跑,然而嫌疑人在侦查人员极度疲劳之际还是趁机逃跑了。其次是案件“本身情况”。在犯罪行为没有彻底完成时,就对嫌疑人采取强制措施,不利于获取完整的犯罪证据。例如,某一贪污案,调查人员,在得知有 30 万元权钱交易约定存在时,便匆忙对嫌疑人进行了讯问,但是实际上这 30 万元,还没有能够及时交付。最后,这宗本可轻易破获的案件中途流产。[①]

---

① 吴克利:《贪污贿赂犯罪侦查谋略与技巧》,中国检察出版社 2013 年版,第 67 ~68 页。

（2）对象适度

首先，立案阶段强制性措施的适用对象仅限于与犯罪相关的人员，在调查过程中绝对不能对证人、被害人使用强制措施。其次，在共同犯罪中，措施的适用应该优先选择案件中最容易被突破的人。例如，案件中职位最低，心理素质最差，与其他人矛盾最深的人。

（3）程度适度

立案阶段的强制措施使用的力度必须把握好，否则极易侵犯人权。这要求调查人员在讯问中不准采取刑讯逼供、在留置中不准虐待嫌疑人，冻结财产中不能冻结与犯罪无关的财产。监察法虽然没有规定非法证据的排除规则，但是依据刑事诉讼法关于非法证据的排除规则，采取刑讯逼供、暴力威胁等手段获取的证据是没有证明力的。

3. 全面原则

到了立案阶段，调查人员应该充分利用手中所能用的措施，对案件进行调查。使用的调查措施越多，可以获取的案件证据也就越完整，更有利于还原案件的实情。除了可以运用强制性措施以外，初核中的一般性措施也可以接着使用，如询问、勘验检查、鉴定。在调查涉嫌重大贪污贿赂等职务犯罪时，经过严格的批准手续，还可以采取技术调查措施。

（二）立案阶段获取实物证据的策略

在立案阶段获取实务证据可以采用查封、扣押、调取、搜查等措施，上文已经对查封、扣押、调取措施在初核中的运用策略做了详细的论述，为了避免重复，在这里我们只探讨搜查措施的运用策略。

1. 人身搜查的策略

首先，要做好搜查的准备工作，在对嫌疑人进行人身搜查前，必须提前了解清楚嫌疑人的基本情况，如性别、年龄、性格、是否携带凶器等基本情况。在搜查的过程开始前还要对嫌疑人身上可能存在危险的物品进行解除，这样做的目的一是防止嫌疑人自杀，二是防止其行凶。除了我们所能常见的刀、枪、毒物以外，对于某些可能会引发危险的物品也应当排查出来，如钢笔、打火机、粉尘等。在对危险物品做了排查之后，调查人员便可以对嫌疑人进一步的搜查。其次，要仔细的搜查，特别注意衣物上有夹层的地方。某检察院曾办理过一起受贿案，当时嫌疑人便是把受贿的证据藏在了一条特制的皮带里，试图逃避调查人员的搜查。最后，要防止嫌疑人的应激反应,当关键证据被搜查出来以后,嫌疑人通常会表现得过度紧张,此时容易作出冲动的行为。所以搜查过程至少要有两个人,一个人负责搜查,另一个人在一旁严密监控嫌疑人。此外,对女性进行人身搜查时,应该由女性工作人员进行,并且选择好搜查的环境,避免旁观者。

2. 室内搜查的策略

第一,找准搜查的重点。为了隐瞒犯罪证据,犯罪人通常会把证据藏在外人不易察觉的地方,在室内最容易隐藏罪证的地方为地板、墙壁、家具。对于地板,要仔细检查地板的新旧程度,有无撬压、搬动的痕迹。水泥地面要查看地面上有无缺损、修补的痕迹。泥土地面要查看是否有挖掘的痕迹。对于墙壁,要检查墙壁上是否有新粉刷的痕迹,或者油漆有无非正常脱落的痕迹。还可以用敲击、金属探测仪的方式检测,墙壁内部是否存在夹层。对于家具,要仔细查看家具里面是否有夹层,其中可拆卸的家具根据需要可以拆卸下来仔细检查。必要时,还可以借助气味探测仪、金属探测仪、紫外线灯进行检查。①

第二,抓住嫌疑人的心理特点和生活习惯。不同的生活习惯、地域差异,往往会影响嫌疑人隐瞒证据的方式。比如,南北方在隐藏物品上便有所差别,南方人隐藏物品习惯在室内,通常选择室内堆放杂物、阴暗潮湿、无人注意的地方;北方人隐匿物品习惯于室外,一般将物品藏在花台、墙角、树根下面。

第三,注意被搜查人或者其家属的表情和神态。在搜查的过程中,距离搜查的目标越近,嫌疑人及其家人的表情会越慌张,语言会突然增多甚至会作出反常的举动试图转移调查人员的注意力。相反,当离开藏匿的地点时嫌疑人的表情会变得轻松。所以,在搜查的过程中要随时捕捉好嫌疑人及其家人细微的表情,不断缩小搜查的范围。

第四,注意室内的反常形态。室内的反常形态指的是,室内家具的摆放和物品的存放位置违反常态,或者家具的形态违反常态。家具的摆放位置不正常,通常是嫌疑人为了隐藏在家具后面的犯罪证据所采取的手段。调查人员在发现家具位置摆放不正常时,同时还需要留意家具附近是否有搬动的痕迹,如果两个条件皆具备,那么此处便极有可能藏有嫌疑人的犯罪证据。家具形态反常,通常是嫌疑人在家具里面藏了东西。如枕头凸起、床垫凸起,通常表示里面藏有东西。

---

① 任惠华:《职务犯罪侦查实务》,中国检察出版社2010年版,第67~68页。

3. 室外搜查的策略

室外搜查的范围大，面积广，目标分散，是所有搜查种类中最困难的。如果没有嫌疑人提供线索，室外搜查的成功率是非常低的。所以室外搜查一定不能盲目进行，否则会浪费大量的人力、物力。室外搜索需要采取相关的策略，获取嫌疑人藏匿证据的地点。

当得知嫌疑人关键的犯罪证据藏在室外时，监察机关可以故意放出消息，“根据相关人员的举报，正准备调查该嫌疑人”。当嫌疑人得知消息后，为了自身的安危，通常会把留在身上和家中的赃物、赃款一并转移过去。当消息放出去时，调查人员需要对嫌疑人进行紧密跟踪，在嫌疑人转移赃物、赃款时，将其立即抓获。

根据嫌疑人自身的特点进行排查。大部分嫌疑人在室外藏匿证据，都是在自己能够控制，且别人难以发现的室外区域，采取的手段多是掩埋。这些地点可以是小区的花台，可以是自家门前的荒地。但是都有一个共同特点，能够经常处于自己的视线控制范围内。

嫌疑人将赃物藏在室外，多是运用掩埋的手段。此时可以在嫌疑人家的附近使用气味探测仪、警犬、金属探测仪等技术工具，来帮助调查人员缩小搜查的范围。

4. 采用再次搜查的策略

在与侦查意识极强的嫌疑人对抗时，可以采用再次搜查的策略。某县检察院在处理当地某一国有公司董事长宋某受贿一案时，侦查人员走马观花似地搜查了宋某的住宅，并向其本人和家属表示对他的住宅不感兴趣，明天将会把更多的时间放在办公室、室外搜查上面。然而在侦查人员走后三个小时，侦查人员进行了再次搜查，重新对宋某的住宅进行了更加细致的搜查。很快侦查人员便注意到一个花盆的异样，从中搜到了刚刚从外地匆忙转移过来的五个存折，价值 142 万元和一个注明受贿时间、地点的记事本。再次搜查的策略充分利用了犯罪嫌疑人趋利避害的心理，选择好正确的时机再次返回，能够让犯罪嫌疑人措手不及，将其人赃并获。

5. 配合留置的措施

在搜查中最重要的准则便是保证证据的完好性，职务犯罪的证据有两个最基本的特点：一是隐蔽性强，二是易毁性高。所以实施搜查措施前，为了避免嫌疑人毁灭证据，根据监察法第 22 条的规定，调查人员可以对有可能伪造、隐匿、毁灭证据的嫌疑人采取留置措施。需要特别注意的是,为了能够保全证据,绝对不能将嫌疑人被留置的事实通知其家属,否则搜查将达不到预期的效果。

(三)立案阶段获取言词证据的策略

立案阶段除了能够通过询问、谈话等方式获取言词证据以外,监察机关还可以采取带有强制性质的讯问措施。不同于谈话措施,“讯问”手段只能针对涉嫌职务犯罪的被调查人适用,对于一般的违纪行为、职务违法行为均不可以采取讯问的手段。同时依照监察法第33条,监察机关在适用讯问措施时应当坚持与刑事诉讼活动中“讯问”同等严格的程序标准。需要特别注意的是,采用与刑事诉讼法同等的程序标准,意味着对于职务犯罪的嫌疑人讯问不得超过12小时,案件特别重大复杂时,不得超过24小时。

1. 巧用“讯问心理四阶段”

讯问一开始就能主动认罪的犯罪嫌疑人十分罕见,多数犯罪嫌疑人认罪需要经历一个漫长的过程。在这个过程中嫌疑人的心理发展会依次经历四个阶段,分别是:试探摸底阶段、相持对抗阶段、动摇反复阶段、供认罪行阶段。在试探摸底阶段,犯罪嫌疑人想要知道监察机关究竟掌握了多少有关其犯罪的证据,以便决定交代内容的范围。此时,讯问人员不能够随意表态,以避免过早地亮出底牌之后,嫌疑人提前做好抵抗的准备。在相持对抗阶段,讯问人员与犯罪嫌疑人之间的斗争你来我往,进攻与防守不断进行,战争达到了白热化。在这个阶段,讯问人员首先要准确判断嫌疑人究竟是由什么心理因素在主导。畏罪心理占据主导时,讯问人员要采取减轻压力、指明方向的心理对策;侥幸心理主导时,讯问人员要对其宣扬法律的威严,出示相关的证据,打破其脱罪的幻想。在动摇反复阶段,嫌疑人的内心在不断地反复抉择,心理斗争最激烈、最痛苦。在这个阶段讯问人员要加强政策攻心,做好嫌疑人的心理转化工作。在供认罪行阶段,犯罪嫌疑人的心理防线完全崩溃,此时讯问人员应当做好心理疏通工作,对嫌疑人作出的供述进行肯定和鼓励,同时也要对犯罪的具体情节进行细究,防止嫌疑人翻供。

2. 利用嫌疑人之间的矛盾

职务犯罪多为“一对一”的模式,知情人、证人少。当嫌疑人东窗事发后,私下里嫌疑人会与案件的相关人订下同盟协议,试图用内部统一的口供对抗调查人员的讯问。但是世界上绝对不会有没有裂缝的堡垒,组织得再严密的“攻守同盟”都会有它的漏洞,组织内部的成员之间也是矛盾重重。所以在发现嫌疑人之间订立有攻守同盟时，调查人员需要用敏锐的眼光去发现矛盾并利用好矛盾，攻克"攻守同盟"。山西省阳泉市检察院在侦查山西潞安矿业集团原副总经理刘仁生（副厅级）受贿、贪污、巨额财产来源不明案件时，侦查人员将目光锁定在了行贿中间人李某夫妇身上。然而，李某夫妇经常受到刘仁生的恩惠，且李某妻子是刘仁生夫妇的干女儿。在得知刘仁生被调查之后，李某夫妇订立了攻守同盟，并表示宁可自己坐牢，也不会把刘仁生供出来。果然在讯问初期，李某夫妇拒不配合。于是侦查人员以具有大男子主义的李某为案件突破口，对李某晓之以理、动之以情，分析了案件对其妻子与儿女的利害关系，并表示孩子的成长是需要母亲的陪伴。最终侦查人员终于打动了李某，李某为了家庭的幸福，如实供述了案件事实。①

3. 利用讯问环境

在讯问阶段，犯罪嫌疑人与外界处于隔绝的状态，信息闭塞。讯问人员可以充分利用这一特点，给嫌疑人制造假象，增加其心理压力，从而消除嫌疑人的侥幸心理。在办理一起环境改造的贪污案件时，该案件涉及当地环保局局长刘某和环保局大队长马某。为了减少调查的阻力，调查人员以马某为案件的突破口开展了讯问。然而刘某与马某一开始早就商量好了，马某出事，刘某一定保。所以在讯问的初期马某气焰十分嚣张，叫嚣着要让讯问人员吃不了兜着走。为了消除马某的侥幸心理，调查人员并没有对马某的违法情节进行讯问，而是反复问马某，刘某究竟藏在哪里了？信息闭塞的马某一听侦查人员讯问刘某逃跑的事情，以为刘某已经背信弃义，让自己做了替罪羊，对刘某破口大骂之后便如实交代了自己和案件的主谋刘某的犯罪事实。②

4. 利用嫌疑人的心理

当进入讯问阶段，无论一个人表面多么坚强，面对将要接受的法律制裁，面对前程暗淡的未来，面对将要失去的权力和地位，内心都会表现得无比煎熬。当犯罪嫌疑人的心理开始进入动摇阶段，此时是其心理最脆弱的时刻，侦查人员要充分利用好嫌疑人的这段心理"空窗期"与其建立好良好的关系，逐渐减少双方之间的对立情绪，帮助犯罪嫌疑人说出有关案件的更多细节。辽宁省检察院在查办省招生办工作人员受贿一案时，在讯问期间对副主任王哲夫关爱有加，为其提供必

① 最高人民检察院反贪污贿赂总局主编：《全国检察机关反贪精品案件选编》，中国检察出版社2015年版，第37～40页。

② 郭鑫：《职务犯罪案件特征分析及审讯策略研究》，载《中国检察官》2017年第12期。

要的药物、衣物,在其犯胃病时工作人员专门为他买粥等软糯食物,并始终尊称他为王主任。王哲夫十分感动,在后期的讯问过程中积极地与检察院配合,并如实交代了案件其他相关人的犯罪事实。

四、完善监察机关调查策略的建议

(一)延长讯问的时间

监察法第33条规定监察机关在适用讯问措施时应当坚持与刑事诉讼活动中“讯问”同等严格的程序标准,这表明监察机关仍需遵守刑事诉讼法关于讯问制度的规定,即对嫌疑人的讯问不得超过12小时,案件特别重大复杂时,不得超过24小时。刑事诉讼法之所以规定12小时、24小时的讯问策略是有其正确性的,因为生活中大部分的刑事案件是“由事到人”的调查过程。案件发生时,并不知道犯罪人是谁。通过侦查人员的仔细排查之后,侦查机关能够将所获取的证据、线索准确锁定到特定的人身上。犯罪嫌疑人被抓获归案之后,他的心里便明白是因为自己的犯罪行为暴露,自己才会被抓进来,无畏的抵抗已经没有意义了。所以侦查机关对嫌疑人进行讯问,12个小时完全绰绰有余。然而,职务犯罪多是“由人到事”的过程,破案大多数得依靠嫌疑人自己的供述。此外职务犯罪主体的特性更是增大了讯问的难度。首先,犯罪人属于高智商人群,反侦查意识强;其次,犯罪人身处高位权力大,不会轻易屈服于监察机关;再次,犯罪人的社会关系网密集,东窗事发时经常会有关系人帮忙,在讯问中侥幸心理强;最后,犯罪人社会经验丰富,心理防线不易被突破。正是因为这些因素的存在,导致在实务中12个小时的讯问时间完全不够让犯罪嫌疑人交代问题。监察法的出台,为完善专属于职务犯罪嫌疑人的讯问制度,提供了可操作的空间。综上,监察机关应当延长讯问的时间,以便更高效地突破嫌疑人的口供。

(二)改变“由供到证”的调查模式

检察院在过去几十年的办案过程中,侦查人员多是采用“由供到证”的侦查模式,即先通过犯罪嫌疑人的口供找到其犯罪的证据,再给嫌疑人定罪。职务犯罪证据的隐蔽性强,以嫌疑人的口供为基础获取其犯罪证据,不失为一种可行的办法。但是这也导致了某些想要急切破案的侦查人员走上了极端,为了能够获取证据,加快破案进度,不惜采用刑讯逼供、暴力威胁等手段,进而造成了大量的冤假错案。过去“由供到证”的侦查模式，事实上弊大于利。[①] 转变“由供到证”的模式，不仅能够充分地保障人权，还能够减少冤假错案的发生。要实现“由证到供”的模式，首先，需要监察机关组建起一大批精通刑事侦查技术的专业人才；其次，监察机关更需要引进先进的犯罪侦查工具，如气味探测仪、金属探测仪、X 光扫描仪等专业设备。

（三）新设强制取证措施

职务犯罪的取证过程中，证据的保护实际上处在十分脆弱的境地之上。调查的过程中，只要稍有一点风吹草动，嫌疑人便会立刻转移或者毁灭证据。如果监察机关在调取证据的过程之中，遭遇到知情人或者相关单位的阻碍，风声泄露，那么犯罪嫌疑人无疑会利用这段“宝贵”的时间转移、销毁罪证。所以在面对知情人或相关单位拒不履行、提供嫌疑人相关的犯罪证据时，应赋予监察机关强制调取证据的权利，以避免延误破案的时机，导致关键的证据的灭失。目前美国、英国等西方国家在职务犯罪调查过程中，已经赋予了调查人员强制取证权，并在保全证据、避免伪证方面发挥了重要的作用。[②] 因此，我国可以借鉴西方国家的强制取证权，完善我国职务犯罪的取证制度。

（四）完善技术调查制度

监察法第 28 条规定监察机关调查涉嫌重大贪污贿赂等职务犯罪，根据需要，经过严格的批准手续，可以采取技术调查措施，按照规定交有关机关执行。现在的监察机关享有对重大贪污贿赂案件的技术调查权，但是监察机关并不是独立行使技术调查措施的主体，通常实施技术调查措施的主体是公安机关。技术调查措施间接行使的模式能够节约资源、充分利用侦查人员的专业性，但是在实务中，也给办案人员带来了众多的不便。首先，技术调查的批准手续耗时长、程序烦琐，而在职务犯罪的调查过程中时间对于侦查人员的重要性不言而喻，烦琐的批准手续会加大案件泄露的可能性。其次，监察机关进行技术调查时，过于依赖公安机关。这不仅加大了公安机关的工作量，而且还加大了公安机关内部泄密的风险。最后，在对公安机关内部人员采用技术调查时，可能会遭遇到其他侦查人员的包庇，阻碍案件的调查进展。

---

① 伍早俊：《贿赂犯罪“由供到证”侦查模式研究》，西南政法大学刑事侦查学院 2017 年硕士学位论文，第 22 ~ 25 页。

② 米卿、师法起：《构建职务犯罪侦查强制取证制度探析》，载《中国检察官》2015 年第 5 期。

针对上诉问题笔者认为可以采取以下几种措施进行完善:第一,简化技术调查措施的审核流程;第二,完善监察机关与公安机关的保密衔接制度;第三,赋予监察机关部分独立行使的技术调查措施,如监听、测谎等措施。

监察体制改革中的预防立法问题研究

赵　涛　王立娟*

［摘要］　监察预防是监察委员会开展廉政建设和反腐败工作的一项职能活动。自检察预防职能转隶,监察法公布施行后,各级监察委员会监察预防工作的覆盖更为全面,对反腐败综合治理具有强有力的推动作用。新的时机赋予了监察预防更大的历史责任,但由于原行政监察预防与检察预防融合时间短,专业化历程不长,各界认识尚有分歧,对其进行理论探讨,具有相当强的现实需要性,对指导工作实务、推动预防立法和完善我国监察制度均有重大的意义。

［关键词］　监察　检察　立法　预防

一、监察预防的属性

(一)监察预防属于监察权

1. 监察权是我国宪法结构下的国家基本权力

国家权力由立法权、行政权和司法权三项基本权力构成,这是西方"三权分立"的理论。我们并不否认"三权分立"的科学性和合理性,但是,自古希腊亚里士多德提出议事机能、行政机能和审判机能的"政体三要素"论始①,经洛克的对外权、执行权、立法权的分权理论,最终形成孟德斯鸠的"三权分立"已经经过了几个世纪。将"三权分立"作为国家权力结构的唯一正确和恒定不变的理论标准不符合辩证唯物主义和历史唯物主义的基本原理。在我国,国家政权的设置不以"三权分立"理论为基础,而是实行人大立法权之下行政权、监察权、审判权和检察权

---

* 赵涛,西南政法大学博士研究生;王立娟,宁夏诚托律师事务所律师。

① ［古希腊］亚里士多德:《政治学》,商务印书馆1965年版,第215~269页。

并行的“一元分立”的制度,监察权是在人大立法权之下与行政权、司法权并行的第二层面国家权力范畴,是对所有行使公权力的公职人员的监督。① 这是在“三权分立”模式之外的另一种现实且合理的权力模式,在这一模式下,立法权代表人民主权,具有至高性,在人民主权之下,国家权力分设为行政权、监察权、司法审判权和法律监督权。在这种结构中,监察权既不是行政权,也不是三权分立中的司法权,而是独立的权力。因此,将监察预防这一具体监督权纳入监察权范畴就有了理论上的当然性。

2. 用权力来制约权力是监察预防监察属性的体现

监察预防通过制约权力的运行,来防止“滥用委托权力谋取私人利益”②的权力异化现象。现有的权力制约理论已经很丰富了。例如,有学者从研究方法的角度,对权力制约理论研究范围进行归纳,提出权力制约的四种研究范式:政治学范式、法律学范式、伦理学范式以及社会学范式③;还有学者从研究结果的角度,提出五种权力制约实现模式:以制度制约实现权力的自控模式、以权力制约实现权力之间的他控模式、以权力制约实现公民社会监督模式、以法律制约实现法治保障模式、以伦理制约实现内心抑制模式。④ 从上述权力制约的模式看,以权制权是遏制权力异化的重要手段。在我国“一府一委两院”的国家结构中,作为权力机关的人民代表机构和作为监察机关的监察委员会就是这样的机关。前者体现人民主权,是人民主权对国家公权的制约;后者作为国家的专门监察机关,其目的在于对所有行使公权力的公职人员进行监督,实现国家监察全面覆盖。⑤ 可见,体现监察职能的监察预防,其本质属于权力对权力的监督。

(二)监察职能中的监察预防原理

“监察权是监察机关透过各种不同程序所执行的一项行动,系针对被监察的机关之行为或作为,检视是否符合或履行宪法上及法律上所规定的要求”。⑥ 监察制度在中国源远流长。中国传统监察制度是政治法律制度中的重要组成部分,具

---

① 《中华人民共和国监察法》,法律出版社 2018 年版。

② [新西兰]杰瑞米·波普:《制约腐败——建构国家廉政体系》,清华大学公共管理学院廉政研究室译,中国方正出版社 2003 年版,第 3 页。

③ 喻中:《权力制约的中国语境》,山东人民出版社 2007 年版,第 1 ~ 11 页。

④ 张穹、张智辉主编:《权力制约与反腐倡廉》,中国方正出版社 2009 年版,第 71 ~ 94 页。

⑤ 《中华人民共和国监察法》,法律出版社 2018 年版。

⑥ 麦兰诺:《阿根廷监察制度》,“监察院”国际事务小组译,台北,“监察院”2002 年版,第 20 页。

有防范权力专横、滥用和腐败，保证国家正常运转的功能，在古代政治权力运作中发挥了积极的规范和消极的防范作用，[①]它不仅在遏制特权者的恣意行为，纠举权贵官僚的贪婪恣肆行为方面发挥了重要的积极作用，而且在牵制地方势力，维护封建统治秩序方面也起到了重要的作用。[②] 在现代汉语里，“监督”的意思是“察看并督促”，[③]结合监察的性质，可以看出监察必不可少的四个过程是：察看事实、调查、处置、提出建议，基本构成要素有以下四项：

一是进行监督。对公职人员依法履职、党员干部遵守党规党纪情况进行监督检查，并主动开展廉政教育活动。

二是开展调查。“没有调查就没有发言权”。监察的一个直接目的就是督促纠正违法，没有调查就不可能发现违法或犯罪，也不能掌握证据，就无从提出建议，更谈不上督促纠正。可见，调查是监察的基础要素。

三是进行处置。通过调查，掌握证据，针对被调查人员违纪违法情况的严重程度，确定给予党纪、监察纪律处分、移送检察机关审查起诉。

四是提出建议。通过调查，对无须经过处分、问责或者诉讼，但可以通过行政手段进行纠正的违法行为，或虽没有明显违法但存在诱导违法隐患的不当行为，向监察对象所在单位提出监察建议，提请有关部门以行政手段进行纠正或改进。

二、监察预防的职能定位

（一）监察预防的职能属性及其特征

正确理解监察预防的职能属性应根据监察职能的基本内涵和监察预防的内在规律，着重把握以下几点：

第一，监察预防是监察职能。监察预防作为监察职能之一，其基本内容就是：监察机关运用职能手段监督公务人员职务行为的规范履行，防止职务违法和职务犯罪的发生。

第二，监察预防是国家职权。监察是权力的监察，因而监察预防也肯定是国

---

① 蒋伟亮、张先昌主编：《国家权力结构中的检察监督——多为视角下的法学分析》，中国检察出版社 2007 年版，第 1 页。

② 张晋藩：《中国古代监察法的历史价值——中华法系的一个视角》，载《政法论坛》2006 年第 6 期。

③ 中国社会科学语言研究所词典编辑室编：《现代汉语词典》（第 5 版），商务印书馆 2007 年版，第 663 页。

家权力的预防监察,这与社会组织或公民基于自身权利得以进行的预防监督必然不同。

第三,监察预防是监督预防。监察预防专职监察职能而不是直接参与管理职能的监察预防,不享有实体上的决策职权,不承担职务违法和职务犯罪发生的管理者责任。

第四,监察预防是目的性预防。监察预防以监察为手段,以预防为目的,管理者的预防则是以预防为手段,以正确履行管理职能为目的。

显然,根据上述职能属性,我们认为监察预防的特征主要体现在以下几个方面:

一是预防主体的专门性和专业性。监察预防作为监察的一项职能,是国家的专门监察权,其实施者是监察官,即专业人员。

二是预防手段的主动性和强制性。监察预防作为一项国家权力,应当具有强制性的效力,同时,因监察具有的主动性特征,监察预防也相应具有主动性。

三是预防方式的具体性和个别性。监察预防的方式主要是针对具体的、个别的已经发生或者可能发生的职务行为进行防范以及对有漏洞的管理制度进行检视,而不是从宏观上管理、规范职务行为的履行。

(二)监察预防职权的内容

根据监察的内涵与要素,结合监察预防的属性与特征,监察预防应当具备的基本权能有以下几项:

一是预防监督权。监察委员会对所有行使国家公权力的公职人员开展廉政教育工作,并对其依法履职、秉公用权、廉洁从政从业以及道德操守进行监督检查。

二是预防调查权。预防调查就是监察委员会对可能导致职务违法和职务犯罪的非规范职务行为和有关重大事项,依据相应的程序实施调查,并作出结论。监察的工具性、基础性要素是调查,对于监察预防来说,预防调查也处于基础核心的地位。

三是预防处置权。这是监察处置要素的一个延伸。监察委员会通过预防调查发现有违法行为需要作出政务处分的,或对履行不力、失职失责的领导人进行问责的,或涉嫌职务犯罪的,可以按照相关法律规定将问题线索向有关部门进行移交或者移送,消除由此诱发职务违法和职务犯罪的可能性。

四是预防建议权。监察委员会通过调查、审查办理有关职务违法和职务犯罪案件或通过预防调查，发现有可能导致职务违法和职务犯罪的行为、不当现象、制度漏洞、机制矛盾等问题而向有关单位或部门发出监察建议，要求进行相应的纠正、处理、完善，有关部门或单位应当予以落实和整改，并在规定的时间内将处理情况通报发出建议的监察委员会。建议的前提是发现问题，基础是调查，目的是预防职务违法和职务犯罪。这是预防调查之后的一个独立程序，是监察建议要素在监察预防中的体现。

五是信息收集与运用权。监察委员会基于监察职能，向有关公务部门收集公共信息，以形成动态的日常性预防监察机制。这是监察调查要素和监督要素的共同延伸，它不针对具体的职务行为，因而不是预防调查，但有利于发现问题，掌握动态，对预防调查和预防监督是一个有力的支撑，符合监察预防的基本属性，因此，信息收集和运用作为一项预防权能是监察预防所必需的。

六是几项权利性预防内容。监察委员会作为国家机关也是社会的组成成员，与其他社会组织一样具有相应的社会权利和社会责任，监察预防因这种权利和责任必然有一个延伸，这就构成监察委员会的权力性预防。我们认为至少有以下几项权力性预防：(1)案件剖析。指监察委员会对所调查的职务违法和职务犯罪案件的发生、发展和演变过程进行分析，找出发案的主客观原因，以作为发案单位或相关单位对照检查、学习教育的材料。(2)预防教育。指监察委员会利用所办职务违法和职务犯罪案件自身的震慑和案件剖析的资源，开展宣传、协助有关单位进行警示教育的预防活动。(3)预防咨询。指有关单位或社会组织在制定相关管理规范、制度，或开展其他预防职务违法和职务犯罪的预防工作时，向监察委员会提出专业咨询，监察委员会运用专业知识予以解答帮助的活动。(4)信息服务。指监察委员会应特定对象的申请，向其提供预防职务违法和职务犯罪的相关信息，使特定单位更好地开展公务活动，实现预防的目的。

(三)职务违法和职务犯罪预防体系中的监察预防

要完整理解监察预防，还需分清与其他主体预防的区别以及分析其在整个职务违法和职务犯罪预防体系中的地位和作用。

1. 职务违法和职务犯罪预防体系

因主体和运用的手段不同，职务违法和职务犯罪预防有以下几种类型：

一是管理预防，可进一步细分为基础管理预防和行业管理预防。基础管理预防是预防主体自身基于行政管理而进行的具有预防职务违法和职务犯罪效能的管理措施,其主要包括单位自身在人力、财务、物资管理以及决策、执行、监督方面所采取的具有预防效果的各项制度、规定、措施等。行业管理预防,即作为行业主管部门对所管理的行业领域,或作为上级主管部门对下级单位,在行使监督和宏观上的管理职责的过程中,采取的预防职务违法和职务犯罪的措施,这些措施主要体现在以规定、决定、规章制度、考核考纪等行业行政管理措施中,依然具有管理性,只是更多地表现为规范性措施和控制性措施,是较为宏观的管理预防。上述这些工作本身就是各单位、各行业自身内部具体管理工作的组成部分,因而是管理预防,而不是监督预防。

二是专业性预防。指审计机关等作为专门的行政监督机构开展的监督预防,它们是行政分权中的监督,其权力来源于同级政府,这种监督预防既具有内容广泛性,又具有手段的多样性,这是一种专门的监督预防,但不是国家分权层面的监督。

三是监察预防。即监察委员会开展的职务违法和职务犯罪预防工作,是独立于管理权之外即被监督权力主体之外的专门监察机关的监察预防,是一种与行政权平行的权力监察,是最基本的国家监察预防,是职务违法和职务犯罪预防体系中体现国家宪法体制的组成部分。

四是人大和执政党的预防。人大预防基于人民主权,执政党的预防基于执政的领导地位,人大预防更多地倾向于监督,执政党的预防具有更多的管理责任内涵。

五是社会监督预防。在我国,各种社会组织及公民都有权监督公共职务行为,基于这些权利,社会组织和社会成员可以通过舆论监督、批评建议等途径发挥预防职务违法和职务犯罪的作用,这种监督预防体现了社会组织和社会成员在法治环境里面固有的权利,因而是一种权利监督,权利主体的监督预防是预防体系不可缺少的组成部分。

2. 监察预防和其他主体预防的区别

从不同主体预防的对比中可以看出,监察预防和专业性预防均属于权力监督,但属性不同。由于审计机关属于专业性的技术监督,因此我们主要关注监察预防和原检察预防的区别。首先,从表面看,监察委员会承接了检察机关的职务犯罪预防职能。其实不然,虽然同样是由宪法规定设置,但是监察委员会是行使国家监察职能的专责机关，检察机关是专门国家法律监督机关。前者属于国家监察职能，后者属于法律监督职能，是属性的改变。其次，是监督范围上的不同，监察预防的监督范围是所有行使国家公权力的公职人员，而原检察预防监督的对象包括所有的国家机构和法律规定的国家工作人员。再次，是开展预防监督的内容不同，监察委员会监察因依据法律、法规、规章、制度、命令而开展，其监督的客体除了违法违章行为以外可能还包括行政效率和工作效能的监督，检察预防监督因为只能依据法律，其监督的客体只能是违法行为。复次，是表现形式不同，监察预防是代表国家的监察，监察客体本身就是公职人员的职责，因而监察的形式可以是程序性的，也可以是实体性的，而原检察预防只能表现为引起管理主体纠正错误的程序性措施。最后，原检察预防与监察预防相比有其固有的局限性，即原检察预防的范围有限，仅针对职务犯罪而不涉及职务违法，不能对反腐败进行全覆盖。综上所述，原检察预防职能的转隶符合预防的内在要求，监察预防具有不可替代性。

3. 监察预防在预防体系中的地位和作用

监察预防在预防体系中的作用可以从以下三个方面来理解：

一是监察预防在预防体系中发挥“后卫”的作用。通过前述的相关论述我们知道，管理预防是责任预防，因而预防作用既可以发挥在职务行为之前，也可以发生在后，起到亡羊补牢的作用；审计等专业性预防是一种管理者的监督，它的预防是手段性的也可以是目的性的，其作用既可以发挥在职务行为之前也可以发挥在职务行为之后；而监察预防是监察职能预防，其手段是对已经发生或正在发生的职务行为的监督，或弥补管理预防的疏忽督促管理预防，其目的是对尚未发生的职务违法和职务犯罪的预防，因而监察预防的行为一定是在预防对象的职务行为或发现管理预防疏漏之后。可见，监察预防在预防体系中处于后卫的位置。[①]

二是监察预防在预防体系中具有优先性法律效力。监察预防作为国家权力预防，其具有较高的法律效力和一定的强制性，而一般社会组织和个人的权利预防不具有这样的法律效力；而且从理论上讲，以监察职能为依托的监察预防具有更高的法律权威和社会公信力，一旦以监察形式启动工作程序，对管理预防和专业性预防也应享有优先权。比如，对于基于预防调查、职务违法和职务犯罪案件

---

① 吴春莲、王伦、洪友良、黄立新、王欣：《检察机关职务犯罪预防工作职能化研究》，载刘建国主编：《职务犯罪的理论与实践》，中国检察出版社 2012 年版，第 8 ~ 9 页。

分析发现的问题,监察委员会应当提出的预防建议和纠正意见,必定引起相应的管理预防或专业性预防行为;又如,当监察机关开展预防调查时,管理者和其他监督者的同类工作就应服从监察调查的需要。

三是监察预防在预防体系中不能独立发挥作用,监察预防提出的对策建议和措施必须转化为管理者的管理行为才能真正形成长效机制,因此监察预防的直接对象应该是管理预防,主要通过监督管理预防来促进和提高管理预防和专业性预防的工作效能。

三、转隶前原检察预防的实践

虽然检察预防职能已经转隶监察委员会,但是检察预防实践仍是监察预防职能化的有益借鉴。

(一)运行状态与问题

虽然检察预防有明确的职能定位和基本的职能化方向,但是在实践中依然呈现一定的偏离趋势:

一是实践产生的认识和定位有偏差。实践中,很多人没有从检察预防属性来认识,而是简单地从字面意思来看待检察预防,并等同于职务犯罪预防的全部,表现出职能定位不清的问题。反映在以下三个方面:(1)与管理预防混同,表现形式主要有:以检察机关的名义与有关单位共同制定管理制度及规定;直接执行与落实有关制度和活动;直接参与有关决策性研究与会议;进行管理层面的工作检查、考察等,结果造成检察预防与管理预防的混同。(2)与行政监督预防等同。表现形式主要有:以检察机关的名义与有关单位签订廉政协议、责任书、保证书等;直接组织人员对有关单位进行各方面的检查和评估;直接组织开展预防活动,如学习、教育和评估;接受有关单位的述职等,这些情形与政府反腐败主管机关开展的职能活动相重复。(3)与权力预防等同。把检察预防仅仅局限于开展法制宣传、教育咨询、座谈会、研讨会、联席会议等活动,没有真正体现出检察预防作为权力预防的手段,其在实施与结果上都不求应有的国家职权性,这就导致出现检察预防与权力预防等同的情形。

二是缺乏应有的刚性。作为权力预防的检察预防因缺少具体而严格的法律规定,导致检察预防工作流于形式,难以实际展开与深入,表现在:(1)缺少主动性、独立性,被动依附于管理预防与行政监督预防。检察预防对外活动有两种启动模式:①与有关单位或主管部门共同建立工作机制,共同签署联合文件为开展工作提供依据;②与行政监察机关(纪检部门)共同开展活动,通过参与行政监督预防活动来推动检察预防。如共同开展宣传教育、结合效能监察开展检察活动等,检察机关自己主导开展预防工作难以有所作为。(2)发现和证实问题缺乏一定的手段刚性。检察预防的手段是“建议”,前提条件是“发现问题”,而“发现问题”的基础是调查与分析问题,检察机关除了刑事诉讼法赋予的职务犯罪侦查权外,没有一般的调查权限,因此仅通过有限的走访等手段难以建立预防监督的事实基础。(3)预防效果转化缺少必要的效力刚性。检察预防难以直接发挥监督作用,需要与行政监督、管理预防共同作用才能完全起到预防的效果,这就需要管理者和行政监督机关的配合,但由于缺乏立法支撑,检察机关难以保证这种转化的实现。

三是重形式轻内容。对于来自系统内上级主体的监督顺理成章,而对于来自体外的监督则难以接受,这是中国的一个普遍的社会心理,因此,相关单位对于来自检察机关的预防监督就感觉到名不正言不顺,因而应付多于自觉接受,主要表现在:(1)部分单位对检察预防的需求面不广。他们对于检察预防的认知仅停留在表面,对检察预防的需求大多都是宣示性和标签性的,预防工作也仅局限于开展非职权性活动,如开联席会议、进行教育宣传、通报案件情况等。(2)权力对监督的天然抗拒决定监督对象对检察预防实质性监督的排斥,这就导致检察预防中真实信息难以获取、检察建议难以跟踪落实现象。

(二)立法与问题

1. 从法理视角看

尽管理论上论述了检察预防的职能属性和职权内容,但在我国法律体系中几乎找不到相应的立法确认。宪法规定:人民检察院是国家的法律监督机关。因此,法律监督的具体内容应当由相应的具体法律予以明确,这些具体的法律包括作为基本法的人民检察院组织法和其他有关单行法。但是从现行的人民检察院组织法第5条对检察机关具体职权的规定来看,采用列举方式确认的五项职权均局限于刑事诉讼活动,并没有从法律监督宪法定位来设置检察机关的职权,因而就没有检察预防的实质性规定。从其他的单行法看,也只有民事诉讼法、行政诉讼法中有人民检察院对民事、行政诉讼活动实施监督的原则规定,在其他所有的单行经济法、行政法中均未涉及检察机关监督职权。检察预防的法律基础仅仅是宪法的定性条款和人民检察院组织法第4条的任务条款,而这些条款均是原则性条款,预防立法的不足使得检察预防在法理上应当拥有的权能没有在法律上得以具体化,迫使实务仅仅依据原则性的规定,并结合一个时期的国家反腐败政策和刑事政策来开展检察预防,直接造成检察预防的先天不足,也导致我国特有的权力制衡制度没有发挥应有的功效。

2. 从境外视角看

第一,专门性预防职务犯罪立法不足。世界立法实践中有越来越多的专门性立法,反衬了我国这方面的不足,世界各主要发达国家和地区都制定了相关的预防职务犯罪的专门性法律①,如新加坡的预防腐败法、防止贪污法;韩国的反腐败法;我国香港特别行政区有防止贿赂条例、廉政专员公署条例、防止选举务必及非法行为条例三大条例;印度有防治腐败法。这些都是专门性的法律。从严格意义上来讲,我国没有关于职务犯罪的专门性预防法律,惩治职务犯罪的法律规定在刑法和刑事诉讼法之中,行政监察法也仅规定对行政违法行为的监察惩治,目的在于惩治,其预防功能的体现与《刑法》《刑事诉讼法》并无本质差别,都是惩治意义上的一般预防和特殊预防,行政监督预防依据的也不是一部专门性预防法,而是一部惩治法。而且,我国也缺少系统的、针对公务行为和公务人员的规范性法律,开展预防监督实体性法律依据不系统、不完整、不具体,总体而言,专门的预防立法几乎是一个空当。

第二,保障"惩防一体化"的立法不足。在我国,职务犯罪侦查机构开展职务犯罪的预防工作基本无法可依,意味着我国的治理职务犯罪的专门机构是"一条腿走路"。由于和执政党的纪律检查组织的合署办公,行政监察体系中引入了执政党的监督,从而弥补了预防立法的不足,职务违法违纪环节的惩防一体得以基本实现。但是职务犯罪环节的惩防一体机制由于缺少立法支撑,力度显得非常的脆弱。考察治理职务犯罪能够迅速取得较好成效的国家和地区,其实主要还是得益于惩防一体的机制。如新加坡的防止贪污法和预防腐败法赋予了反贪污调查局广泛的调查和预防腐败的权力,特别是拥有强大的特别调查权,无论在任何其他法律中有什么规定,其可以调查任何银行存款、股票存款、报销单据或者任何其

① 莫洪宪、王燕飞主编:《职务犯罪预防战略研究》,中国人民公安大学出版社2008年版,第119页。

他账目,或任何银行的任何保险箱①,由于这些规定都不属于刑事诉讼法的规定,而是由专门的反腐败法授予专门的机构,因而使这些调查权跨越刑事诉讼的范畴,惩防一体化机制就成为必然。又如,我国香港地区的廉政公署,其职权是由三大条例赋予,而不是由刑事诉讼法赋予,因此,廉署的职权就涵盖了惩治和预防两个方面,惩防一体化机制就此确立。反观我国,检察机关对职务犯罪监督的具体权能就体现在刑事诉讼法上,在进入诉讼程序之前检察机关的预防监督就显得无从着手,如果缺少其他法律的授权,侦查和预防的立法层面就被分割,造成检察机关的调查权仅有刑事诉讼法来授予而使检察预防功能被压制的局面。

第三,预防监督的规则体系不足。从国外的预防立法实践看,西方发达国家从实体到程序均立法确立了对职务行为和公职人员的监督标准和手段,比如,美国通过的道德改革法、廉政法规定了财产申报制度;通过的情报自由法、联邦行政程序法、联邦政府机构会议公开法等规定了预防监督的途径与手段。又如新加坡对公务人员品德的跟踪监督,如发现被跟踪的公务人员有出入酒吧等可疑行为,可采用秘密拍摄等方式收集证据,并将调查报告送达被跟踪的公务员的主管官员,以核实与当事人每日必须记录的日记所记的内容是否一致。这些国家都相当重视监督预防的作用,这无疑不是这些国家的职务犯罪案件发案率低、反腐败美誉度高的重要因素。反观我国立法,虽然没有专门性预防腐败法律,但涉及预防意义的行政法、经济法也在不断地增加,比如行政处罚法、行政许可法、审计法、招标投标法等,但是几乎没有针对规范政府和公务员行为的预防监督的规定,以监督为特色的行政监察法也仅仅规定了惩治监督,而缺少预防监督的内容。这种立法上的不足直接导致职务犯罪预防监督的疲软。

(三)问题的制度原因和社会原因

1. 历史法律文化的原因

我国职务犯罪预防立法上典型的不足就是缺少专门性的预防法律规范和对公务行为和公务人员的监督性预防规范,这与我国传统的法律文化有密切的联系。从对我国法律传统的分析来看,有关权力监督问题的探索从西周时期就已经开始,并进行了相关的监督制度建设的尝试,随着历史的发展,这一制度也在不断地演变和发展。但是专制主义的本质决定了“大行政”必然是中国传统的基本特

① 张穹、张智辉主编:《权力制约与反腐倡廉》,中国方正出版社 2009 年版,第 261 页。

征，不可能产生横向的权力监督思想和体制。在我国传统的权力监督体系中，监察制度是最具延续性、完整性的一种权力监督制度，但是只要透过监督体系的历史发展就可以看出，我国传统中"监督"不是基于民主和分权产生的横向制约，而是君权出于对下的统治需要，因而不可能存在一种适合同位制约的法律生长的土壤。由于是权力体内的上对下的监督，因而无须依据法律的规范，因为权力体内的上级对下级的监督永远都不需要借助外部的规范，始终拥有天然的监督权，这种监督完全可以凭借权力体内下级对上级的服从这一文化伦理，因此，尽管这种监督制度延续了上千年，但是始终都无法形成一种横向权力监督的法律文化和法律制度。正因如此，在我国传统法律文化里对行政权力体之外的其他权力的同位横向监督的认同有先天的不足，这种不足无法在我们检察制度建立短短的几十年里得到弥补。这种先天的法律文化必然要反映到我们的立法实现中，因而尽管我们的权力制约体制有一个比较好的设计，但是具体到相关职权的配置立法时往往忽视了权力的横向监督原理的运用，而不自觉地陷入历史的惯性之中。这一点从我们宪法对检察制度作出勾画而法律却绕过权力监督的根本，仅从惩治犯罪的角度来配置检察权能的立法实现中得到充分的认证。此外，在这样的历史法律文化影响下，民众对来自上级的监督自然接受，而对权力体系以外监督并不习惯，这恐怕也是导致检察预防的社会认同难的原因之一。

2. 对"三权分立"的盲崇导致对我国权力制约模式研究的忽视

在司法改革中，有一种过分强调延循国外模式进行改革的思潮，缺少对我国一元分立模式和其他国情要素下权力制约的特殊性的分析。中国当今各种法律改革都是在批判和借鉴中进行的，但是批判的更多的是中国的传统和现状，而借鉴的更多的是国外的思想和制度。① 其实，一种体制的优越与否除了体制本身的结构因素外，还需要与环境因素及其历史传承上的契合。我们认为，把"三权分立"作为国家权力分工和制约唯一正确的体制，来衡量一个国家政体先进性是一种片面的学术态度，在这种态度下很容易导致不顾国情地对我国特殊的权力制约体制提出疑问，并忽视对我国现行法律监督制度的研究，从而丧失进一步发展完善的理论基础。这种盲目的态度必然导致对"三权分立"理解上的形而上学，简单地以某些国家检察权不具有法律监督属性而认为所有国家的检察机关都不应具

① 樊崇义：《一元分立模式下的中国检察权》，载《人民检察》2009 年第 3 期。

有法律监督权力，这种标签式的理论借鉴在思想界产生庸俗化的导向作用，从而对检察制度的进一步完善和法律监督职能的强化形成了阻力。事实上，即便是实行"三权分立"的国家也没有表现出绝对一致的权力结构模式。美国三权在同一层次进行规范制约，在各自的领域具有最终权威；英国立法和行政分立极为有限，带有某些议行合一的色彩；法国职能分立预设了总统绝对权威作为前提。正因如此，三权分立下的西方检察权也并不是一律排斥监督属性的，如在法国，检察官对下列各种事项也有干预监督职权：(1)对司法辅助人员之监督；(2)对书记员之监督、检查；(3)监督司法救助制度的营运；(4)对户政官员之监督……[①]应该说这些职权本质上也是监督权，包括了对特定司法权和行政权的监督，甚至这些特定的监督或多或少都包含职务犯罪预防功效。

四、加快监察预防体系构建的路径探索

(一)完善国家立法

1. 职务违法和职务犯罪预防立法基础已经具备

监察预防立法具有当然的社会价值。所谓法的价值，指的是法本身固有的，由其性能和特殊的调整机制、保护机制和程序机制等反映的，满足社会和个人法律需要的价值。[②] 可见，法律价值表现为社会和个人的需要。从政治上看，职务违法和职务犯罪是典型的严重腐败行为，党的十七大就确定了"标本兼治、综合治理、惩防并举、注重预防"的反腐败战略指导思想。党的十八大、十八届三中、十八届四中、十八届五中全会精神以及中央政法工作会议精神，结合践行习近平总书记关于"预防职务犯罪出生产力"的重要论断，按照我国宪法确立的依法治国战略，职务违法和职务犯罪的惩治和预防都必须纳入依法治国的轨道，从政治层面讲，监察预防立法符合国家政策需要；从职务违法和职务犯罪预防的实务看，本文的第三部分已经论述了转隶前检察预防运行上的问题以及对立法的需求。

监察预防立法具备必要的法律基础。我国宪法规定了监察委员会的地位、性质，规定了依法治国的方略，规定了国家、国家机关、国家工作人员和人民的权利义务关系等，这些都是预防立法的宪法依据；监察法第 6 条明确了国家监察工作内容，其中包括坚持综合治理、加强法治教育和道德教育等内容，为预防立法提供

---

① 黄东熊：《中外检察制度之比较》，文物供应社 1986 年版，第 151 页。

② 陈兴良：《刑法的价值构造》，中国人民大学出版社 1998 年版，第 36 页。

了一般的法律依据；此外，我国已经加入的《联合国反腐败公约》为我国进行预防立法提供了一个国际法义务的法律基础；从社会民意的反映看，党的十九大报告中指出，人民群众最痛恨腐败现象，这就为预防立法提供了群众基础。虽然反腐败斗争压倒态势已经形成，但是腐败问题并没有得到彻底的治理，各个领域各种形态的腐败问题仍然存在，亟须将反腐败经验上升到国家法律层面，在制定各项法律或修订各项法律过程中，加强反腐败内容，建立健全反腐败法律规范体系。

2. 完善立法的方式

首先，制定预防职务违法和职务犯罪的基本法律。可由全国人大常委会以决定的形式立法，或制定如预防腐败（职务违法和职务犯罪）法、反腐败（职务违法和职务犯罪）法等专门性法律，对公共事务管理和公务人员提出预防职务违法和职务犯罪的要求和原则，并重点针对专业性预防和监察预防作出实体和程序的规定。

其次，可以对现行的刑事诉讼法、监察法进行修改或补充，及时出台监察官法，通过上述法律对监察预防的各项权能进行法律化，从而解决监察预防立法不足的矛盾。

最后，制定对公共机构、公共事务、公务行为和公务人员的基本规范法，确立公务活动和公务人员的标准，以及违反标准的责任，同时确立对此进行检查监督的原则、程序，这样就可以对管理预防、专业性预防、监察预防和社会管理预防进行协调，相互促进，形成预防合力。

（二）完善行政管理规则

行政管理制度对监察预防的影响主要表现在：一方面，行政规则对职务行为和职务人员进行规范，为监察预防提供实体法意义的依据；另一方面，公务活动程序中引入监察预防因素，为监察预防提供行政规则上的程序保障。

1. 通过加强行政规范为监察预防提供一种实体法依据

我国目前有公务员法，该法规定了公务员的权利和义务，以及相关的奖励与惩戒，虽然没有在公务员具体行为方面有具体的规定，但是为行政规制提供了法律依据，因此，可以根据公务员法的规定，对公务员的行为规范作出具体的规定。具体的内容可以借鉴国外的有关立法经验。例如，美国在职务犯罪立法方面就有关公务人员的行为规范作出了具体而系统的规定，对公务人员在财产申报、出行工具等方面都作了严格细致的规定。[①] 对此我国可以借鉴相关经验，来建立适合我国国情的公务人员行为规范。

2. 公务活动程序中适当引入监察预防

在行政管理过程中，由行政主管部门作出把监察预防引入对某项具体的工作安排中而形成的工作方法或制度。如信息公开程序中引入监察报送制度等。当然，这种被引入的监察预防一般是非权力性预防，那种企图通过行政规制把权力性监督预防引入公务活动的程序之中的设想是难以实现的，因为权力本身是排斥外来监督的，因此，这种由行政规制主动引入公务程序中的监察预防大多属于非权力性预防。

（三）监察预防自身的规范与创新

1. 监察委员会规范和创新监察预防的原则

监察预防应坚持对职务行为的个别监督原则、坚持对职务行为的程序性预防原则、坚持协调配合与独立开展监察预防相结合原则、坚持把服务性非职权预防作为监察预防的组成部分、坚持规范与创新相结合等几大原则，把规范与创新作为推动职能化的强大动力，少争论，多实践，通过实务创新带动理论研究，推动立法完善。

2. 监察预防自身的机制建设

首先，坚持监察职能部门履行职能和各内设职能部门预防要素的整合相统一。监察预防贯穿于监察工作的各个环节，因此，必须发挥监察委员会内部各职能部门的预防作用，才能更好地推进监察委员会的整体预防功能，这就需要建立内部的综合与协调机制，职务违法和职务犯罪预防部门对外是职能部门，在内就是一个协调和综合部门。

其次，重视调查与预防部门的协调，发挥“查防一体”的优势。在监察委员会内部，职务违法和职务犯罪调查部门与预防部门有着天然的联系，保证惩、防之间的信息沟通和手段融合，既有利于职务违法和职务犯罪的调查，也有利于职务违法和职务犯罪的预防，监察委员会内部应注重两个部门的衔接，预防调查可以为调查服务，调查结果也可以提升预防效果。

再次，监察预防内部规范化管理是应对立法不足的有效途径。参照《检察机

---

① 莫洪宪、王燕飞主编：《职务犯罪预防战略研究》，中国人民公安大学出版社2008年版，第122页。

关职务犯罪预防工作规则》《宁夏回族自治区预防职务犯罪工作条例》等法律文件制定类似的相关规范,这些工作规范对监察预防中所要实施的每项职能措施进行程序化管理,以便步入规范化、专业化轨道。

最后,工作创新是推进监察预防职能化的动力。创新应当围绕职能化目标进行,主要有三个方面的创新路径:一是监察预防自身的规程规范创新,比如通过预防职务违法和犯罪进行约谈,对存在职务违法和职务犯罪隐患的单位或者个人进行警示提醒、训诫督导、责令纠错,促使其自觉防范和检视职务违法和职务犯罪;二是监察内部各职能部门之间的协调机制创新,宁夏各级监察委员会在机构设置中,将预防部门隶属于调查部门,这样的设置实际就是查防一体机制的探索;三是利用检察机关与邮政部门原有的“职务犯罪预防邮路”平台,建立“职务违法和犯罪预防邮路”,实现职务违法和犯罪预防工作与邮政资源的有机结合,从而推动廉政预防的全覆盖工作;四是监察预防与基础管理预防、专业性预防的衔接机制的创新,比如,可以在“两法衔接”中引入监察预防。监察预防创新空间比较大,但是一定要注意结合监察职能属性,不能搞成错位创新。

监察权"避上指下"之可能：以留置措施与指定管辖为切入点

丁俊文*

［摘要］ 监察权的运行是否存在为规避上级监督而指定下级管辖的可能？该可能性的判断，是一个以理性的视角看待监察管辖与留置审批制度间交集的过程。站在当前相关制度的视野上观察，这或许存在一定可行空间。笔者认为，这一由后来者构建的可行空间所衍生的问题关涉监察权有无"过犹不及"之危险，需认真加以思索与考量。依据监察法第17条、第43条规定的留置措施与指定管辖为切入点，指出监察权"避上指下"是一个建立在"集体讨论""留置审批""指定管辖"三要素上，介于形式审查与实质规避间的滥权倾向。为避免监察权从"以上率下"演变为"避上指下"的机关思维桎梏，防止产生类似于"避上指下"等破坏权力自主体之弊病。应当对相关制度设计做进一步的冷思考，并在高效反腐与权力制约间寻求一个平衡点，以缓和机关思维所带来的不适应性、权力功能受损等问题。

［关键词］ 留置措施　留置审批　监察指定管辖

一、问题的提出：源于"二元"留置审批制度

当前监察留置措施审批权限之归属存在"事后备案""事前审批"两类不同路径，分别对应省级、省级以下监察机关的留置权限，①由此形成以层级为主导的"省

---

* 丁俊文，西南政法大学监察法学院硕士研究生。

① 参见监察法第43条规定："监察机关采取留置措施，应当由监察机关领导人员集体研究决定。设区的市级以下监察机关采取留置措施，应当报上一级监察机关批准。省级监察机关采取留置措施，应当报国家监察委员会备案。"

级备案、省下上批”的“二元”留置审批程序。两条路径分别从源头和末端两处根本上影响留置个案正当性，并为制约监察权之内在张力提供可行的制度供给。然而，“由于制约权力的任何其他权力仍然是权力的一种形式，使任何权力的掌控者出自于人性而无法摆脱腐败的可能性”①，在该“二元制”留置审批模式下形成的审批与执行“同体内部分离”的有限空间内，难免存在上述学者提出的“出自于人性”而不可避免的滥权可能：一种游走于形式审批与实质规避间的监察权异化倾向。以该可能性为基点出发，通过结合指定管辖之权限，并基于“对公权力监督制约”这一亘古不变的真理，由此引申出的一个问题是：上级监察机关通过指定下级管辖并“集体讨论”留置措施，以规避上级审批或备案的情形是否存在可能？②

该可能性的判断，是一个以理性的视角看待监察管辖与留置审批制度交集的过程。然而，由于对监察效能的过分崇拜，我们已习惯于将当前留置集体讨论、监察管辖等制度视为一种监察权正当感性的逻辑展开，视为个别或多数监察主体机关意识和追求监察效能的产物。这种仅仅追求监察效能或以“层级领导”来认识和评价监察体制的机关思维是不贴切的，至少是不完整的。“避上指下”的滥权交集正是这种径直的机关思维影响下的产物。

笔者认为，针对上述“避上指下”之嫌疑，可依赖于三个问题予以展开：其一，监察机关留置措施集体讨论制度有无滥权危险；其二，监察留置措施审批制度有无同体监督可能；其三，监察指定管辖制度有无限制之必要。

二、问题的展开：以留置措施与指定管辖为路径

（一）监察机关留置集体讨论：在源头处存在滥权可能

集体决策是各级领导班子运转和工作的基本准则。③ 在监察权运行领域，亦不乏通过集体决策形式行使的权力。监察法第43条规定：“监察机关采取留置措施，应当由监察机关领导人员集体研究决定。”可见，由于留置涉及对监察对象人身自由的严厉限制，监察立法通过采取“集体研究决定”这一稳妥慎重的态度，达

---

① 蔡宝刚：《认真对待权力制约权力机制的反腐缺漏》，载《理论与改革》2016年第6期。

② 留置权的“避上指下”是笔者基于“为规避留置上级监督而指定下级管辖”之可能而提出的问题，“避上”指监察主体规避来自上级的留置权内部监督，“指下”指监察机关指定下级管辖。与“以上率下”不同，以上率下带来的是示范引领，而避上指下带来的则是失衡监督。

③ 李景治：《领导干部要进一步增强民主意识》，载《理论与改革》2018年第2期。

到立法者所欲求的加强监察职权行使的内部严密监督的功效，以回应“发扬民主作风，接受人民监督”①之总体要求。然而，由于当前留置集体讨论模式仍然存在制度供给不足的矛盾，加之“集体讨论形式”本身基于群体思维而生发的制度预期性偏差，使其在一定程度上存在可欲可行的留置权枉滥空间与可能。笔者认为，集体讨论制度主要存在以下桎梏需予以重视：

其一，集体讨论制度存在预期偏差可能。对于留置措施在源头处如何产生，有解释指出，各级监察机关采取留置措施，都应当经本机关领导人员集体研究决定，不能以个人意志代替集体决策、以少数人意见代替多数人意见。② 不难看出，监察留置集体讨论制度的设计初衷在于避免因个人擅断而带来的留置枉滥可能，是避免因人性恶而带来种种缺陷之桎梏的好制度——至少其初衷是正当且合理的。但是，我们在规制一个制度时，由于习惯于从制度背后的善良初衷出发以规范与避免它基于人性恶而带来的弊端，反而因此忽略了该规制本身或许存在的先天不足。就留置措施集体讨论制度而言，虽然其防止个人擅断的制度设计初衷是合理的，但具有群体思维性质的集体讨论制度实际发生的预期作用也许并不因起源或初衷的正当性而增加，也不因采“集体讨论决定形式”而使滥权可能减少。正如美国因司法审查制度——宣布废除奴隶制的立法违宪而致使美国内战——而存在的制度预期性偏差那样，③不存在只有好处而没有缺点的制度，亦不存在毫无缺陷的留置集体讨论模式。集体讨论所带来的群体思维现象——个体可能屈从、退缩或修正自己的真实信念——而带来的制度预期性偏差现象，极易使集体讨论偏离原有的初衷，成为个别人擅断的发言堂。“班子集体决策谋私利，瞒天过海多次违纪”④“单位经召开党政班子会议集体决定借钱买茅台酒”⑤等实例亦能在留置集体讨论领域得以缘起、展开与蔓延。“有心栽花花不发，无意插柳柳成荫”的

① 习近平：《决胜全面建成小康社会　夺取新时代中国特色社会主义伟大胜利》，人民出版社 2017 年版，第 37 页。

② 参见中共中央纪律检查委员会、国家监察委员会法规室编写：《〈中华人民共和国监察法〉释义》，方正出版社 2018 年版。

③ 朱苏力：《制度是如何形成的？——关于马歇尔诉麦迪逊案的故事》，载《比较法研究》1998 年第 1 期。

④ 谭明、李磊：《“集体决策”竟是集体违规——湖南常德鼎城区自来水公司两任“水官”带头搅浑“一池水”的背后》，载《中国纪检监察报》2018 年 9 月 10 日，第 4 版。

⑤ 邱杰：《党政会议决定借款购买高档白酒，贵州省剑河县财政局一把手被处分》，载《中国纪检监察报》2018 年 6 月 4 日，第 1 版。

古话或许由此而在监察权实际运行中得以印证。申言之,集体讨论的结果具有成为披着集体形式之合法外衣的个人意志之可能,基于此而生发的留置措施从源头处即沦为个人意志枉滥可能的产物,事物的逻辑也就此不同于逻辑的事物了。[①]

其二,集体讨论制度存在制度供给不足矛盾。监察法第43条中采用"集体研究"这一表述具有制度供给上的模糊性。对于该问题,有学者就曾指出,该模糊性表述在"集体范围""集体人数底线""集体决定原则""集体决定瑕疵"等方面存在供给不足之弊,需作进一步解释与明确。[②] 对此,笔者认为,集体讨论制度除了上述供给不足的困境之外,还应当进一步明确的是,该制度供给不足所带来的监察权运行内在张力的异化是否能致使权力本身的滥用?除了对上述漏洞予以补充外,是否还应当对集体讨论施以足够而合理的外部监督,以避免其演变为上述"披着集体形式之合法外衣的个人意志"?

由于"从权力腐败的个案追究到权力制约制度的构建是反腐的必然走向"[③],笔者认为,基于上述"集体决策谋私利""集体决定买茅台酒"等个案所凸显的集体讨论异化等问题,在弥补集体讨论制度供给不足的漏洞的同时,还应构建一个有效的权力制约模式,以避免留置权的运行在源头处即存在滥权可能。

(二)监察机关留置审批制度:难以摆脱同体监督桎梏

上文的目的并非贬低监察留置集体讨论制度,而只是指出其枉滥可能性存在的缘由。而当前监察机关的留置审批程序的存在或许能实现从程序权限上压缩因集体讨论异化而带来的留置权滥用可能之效果。换言之,审批程序从源头处影响个案正义,并与集体讨论形成纵向与横向的留置权闭环制约结构。那么,留置审批制度属于何种行为?留置审批制度的立法目的何为?该闭状结构能否达到有效制约留置权并防止留置审批流于形式之效果?这应当依赖于对审批制度进行剖析。

首先,"留置审批"系监察权在留置领域的对内延伸。审批在《现代汉语词典》中的解释是"审查批示",在行政法领域,审批可分为具有具体行政行为性质的外部审批与具有内部性的内部审批。前者指的是政府机关根据法律、法规、行政

---

① 马克思:《政治经济学的形而上学》,载《马克思恩格斯选集》(第1卷),中共中央马克思、恩格斯、列宁、斯大林著作编译局编译,人民出版社1972年版,第104~116页。

② 参见秦前红:《监察机关依法开展自我监督之路径研究》,载《深圳社会科学》2018年第1期。

③ 庞正:《论权力制约的社会之维》,载《社会科学战线》2016年第2期。

规章及有关文件，对相对人从事某种行为或资格等进行具有限制性管理的行为。后者是指行政主体对其直接管理的事业单位事项的审批。就留置措施而言，由于留置权本身属于监察权运行的一部分，监察机关在达到犯罪事实、必要情节、审批程序三要素后即可主动实施，[①]而不需监察相对人的事前知晓。因此，作为留置措施的源头——批准权限的归属——并不具有与监察对象具有直接关联的外部性。换言之，监察留置领域的上级审批系“对内”而非“对外”行为，系监察权在留置领域的对内延伸与对外行使的结合，属于监察权内部审查批示行为。

其次，“留置审批”系监察权于同体监督的制度尝试。针对上述内部审批程序的立法目的，有解释认为，规定审批程序的主要目的是强化监察机关使用留置措施的程序制约，通过审批权限上提一级，以防止监察机关滥用留置措施。[②] 对此，虽然解释已明确留置审批的程序规制，但仍需进一步明确的问题是，留置措施的批准条件应当达到何种程度，才能行使留置权并满足上述解释所期待的要求？对于此问题，有学者认为应当满足实体与程序两条件[③]，即一方面需满足监察法第22条规定的犯罪事实与必要情节等实体条件，另外，亦需在集体讨论与依法审批之程序条件的基础上，监察机关才可行使这一关涉人身自由的留置权力。上述基于实体与程序两条件展开的制约权力之思路，或许能使监察权在体现“以上率下”之行政特点的同时，达到限制留置权——一种极为严厉的强制性调查取证措施——的效果。但是，该种“以上率下”式的内部监督模式虽然在规范上要求满足实体与程序条件，这是否能真正达到立法者预期的立法意图？

对于该问题，笔者认为，留置措施审批与生俱来的内部与同体监督性难以满足上述解释的需求。同体监督是指监察权对监察权的监督，这种用原权力盯住本权力的“事前防范型”制约模式——正如“再锋利的刀刃，也砍不了自己的刀把”般[④]——难以达到真正制约权力本身的功效。就留置审批程序而言，由于审批程序具有内部性，缺乏一种刚性而独立于外部的监督，留置措施由此难以摆脱基于同体意志下对监察效能的“畸形需求”所带来的种种滥权可能乃至危险。由此，在该“以上率下”式之同体监督模式下，即使要求满足一定的实体与程序条件，也难

① 江国华：《中国监察法学》，中国政法大学出版社2018年版，第112页。

② 参见中共中央纪律检查委员会、国家监察委员会法规室编写：《〈中华人民共和国监察法〉释义》，方正出版社2018年版。

③ 江国华：《中国监察法学》，中国政法大学出版社2018年版，第112～114页。

④ 参见周青梅主编：《聚焦两会若干民生热点问题深度解读》，研究出版社2014年版，第66页。

以达到“强化留置措施的程序制约”之目的。

因此,仅从源头处针对留置权的运行加以规制并不足以从根本上保障留置个案正当性。从规范上而言,不仅仅留置审批制度本身,另一个可欲可行的制度空间——指定管辖制度的存在——会使该同体审批模式流于形式主义,而非实质正义。

(三)监察指定管辖的程序设计:使留置同体监督流于形式主义

诚如上述,通过留置审批程序这一同体监督形式来制约与监督监察权的行使,或许是监察权“以上率下”式权力垂直结构下不得不接受并须以有效规制的制度设计。然而,这种仅从源头处针对留置权的运行加以内部制约的审批与集体讨论制度并不足以从根本上保障留置个案正当性。一个可欲可行的制度空间——监察指定管辖——会使留置权的同体监督流于形式。

“指定管辖”,是指由上级监察机关的指定而确定监察事项管辖机关的制度。针对该制度,监察法第17条第1款规定,“上级监察机关可以将其所管辖的监察事项指定下级监察机关管辖”。从本质上而言,监察指定管辖是一种因监察案件特殊性而采取个案调整的方式,人为影响案件管辖秩序的做法。① 在实践中,存在大量监察机关指定管辖的情形,②其中大部分案件的指定管辖原因多样,如办案力量、资源有限,办案过程效率受阻等多种因素。其中亦有不少监察机关通过指定管辖制度得以有效避免当地人情干扰和阻力。③ 从该角度而言,指定管辖对于避免监察权运行过程中的案件矛盾并提升监察效能具有积极意义,反映了国家监察体制改革以便于查清腐败案件为主要价值取向的基本设定。然而,“权力导致腐败,绝对权力导致绝对腐败”④,随着反腐成果的昭示天下,人们在惊叹权力滥用者是何等骄纵之后,必然会对权力本身的恶性加以重新检视。申言之,由于权力与生俱来的恶性,监察指定管辖实践即使在正当目的的驱使下,也难以避免权力——采取不合理、不恰当的手段和方式——被非理性地滥用的后果。因此,一

---

① 江国华:《中国监察法学》,中国政法大学出版社2018年版,第92页。

② 截至2018年3月底,安徽省监察委员会通过指定管辖案件共15起,参见《安徽省监委指定管辖案件十五起》,载《中国纪检监察报》2018年5月11日,第4版。

③ 参见《吉林省纪委监委合理运用指定管辖,排除人情干扰,办案高效推进》,载《中国纪检监察报》2018年5月28日,第1版。

④ [英]阿克顿:《自由与权力:阿克顿勋爵论说文集》,侯建等译,商务印书馆2001年版,第342页。

个值得注重的理念是:监察效能的保障在监察权实际运行中价值固然显著,但我们在期盼监察全覆盖之浩荡对权力行使者施以有效监督时,亦不可漠视对监察权本身的监督。正如孟氏所言:"一切有权力的人都容易滥用权力,这是万古不易的一条经验。"①监察领域下的指定管辖制度因其人为性——本身具有的机关思维性质——往往会带来贬低监察程序原则的效果。监察效能的需要一旦被视为指定管辖运作的唯一目标,就可能变得具有压迫性,使公民的个人权利让位于监察全覆盖模式下的"反腐利益"。

那么,监察指定管辖如何被非理性的滥用?这来源于一种游走于形式审批与实质规避间的监察权异化倾向。从规范上而言,通过透视监察法第17条、第43条的规定不难发现,留置措施的"上请"与指定管辖的"下令"间存在一个可欲可行的滥权交集:上级监察机关通过指定下级管辖并"集体讨论"留置措施,以规避原本应有上级审批或备案的内部制约程序,从而使留置权的行使缺乏有效的内部制约。而假若权力失去必要的监督,则必然出现绝对权力导致绝对腐败的情况。②这为高层所警示的——监察权"过犹不及"③——风险提供了危险而又难以察觉的制度空间与风险点。由此,一种游走于形式审批与实质规避间的监察权异化倾向在监察权领域得以缘起、展开与蔓延。上述同体监督或许已泛化为"避上指下"的形式桎梏而非实质正义之中了。

三、问题的焦点:机关思维与程序思维间的价值选择

上述监察权"避上指下"的可能性反映了当前监察管辖与留置审批间存在可欲可行的滥权交集。从本质上而言,该滥权交集之所以存在,缘由在于指定管辖本身——一种自上而下的压力主导型体制——所不可避免的滥权可能。换言之,是行政逻辑下的机关思维在监察权领域延伸的产物。笔者认为,上述问题的焦点就在于如何对机关思维与程序思维二者间进行衡量与取舍。

---

① [法]孟德斯鸠:《论法的精神》(上),张雁深译,商务印书馆1963年版,第154页。

② [英]阿克顿:《自由与权力:阿克顿勋爵论说文集》,侯建等译,商务印书馆2001年版,第342页。

③ 有关"过犹不及"之表述,参见《王岐山在北京、山西、浙江调研监察体制改革试点工作时强调实现对公职人员监察全覆盖完善党和国家的自我监督》,载 http://sx.people.com.cn/n2/2016/1126/c189130-29370929.html,2016年12月9日最后访问。

(一)监察机关思维:行政逻辑在监察权领域的延伸

行政逻辑是一种强调上层一方意志和行为的思维。[①] 其强调权力主体的单一性以及意志与行为的统一性,并追求功利主义基础上的效率与秩序价值。在监察权领域,随着监察体制改革的顺利展开,随着与之相匹配的监察指定管辖、留置内部审批等制度的确立与表现。我们不难发现,监察权的设计者们在这一场高效反腐与权力制约间的价值博弈中,或许已倾向于将控制重心置于对监察效能的追求上,并通过确立指定管辖与留置内部审批等路径,以期为建立一个"集中统一权威高效"[②]的反腐机制提供强而有力的制度供给。这样,一种自上而下的以查清腐败案件为主要价值取向的压力主导型监察体制逐步得到确立。由此,强调上层一方意志和行为的行政逻辑就自然延伸到了监察权领域,形成以监察效能为目的,以监察全覆盖为方式与路径的"以上率下"式机关思维。

然而,权力的行使必须也必然要仰仗于必要的控制。[③] 监察权作为一种"脱胎于行政权而具有相对独立性"的超级权力,其权力的行使一方面承载着国家对于反腐败的正当追求,另一方面又会对公民的人身自由带来直接或是间接的具有强制性的约束。尤其是对于一个既无外部制约又存在同体监督桎梏的留置审批程序而言,作为留置权行使的源头性"钥匙",由于其缺乏外部刚性监督,其在与机关思维式的指定管辖制度的交互运用下难免会造成一种可能——地方监察机关为规避留置权的上级审批而指定下级管辖,以此获得留置权行使的主动权。这种"既当裁判员,又当运动员"的留置权运行局面是危险且必须予以重视与规制的。反之,若不通过正当程序加以规制,则易使留置审批程序陷入上述形式审查之桎梏,以致其不能真正发挥实质审查的作用,"钥匙"的监督者则会由此而转化为"钥匙"的掌管者。上文所警示的一个可欲而可行的滥权交集——监察权的"避上指下"——就变得可能了。

(二)监察程序思维:监察体制改革的正确价值指引

上述监察权"避上指下"之可能性,凸显了在机关思维模式下监察权可能存在的滥权倾向。从价值衡量层面而言,"避上指下"问题的可能与否取决于高效反腐

---

① 秦前红、底高扬:《从机关思维到程序思维:国家监察体制改革的方法论探索》,载《武汉大学学报》(哲学社会科学版)2017 年第 3 期。

② 毛翔:《构建集中统一权威高效的监察体系》,载《中国纪检监察报》2018 年 3 月 17 日,第 4 版。

③ 秦前红:《监察体制改革的逻辑与方法》,载《环球法律评论》2017 年第 2 期。

与权力制约间的价值博弈与选择。然而，长久以来，由于监察机关对于监察效能的过分重视，使我们怯于承认在机关思维指引下的监察指定管辖，可能陷于同体监督以及“避上指下”的围城。以此导致的监察权之滥权倾向，不仅凸显的是机关思维方法的不适应性，更是当前监察体制改革中对权力运行规律的警示与提醒。故此，面对监察权“避上指下”的可能性，面对机关思维下权力功能受损的不适应性，面对监察权在法治轨道上运行的法治需求，程序思维方法的运用与实践才是当前监察体制改革的正确逻辑选择。

首先，程序思维是防止监察权滥用的首要路径。所谓程序思维方法，是指按照事物产生、发展、衰弱、消亡的客观运动规律，识别这一过程中可能出现的破坏民主、削减制约等风险点或价值漏洞，并采取相应的制度措施予以引导和修正，从而保证该事物的发生与变迁符合现代宪法价值的方法。① 从程序思维的表现而言，在程序思维模式下，权力主体并非像机关思维那样集权力于一身，而是在遵循权力之客观运动规律基础上，营造一个开放的权力运作空间，按照功能最适当原则对权力进行配置，②以实现权力分配的“帕累托最优”。对于监察权运行过程中可能存在的“避上指下”等易使权力功能受损的风险点，程序思维的上述现代宪法价值——权力制约——正能起到弥补其带来的宪法价值创伤和漏洞的功效。

其次，程序思维是机关思维的补强所需。程序思维与机关思维的最大不同之处在于切入改革的视角，③机关思维强调机关的权力本身，程序思维强调权力运作各阶段的合宪性。具体而言，由于在机关思维主导下的监察权更多的带有整合性政治的倾向，即通过“以上率下”式的层级领导与内部管控，整合监察职能部门“三驾马车”于一身，达到“一马当先”式的全覆盖监察效果。虽然这种自上而下式的压力型主导监察体制具有较强的可操作性与效率性，但是容易造成类似于上述“避上指下”式的风险点，即为了实现监察效能而忽视程序思维下的宪法价值与限权精神。这种易使监察权“过犹不及”之风险不仅能破坏权力自主体，还易使监察权本身缺失应有的宪法价值与功能，监察体制改革的目的、逻辑与路径由此易会偏离原有的设计轨道，“犹至楚而北行也”。而程序思维的预防性政治倾向则可补

① 秦前红、底高扬：《从机关思维到程序思维：国家监察体制改革的方法论探索》，载《武汉大学学报》（哲学社会科学版）2017 年第 3 期。

② 参见朱应平：《功能适当原则是解释宪法国家机关权力条文的最佳方法》，载《法律方法与法律思维》2012 年第 1 期。

③ 秦前红：《国家监察制度改革研究》，法律出版社 2017 年版，第 88 页。

强上述制度与价值漏洞。其通过强调“现代宪法价值”,从宏观上对权力运作的各个环节作出价值判断,再以现代宪法价值为参考系来识别权力运行中可能存在的风险点,从而采取相应措施予以补救,以弥补机关思维带来的价值创伤与漏洞。因此,程序思维的这种预防性政治倾向,正是一个通过高价值指引以实现补强机关思维之效的有效救济途径。

四、问题的解决:程序思维视角下对“避上指下”的重新审视

“正确的思维方法,可以推动改革的蓬勃发展;错误的思维方法,则会把改革引入困境。”[①]当前监察权“避上指下”之问题折射出的是机关思维与程序思维间的价值取舍与博弈。机关思维作为一种权力控制方法论,其有利于在短期内实现预设价值目标,但其径直整合的方法容易导致权力运行的封闭空间,有违权力运行的客观规律。而程序思维方法则能营造一个开放的权力运作空间,在牺牲少量监察效能基础上,弥补机关思维下权力功能受损的问题。上述两种改革方法论尽管存在诸多差异,但在监察体制改革进程中,二者不应予以对立或区别对待,也不得过度重视一方而忽视另一方的价值与存在,二者间应当相互配合,辩证统一。[②]因此,为避免监察改革径直将机关整合,防止产生类似于上述“避上指下”等破坏权力自主体之弊病,应当在尽可能保证监察效能的基础上为监察改革进程注入具有预防性政治倾向的程序思维方法,并在高效反腐与权力制约间寻求一个平衡点,以缓和机关思维所带来的不适应性、权力功能受损等问题。对此,笔者将在下文中通过程序思维之视角对“避上指下”问题进行重新审视。

其一,在“避上指下”问题的源头,即留置集体讨论环节。正如上文所述,当前留置集体讨论制度存在制度供给上的不足,同时具有诸多亟待解决的问题。通过程序思维视角进行审视,该环节具有的风险点在于:集体研究决定有无演化为个人意志的可能?

具体而言,第一,集体讨论“师出有名,执行力强”的表现易突出关键少数的决定性作用。在监察实践中,我们不敢肯定每一次集体讨论的结果都能达到制度预期设计——民主集中——的效果,亦很难实现犹如《十二怒汉》中一个人在与11

---

① 艾丰:《中介论——改革方法论》,载《中国社会科学研究生院学报》1993年第1期。

② 秦前红、底高扬:《从机关思维到程序思维:国家监察体制改革的方法论探索》,载《武汉大学学报》(哲学社会科学版)2017年第3期。

个人持对立观点的情况下一一说服众人并反败为胜的情形。相反的效果是,如上文所述,集体讨论所带来的群体思维现象——个体可能屈从、退缩或修正自己的真实信念——而带来的制度预期性偏差,易使集体讨论偏离原有的初衷,沦为个别人擅断抑或个人意志的发言堂。第二,由于集体讨论“问责无名,回避性强”的特征弱化了监察个人责任,在问责时易出现“法不责众”的问题,这种“进可攻、退可守”的集体责任弱化模式为滥用留置权提供了可行空间。

申言之,上述集体讨论问题的关键在于如何对该制度进行合理而又不失监察效能的外部监督,以保障监察权权力功能的完整,防止产生上述“假集体”“问责无名”等风险点。笔者建议,应当对集体讨论构建一个合理的外部监督体系,可纳入检查监督、人民监督员等调控范围,同时强化集体讨论制度下的个人追责制度,通过源头性预防措施以防止监察权产生“避上指下”乃至“过犹不及”的风险。

其二,在“避上指下”问题的中端,即留置措施审批环节。该环节的风险点或价值漏洞在于:留置审批的同体监督模式本身。如上文所述,当前监察留置审批制度设计的主要目的在于强化留置权的程序制约,防止监察机关滥用留置措施。从效果上讲,审批程序通过审批权限上提一级的方式强化了上级对下级监察机关的监督作用,为留置权行使提供了相对有效的内部制约。但是,这种压力型主导体制下的安排实则构建了权力运行的封闭空间。在该空间内,这种用“上级权力”盯住“下级权力”的纵向同体监督模式难以摆脱整个纵横视域下监察权基于监察效能的畸形追求而滥权的可能。因此,针对同体监督的桎梏,笔者建议,可在留置权审批与执行之间介入一道制约机制,但这并不意味着留置审批与执行的分离,也不意味着完全放弃对监察效能及反腐败的正当追求,而是竭力寻求一个能达到监察效能与权力制约间的平衡点。

其三,在“避上指下”问题的末端,即指定管辖环节。该环节所具有的风险点在于:指定管辖与留置措施间存在的滥权交集。

正如前文所述,由于我们早已习惯于将监察效能的追求视为一种监察权正当感性的逻辑展开,正是这种仅仅追求监察效能或以“层级领导”来认识和评价监察体制的机关思维使指定管辖与留置措施间形成了一个可欲可行的滥权交集:“避上指下”。对于该问题,笔者认为,上述“为规避留置权的向上审批而指定管辖”的滥权可能并非监察体制改革的初衷,指定管辖也不应沦为机关思维下的机械运用。一个正确的解决路径是:应当为指定管辖注入程序思维方法。申言之,上级监察机关进行指定管辖时应具备“实质要件”与“程序要件”两要素。具体而言,于实质层面,监察指定管辖至少应当以“根据工作需要”为前提,于程序层面而言,一个可选择的路径是通过加设“应当报经上级监察机关批准”条款以限制监察机关对指定管辖的不当或不合理运用。由此,在一定程度上才可达到权力制约与指定管辖的共同需求——使“避上指下”问题得到根源性的解决。

五、结语

反腐之道迂回曲折,并非只有以机关思维为主导的唯一之选,以退为进,寻求高效与制约间的平衡点未必就不是可接受的策略选项。本文的判断,是一个以理性的视角看待监察管辖与留置审批制度间交集的过程。基于监察管辖与留置审批间的滥权交集,经剖析不难发现,监察权“避上指下”问题是一个建立在“集体讨论”“留置审批”“指定管辖”三要素上,游走于形式审查与实质规避间的滥权倾向,由此形成一个“既是裁判员,又是运动员”的留置权同体监督格局。从制度层面而言,该格局正是由当前自上而下——使行政逻辑在监察权领域得以延伸——的压力型主导体制所致。从改革方法层面而言,监察权“避上指下”亦是机关思维主导下的逻辑产物,关乎于机关思维与程序思维间的价值博弈与选择。总之,上述基于人性而生发的关于“避上指下”之制度追问若不加以及时重视乃至防范,等到正义是非之标准逐渐沦为直接或其意志体现之时——一切的关于可能与不可能之探讨,都将晚矣。

基于公众感知的监察公信力评价体系初探

王啸洋*

[摘要] 当前实务界和理论界均未提出监察公信力这一概念，但伴随国家监察体制改革的不断深入，建立一套科学、完善的监察公信力评价体系势在必行。监察公信力评价体系不仅可以使监察机关加深对自身工作认识，也可以提高公众对监察工作的认同感。首先，从公众感知的角度出发建立起监察公信力的影响因素；其次，通过实证研究进行验证并分析因素影响力大小；最后，以此为参考为构建监察公信力评价体系提供建议。

[关键词] 监察公信力 评价体系 影响因素 因子分析

在国家监察体制改革的新形势下，全国纪检监察机关充分发挥新体制的治理效能，加强反腐败力度、扩大反腐败成果，努力提升自身公信力。但当前理论界和实务界均未清晰提出监察公信力这一概念，更缺乏一套系统的评价体系，这使对于监察工作公信力的评价问题还停留在某些个体的主观判断，不利于监察机关对自身公信力的认知和工作的改进。

由于“新成立的监察委员会在位阶上与政府、法院、检察院平级”①，故我们可

* 王啸洋，西南政法大学监察法学院硕士研究生。

① 王迎龙：《监察委员会权利运行机制若干问题之探讨——以〈国家监察法（草案）〉为分析蓝本》，载《湖北社会科学》2017 年第 12 期。

将监察公信力与政府公信力①、司法公信力②置于同级概念探讨,且三者均属于“公信力”的范畴。

“公信力”的概念包含两个维度,即“公”与“信”,“公”指代“社会公众”,“信”指代“信任、信用”。一方面,“公信力”是指社会公众对特定主体信赖、认可的程度,是一种由个体意识集合而成的群体性意识,表现了公众对公共权力的信任状态。另一方面,是指国家公共权力及其行使机关所具有的能够被信赖、认可的效力,是公权力内在品质属性和公共权威的表达,表明了公共权力对社会公众的信用状况。③ 基于此并参照政府公信力、司法公信力的概念阐释,我们可以给监察公信力下这样一个定义:监察公信力是指社会公众对监察机关工作的主观评价及心理反应,以及监察机关通过自身不断运行、调试,达到满足社会公众认可及信赖的程度。该概念涉及“社会公众”和“监察机关”两个主体,两者之间反映的是“信”与“被信”的关系,而信的程度也存在高低指数的分别,也正是这种分别为监察公信力评价体系的构建提供了可操作性。

本项研究基于公众感知的实证分析,目的是探索影响监察公信力的关键因素,并以此为重要参考,为构建科学的监察公信力评价体系提供建议。

一、构建监察公信力评价体系的必要性

从狭义上看,监察公信力评价体系就是一套完整、系统的量化指标,该指标是由多层级的具有联系的指标所构成的有机整体,可以完成对监察公信力的科学评估和分析。从广义上看,监察公信力评价体系是一个使监察公信力得以量化评价的全过程,这其中除一套量化指标外,还包括如何选择适合的评价主体、如何确定公正的评价机构以及结果运用等多方面的问题。本研究所探讨的监察公信力评价体系是指狭义层次上的。

---

① 政府公信力是指政府的影响力与号召力,是政府行政能力的客观结果,也是人民群众对政府的评价,反映了人民群众对政府的满意度和信任度。参见刘细良、刘秀秀:《基于政府公信力的环境群体性事件成因及对策分析》,载《中国管理科学》2013 年第 21 期。

② 司法公信力,是指司法机关(主要指法院和检察院)依据自身对法律和事实的信用所获得的社会公众信任的程度,它反映社会公众对司法机关的主观评价、心理反应及价值判断。参见宋聚荣、张敬艳:《和谐社会视野下的司法公信力研究》,载《中国司法》2007 年第 2 期。

③ 季金华:《司法公信力的意义阐释》,载《法学论坛》2012 年第 5 期。

（一）构建监察公信力评价体系使监察机关更加清晰地认知自身工作情况

美国学者比德曼指出："随着社会向复杂化发展……对于大量的信息必须加以整理，而且要重视其选择性、浓缩性、及时性和普遍性。大量的社会现象的指标，就是专为满足这些要求而产生的。"①当前社会信息纷繁复杂，公众可以通过各种渠道发表自己对监察工作的看法，加之互联网背景下"群体极化"现象的出现，即"团体成员一开始即有某些偏向，在商议后，人们朝偏向的方向继续移动，最后形成极端的观点"②，这就使某些非理性评价不断扩展，最终使监察机关对自身工作认知出现偏差。

建立一套完善的监察公信力评价体系可以较好地解决这问题，它使公众价值判断这一原本抽象的概念具体起来，并通过赋予其相应权重，使公众意志的表现更加客观化、标准化、可视化，监察机关可通过测评结果准确地认知自身的工作状况。

（二）构建监察公信力评价体系有助于监察机关有针对性地改进工作

古罗马政论家塔普布里乌斯·克奈里乌斯·塔西佗说：公众一旦把皇帝作为憎恨的对象，那么公众就会厌恶皇帝所做的一切，即便是皇帝做了好事也得不到人们的理解。③ 同理，监察机关一旦失去公信力，就会变成"自说自话的孤家寡人"，这使得监察工作很难向好的态势发展。而监察公信力评价体系的构建，就是为了对监察机关工作中的问题及时采取有效干预措施，以防止踏入"塔西佗陷阱"。而"现代政治日益多元复杂的生态环境和政治认同的认知特点，决定了政府公信力水平是一个不断调整和修复的过程"④的理论为这种干预措施的有效性提供了可能性支撑。

定期进行监察公信力的测评，可实现对监察工作的实时把控，监察机关能在准确认知自身工作的情况下有针对性地采取调整措施，以此有效地提高监察公信力水平。反言之，当前国家监察机关担负着"对所有行使公权力的公职人员进行监察，调查职务违法和职务犯罪，开展廉政建设和反腐败工作，维护宪法和法律的

① Biederman：Social Indicators. Massachusetts：The Unlted States Massachusetts Institute of Technology Press，1996.

② Cass R. Sunstein Republic. com，Princeton University Press，2002，pp. 47－51.

③ ［古罗马］塔西佗：《编年史》，王以铸、崔妙因译，商务印书馆1981年版，第120页。

④ 陶振：《政府公信力：属性、结构与本质》，载《理论月刊》2013年第4期。

尊严"的重要职责,监察权权力比较强大,如不定期进行公信力评价、采取有效的改进措施,容易出现工作"偏离群众轨道",从而削减监察权权威的情况。

(三)构建监察公信力评价体系有助于加强人民群众对监委的认同度

设国家监察委员会作为国家权力结构的重要组成部分,既是推进政治体制改革的重要内容,也是人民群众对惩防腐败、建设清明政治的根本要求,其"人民性"特质更加彰显。[①] 同时,2018 年 12 月 14 日,习近平总书记在中共中央政治局第十一次集体学习时指出,纪检监察机关肩负着党和人民重托,必须牢记打铁必须自身硬的政治要求……努力建设让党中央放心、人民群众满意的模范机关。[②] 这为监察机关努力提高人民群众的认同度提出了更高要求。

构建完善的监察公信力评级体系实际上是人民群众监督监委工作的渠道扩展,《监察法》第七章以专章的形式规定了对监察机关和监察人员的监督,明确了监委接受人大监督的具体形式,并就公开监察工作信息、接受各方面的监督提出要求。定期进行监察公信力测评,使人民群众有机会与监察机关进行良性互动,以达到监督的目的。在这一过程中,人民群众可以更好地了解监察、参与监察,从而认同监察,有效地扩大了公众参与。同时,构建监察公信力评价体系也有助于倒逼监察机关转变工作作风,使其更加关注群众的声音,想人民所想、为人民所为,从而拉近监委与人民群众之间的距离。

二、监察公信力影响因素的设立及评述

尽管国家监察体制改革的决策者将监察权定位为既不是行政权,又不是司法权,而是一种特殊的独立权力,但并不能完全否认监察权依然具有行政权和司法权的某些特征。[③] 所以,在监察机关对公信力构建问题还未采取足够研究时,我们可以从司法公信力和政府公信力构建的典型做法上寻求借鉴。笔者主要通过对比研究陕西省政府、苏州市政府、上海一中院、北京市海淀区人民法院等机关公信力评价体系的设立方式并通过对监察机关工作人员深度访谈的形式,提出了影响

---

① 徐汉明:《国家监察权的属性探究》,载《法学评论》2018 年第 1 期。

② 《习近平在中共中央政治局第十一次集体学习时强调持续深化国家监察体制改革　推进反腐败工作法治化规范化》,载 http://www.xinhuanet.com//pllitics /leaders/2018 - 12/14/c_1123855139.com,最后访问日期:2019 年 2 月 14 日。

③ 秦前红:《监察机关依法开展自我监督之路径研究》,载《深圳社会科学》2018 年第 1 期。

监察公信力评价的3个一级因素，即监察官公信力（主体因素）、监察权运行公信力（机制因素）、监察机关公信力（社会互动因素），并提出了8个二级因素和26个三级因素。

（一）主体因素——监察官公信力

监察官是监察权行使的主体，其一言一行关系着监察机关的外在形象，监察官职业素养的高低势必会影响公众对监察公信力的评价。尤其是现有的监察委员会工作人员由来自纪委、行政监察和检察院的三部分人员组成，需要相互磨合适应，这无疑对监察官的个人能力提出了更高的要求，监察官不仅需要具备良好的思想素养，也需要具备完善的专业技能，熟悉党内规章制度、深谙法律知识。基于此，我们在监察官公信力方面设立了2个二级因素，即监察官思想素养和监察官业务水平，并选取了9项三级因素，分别为政治素养、保密意识、廉洁程度、公正程度、个人品质和办案效率、办案质量、监察官工作经验、监察官学历水平。其中需要特别阐释说明的是保密意识和监察官工作经验的设立原因。监委的特殊性质和职责决定其在工作中更容易接触到国家秘密、商业秘密、个人隐私等，监察法第18条第2款也对监察机关及其工作人员的保密义务作了具体要求，故将“保密意识”列入影响因素中。此外，由于监察机关成立时间短，其现有职能也不是原有各部门职能的简单叠加，所以监察官工作经验是否会影响公信力以及如何评定监察官工作经验都存在一定争议，笔者通过深度访谈后决定先将其列入影响因素范围内并进行后续检验。

（二）机制因素——监察权运行公信力

在监察权运行公信力这一影响因素中设立了监察权独立运行、监察范围全覆盖以及监察权行使专业度3个二级因素。同时，根据监察法第4条规定，在监察权独立运行下设置不受行政机关、不受社会团体以及不受个人干涉的3个三级因素，并根据监委三项基本职能，在监察权行使专业度下设监督能力、调查能力、处置能力3个三级因素。“监察范围全覆盖”下未设三级影响因素，这是由于虽然在监察法第15条中规定了六类监察对象，但第六项为“其他依法履行公职的人员”这一兜底条款，其范围界定当前还存在广泛的争议。而对于普通公众来说，清晰分辨这六类监察对象是更加不现实的，故选取“全覆盖”这一来源于《〈中华人民共和国监察法〉释义》中的概念加以概括。

(三)社会互动因素——监察机关公信力

监察机关公信力主要指监察机关与社会的互动情况，下设监察工作信息公开、监委自身受监督情况以及其他社会影响3个二级影响因素。根据监察法第七章“对监察机关和监察人员的监督”的规定，信息公开是监委受监督的一种方式，但我们认为由于信息公开的内容包含许多方面，所以可将其分离出来单独讨论，在监察工作信息公开下设立立案调查决定的公布情况、违法违纪行为通报情况、财务信息公开情况、法律法规政策解读、热点事件回应情况5个三级影响因素。同时，在监委自身受监督情况下设立监督渠道是否畅通、回应速度是否及时、处理诉求是否得当3个三级因素，在其他社会影响因素中设立媒体对监委报道情况、违法违纪案件出现频率、周围民众评价3个三级因素。

上述全部影响因素如表1所示。

表1　影响监察公信力的因素

一级因素	序号	二级因素	序号	三级因素
监察官公信力(主体因素)	1	监察官思想素养	1	政治素养
			2	保密意识
			3	廉洁程度
			4	公正程度
			5	个人品质
	2	监察官业务水平	6	办案效率
			7	办案质量
			8	监察官工作经验
			9	监察官学历水平
监察权运行公信力(机制因素)	3	监察权独立运行	10	是否受行政机关干涉
			11	是否受社会团体干涉
			12	是否受个人干涉
	4	监察范围全覆盖	—	
	5	监察权行使专业度	13	调查能力
			14	监督能力
			15	处置能力

续表

一级因素	序号	二级因素	序号	三级因素
监察机关公信力（社会互动因素）	6	监察工作信息公开	16	立案调查决定的公布情况
			17	违法违纪行为通报情况
			18	财务信息
			19	法律法规政策解读
			20	热点事件及时进行新闻发布
	7	监察委自身受监督情况	21	监督渠道是否畅通
			22	回应是否及时
			23	处理是否得当
	8	媒体透明度	24	媒体报道情况
			25	违法违纪案件出现频率
			26	周围民众评价

三、监察公信力影响因素分析

为验证上述的因素是否会受到公众关切并确定每项因素的影响力高低，课题组根据上述所提出的影响因素制定调查问卷，并征求 2 名相关领域学者、2 名监察机关工作人员的建议，对问卷进行预测并删除了一些有重复倾向和语义模糊的问项，最后整理得到含有 28 个项目组成的问卷并进行发放。最终收集到有效问卷 286 张，其中线上有效问卷 192 张，线下有效问卷 94 张。

（一）样本基本情况

调研样本性别比例上，女性 161 人，占比 56.29%，男性 125 人，占比 43.71%。年龄比例上，18～22 岁为 70 人，占比 24.48%；23～35 岁为 81 人，占比 28.32%；36～45 岁为 75 人，占比 26.22%，46 岁以上为 60 人，占比 20.98%。职业分布上，学生为 96 人，占比 33.57%；公务员（总体数据已剔除监察机关工作人员）为 71 人，占比 24.83%；事业单位工作人员 52 人，占比 18.18%；企业工作人员 63 人，占比 22.03%；其他职业 4 人，占比 1.40%。由于样本选取时主要考虑年龄层次的平均分布问题，而 18～22 岁的职业分布基本都是学生，故出现“学生”比例偏高的情况，但仍在可接受范围内，总体上，调研样本特征比较符合本研究的要求。

(二)一级因素影响力大小分析

对于三项一级因素影响力大小的问题,问卷采取单项选择的方式进行研究。被调查者从三项指标中选取一项认为最重要的因素,调查结果如表 2 所示。可见,监察权运行机制的完善程度是公众最为关注的指标,占比 54.2%,三项因素的比例值为 2.97:5.42:1.61。

表 2　三项一级影响因素影响力调查结果

		频率(次)	百分比(%)	有效百分比(%)	累积百分比(%)
有效	监察官整体能力高低	85	29.7	29.7	29.7
	监察权运行机制是否完善	155	54.2	54.2	83.9
	监察机关与社会的互动是否协调	46	16.1	16.1	100.0
	合计	286	100.0	100.0	

(三)二级因素影响力分析

对于 8 项二级因素影响力大小问题,问卷采取 0 ~ 10 分数字评分法的调查方式,0 分代表公众认为该项指标与公信力影响毫无关联,10 分代表公众认为该项指标与公信力影响极为关键。本部分主要采取 SPSS 因子分析法,目的为在探究二级影响因素所占权重的同时,检验二级因素与一级因素的关联程度。

1. 效度检验

对本部分数据采用 KMO 检验和 Bartlett 检验,具体结果如表 3 所示,KMO 值为 0.763,Sig. 值为 0。一般认为,KMO 大于 0.7,Sig. 小于 0.05 即可做因子分析,故该部分题目比较适合做因子分析。

表 3　KMO 和 Bartlett 的检验

取样足够度的 Kaiser - Meyer - Olkin 度量		0.763
Bartlett 的检验	近似卡方	877.644
	Df	28
	Sig.	0.000

2. 公因子提取

运用主成分分析法提取公因子，并运用方差最大化正交旋转，从 8 个变量中共提取出 3 个公因子，提取结果如表 4 所示。

表 4　二级因素旋转成分矩阵分析

	成分		
	1	2	3
X1 监察官的思想素养是否过关			0.747
X2 监察官的业务水平高低			0.846
X3 监察权是否能保证独立运行		0.916	
X4 监察范围是否能实现公职人员全覆盖		0.851	
X5 监察委办案能力，即专业度的高低		0.822	
X6 监察工作信息的公开程度	0.872		
X7 监察委自身受社会监督的情况	0.912		
X8 周围环境对监察委的评价	0.765		
提取方法：主成分。旋转法：具有 Kaiser 标准化的正交旋转法			
旋转在 4 次迭代后收敛			

从表中可知，变量 X7、X6、X8 在因子 1 上载荷高，其中 X7 载荷最大，且 3 个变量均属于社会互动因素方面；变量 X3、X4、X5 在因子 2 上载荷高，其中 X3 载荷最大，3 个变量均属于机制因素方面；变量 X2、X1 在因子 3 上载荷高，且 X2 大于 X1，2 个变量均属于主体因素方面。由此可基本证明，上文所提出的对一级因素降级为二级因素的处理方法较为科学，二者具有公众认知上的相关性。同时，监察官业务水平、监委自身受社会监督的情况以及监察权是否能保证独立运行这三项二级因素在各自一级因素下所占权重值最高，对监察公信力的影响更大。

（四）三级因素影响力分析

1. 主体因素下的三级因素分析

对于监察官思想素养的影响因素问题采取了多重响应的分析方式，结果如表 5 所示，所有影响因素的个案百分比均在 30% 以上，这说明该五项因素均对监察公信力起到了一定的影响作用。其中，监察官廉洁自律能力为公众最为关注的因素，个案百分比达到 93.4%。其次公众较为关心监察官的个人品质和处事公正性，而对监察官的保密意识和政治素养的关心度一般。

表5 关于监察官思想素养影响因素的数据情况

	响应		个案百分比
	N	百分比	
廉洁自律能力	267	31.1%	93.4%
过硬的政治素养	105	12.2%	36.7%
保密意识	100	11.7%	35.0%
良好的个人道德品质	204	23.8%	71.3%
处事公正	182	21.2%	63.6%
总计	858	100.0%	300.0%

在影响监察官工作水平的四项因素中,监察官办案质量为公众最为关注的因素,有效百分比达74.8%,其次是工作经验丰富程度,占比15.4%,监察官学历水平与办案效率两项占比较少。

2. 机制因素下的三级因素分析

在监察权独立运行的问题中,72.7%的公众认为监察机关最容易受行政机关的干扰,23.1%的公众认为容易受个人的干扰,认为监察机关易受社会团体干扰的仅占4.2%。

在监察权行使专业度的问题上,认为监委监督、调查、处置三项职能同等重要的公众占比85.7%,具体情况见表6。同时,问卷以单选题的形式要求被调查者选择三项职能中最重要的一项职能,调查结果显示,认为监督职能最重要的占比35.31%,认为调查职能最重要的占比33.57%,认为处置职能最重要的占比31.12%,三者频率相差较小,故我们认为,在公众的感知中,监委三项职能对监察公信力的影响同等重要。

表6 对"监委监督、调查、处置三项职能同等重要"论述的同意程度

		频率(次)	百分比(%)	有效百分比(%)	累积百分比(%)
有效	非常同意	166	58.0	58.0	58.0
	比较同意	79	27.6	27.6	85.7
	一般	22	7.7	7.7	93.4
	比较不同意	19	6.6	6.6	100.0
	合计	286	100.0	100.0	

3. 社会互动因素下的三级因素分析

在研究监察工作信息公开这个因素时，问卷以排序题的形式检验公众对5项公开内容的关心程度，并采取多重响应的分析方式，数据情况见表7。由表可知，这5项因素公众关注度由大到小依次为违法违纪行为通报情况、立案调查决定的公布情况、热点事件回应情况、法律法规政策解读以及财务信息公开情况，而最受公众关注的前两项内容均与案件调查进展情况相关。

表7　对监察工作信息公开内容关切度的多重响应情况

项目	第一顺位响应		第二顺位响应		第三顺位响应		第四顺位响应		第五顺位响应	
	N	百分比（%）	N	百分比（%）	N	百分比（%）	N	百分比（%）	N	百分比（%）
立案调查决定	38	13.3	113	39.5	54	18.9	65	22.7	16	5.6
对热点事件的回应情况	34	11.9	64	22.4	127	44.4	27	9.4	34	11.9
对法律法规政策的解读	31	10.8	25	8.7	44	15.4	121	42.3	65	22.7
违法违纪行为通报情况	181	63.3	28	9.8	40	14.0	35	12.2	2	0.7
财务信息	2	0.7	56	19.6	21	7.3	38	13.3	169	59.1

在监察委自身受监督的问题上，54.2%的受众更加关注监委对公众的监督意见回应是否及时，26.9%的受众关注监督渠道是否畅通，18.9%的受众关注处理结果是否得当。

在其他影响因素方面，61.5%的受众认为如果社会上的违法违纪案件频繁出现，则会降低自身对监察公信力评价，仅有31.5%的受众认为周围民众的评价会影响自身对监察工作的判断。在媒体互动方面，76.2%的受众认为主流媒体的新闻报道褒贬会影响自身对监察公信力的评价，与此同时，仅有34.3%的受众认为互联网舆论对监委的评价会影响自身判断。

四、监察公信力评价体系构建

监察公信力评价体系的构建是一项系统的工程，须以公众主观感受为主要导向,同时兼顾评价的客观性。评价指标的设计应具备可操作性,即通过降维的方式把原本模糊的指标变为可计量的数据化形式。在上述原则下,我们尝试对监察公信力评价体系进行构建。

(一)评价方法的选取

在确定评价方法方面,应首先进行评价机构的选择。对监察公信力的评价不宜采取监察机关内部组织评价的方式,这会使评价结果缺乏中立性,有违公信力评价的初衷。可采用委托专业第三方机构的形式,确保测评更加客观。同时,由于监察机关工作具有极强的专业化特点,易出现因第三方机构不了解监察权运行原理而导致测评结果过于"外化"的现象。因此,第三方测评机构可联合高等院校或相关领域研究机构共同进行评价。

在具体评价方法上,可采取数据调取和问卷调查相结合的评价方式,数据调取主要指评价机构从监察机关办公系统、监察机关官网新媒体平台等载体上直接提取评价指标中所需要的信息,如案件审结情况、信息公开情况等。在此过程中,监察机关应与评价机构签订保密协议,防止监察工作信息外露,同时注意相互配合,保证测评工作的效率。问卷调查主要指评价机构根据评价指标针对不同调查群体设计调查问卷,并向适格调查者进行发放,以此获取公众的直观感受及评价。需要注意的是,在问卷发放时,除指标特殊要求外,应自动排除监察机关工作人员职业群体,确保数据的可靠性。采取数据调取和问卷调查相结合的方式,可有效避免评价全面客观化忽略公众感知以及全面主观化导致结果偏激的情况出现,较好地实现评价工作客观与主观的统一,保证结果公允。

(二)评价指标的确定

基于上述对监察公信力影响因素高低的分析,我们可将三个一级影响因素作为评价体系的一级指标,即监察官公信力、监察权运行公信力以及监察机关互动公信力,这三项指标分别从人、行为和机制的角度出发对监察公信力进行评价。

1. 监察官公信力

根据实证研究结果,本项指标可占总评价分值的30%。该指标下可设置两个二级指标,即监察官思想素养(40%)与监察官工作能力(60%)。在监察官思想素养中,重点评价监察官的廉洁自律能力和个人品德两个方面:廉洁自律能力可通过反向指标的测评方式,考察监察工作人员是否具有违反纪律的情况;个人品德方面可通过监察官互评及社会公众评价的方式进行考察。在监察官的工作能力评价中，应重点考察监察官的办案质量问题，可在收集社会公众意见的同时，调取立案变更率、信访情况等信息对此项指标进行客观测量。

2. 监察权运行公信力

本项指标可占总评价分值的50%，下设三个二级指标，分别为监察权独立运行情况（40%）、监察范围全覆盖实现度（30%）以及监察权运行专业度（30%）。监察权独立运行情况所设权重较高，这不仅符合实证研究的结果，也是由于“独立性”可以被称为监察权的“第一属性”所致，它是监察权得以运行的前提。[①] 本项指标在测评中可重点考察监委在工作中有无受其他单位影响，以及对行政机关、社会团体和个人违规干扰监委独立行使职权行为的处置情况。监察范围全覆盖实现度的测评可通过对标对表的方式对监察对象进行筛查，也可针对本应纳入监察对象的人群制作调查问卷，重点调查其受监督的情况以及对监察机关工作的认识，以此倒推监察范围全覆盖的情况。监察权运行专业度的指标下应设立监督、调查、处置职能三项具体指标，考察监委这三项基本职能的行使程度，并赋予其相同权重比例。

3. 监察机关互动公信力

本项指标可占总评价分值的20%，下设三个二级指标，分别为监委自身受监督情况（40%）、监委信息公开情况（40%）以及媒体透明度（20%）。在监委自身受监督情况中，可重点考察监委对民主、社会、舆论监督的回应状况，兼对监督渠道畅通性问题进行考察。在监委信息公开情况的评价中，可设置案件调查进展的公布情况（50%）、对公众关切事件的回应情况（30%）以及其他应该公开的事项（20%）等3项三级指标对此项内容进行测评，本项指标的数据获取主要来源于监委信息公开平台。在媒体透明度的测评指标中，基于实证分析多数民众不太关心互联网舆论对监委的评价，故该项指标主要考察监委与主流媒体的互动情况，即主流媒体对监委工作的报道频度和角度。

（三）评价结果的运用

第三方测评机构应首先对测评数据进行信度检测并对数据进行详细分析，分别分析各项指标的测评情况，重点总结出受评单位当前出现的突出问题，并撰写评价报告。监察机关应正确认识公信力的评价结果并高度重视评价报告，发现自

---

① 张云雷：《国家监察体制改革法治化进程初探》，载《法学杂志》2018年第5期。

身工作亮点并找到不足之处,对于存在的问题应提出相应整改方案并付诸具体行动,以此切实提高监察公信力。

需要特别注意的是,进行监察公信力评价的关键目的是及时发现问题并以此督促监察机关改进工作作风,将工作落实在人民群众当中。它不是“板子”,而是“警钟”。加之监察公信力本身是一个动态的概念,在评价体系的构建与实际操作中不可避免地受体系设计者、被测评者等方方面面的限制,出现不甚完美的情况,故它不能成为监察机关内部排名或绩效考核的唯一依据。

上级监察机关可以对其所辖的监察机关进行公信力评价结果对比研究,对于存在的共性问题应高度重视并进行总结,逐级上报。由于目前国家监察体制改革还在深化阶段,仍然需要大量的样本或数据作为不断深化改革的决策参考,在此情况下,对各级各地监察公信力评价结果的共性分析就显得尤为重要。

五、结语

拥有较高的监察公信力不仅是监察机关的自我要求,也是人民群众的广泛期待。我们通过构建一套科学的评价体系,将监察公信力这一原本属于主观评价层面的抽象概念变得具有可测量性,这对于监委认知自身情况、改进工作等方面都具有重大意义。由于各级各地监察机关情况不一,对监察公信力评价体系的构建不能一概而论,本研究仅从共性方面出发,基于公众感知进行实证分析,旨在为监察公信力评价体系的构建提供一定启发。各级各地监委可根据自身情况,调整部分指标及相应权重,使体系更具适配性。

监察实务

论监察拘留权的建构

黄孝武*

[摘要]　国家监察体制改革，赋予了监察机关在案件调查过程中享有限制人身自由的留置权，为监察机关稳定被调查对象、及时搜集证据，确保调查工作顺利进行提供了重要保障。但在具体实施时，监察法第43条规定省级及以下监察机关采取留置措施的，应当报上一级监察机关备案或批准。实践中，由于留置报批需要相当长的一段时间，期间可能面临被调查人自杀、逃跑以及毁灭、伪造证据或串供等紧急情况，或者监察机关请求公安机关将出逃的被调查人追捕归案后，因留置报批手续未能及时办理而出现关押脱节，致使留置权行使落空等问题。为解决监察机关适用留置权中发生的上述问题，可考虑通过立法赋予监察机关拘留权，在留置手续未能及时办理的紧急情况下对被调查人先行拘留，然后留置，从而形成一套更加完整、严密的留置程序体系，确保在法治轨道上进一步推进监察体制改革。

[关键词]　监察机关　留置权　监察拘留权　立法建议

一、监察机关行使留置权存在的问题

为贯彻落实党中央关于深化国家监察体制改革决策部署，使党的主张通过法定程序成为国家意志，①实现立法与改革相衔接，2018年3月20日，第十三届全国人民代表大会第一次会议通过《中华人民共和国监察法》。从而构建起集中统一、权威高效的中国特色国家监察体制，为新形势下反腐败斗争提供坚强法治保障的

---

* 黄孝武，广东省湛江市监察委员会工作人员。

① 本文是作者结合监察工作实际及监察法前沿发展问题完成的一篇理论性探讨文章。

现实需要。其中,监察法规定的留置权作为党中央依法赋予监察机关履行监督、调查、处置职责的关键性措施,为监察机关稳定被调查对象、及时搜集证据,确保调查工作顺利进行提供了重要保障。但监察机关对被调查人具体实施留置时,根据监察法第43条规定需经上级监察机关批准或备案,由于下级向上一级监察机关报批的留置需要相当长的一段时间,期间若遇被调查人自杀、逃跑以及有串供、毁灭、伪造证据等紧急情况时,监察机关往往会因此陷入被动局面。

[**案例一**]2019年3月,广东省H市监察机关办理的一宗徇私枉法案,其中一涉案人甲2012年曾因涉嫌贪污罪被立案调查,调查期间甲涉嫌向当时的办案人员乙行贿,乙收受甲贿赂后,将甲涉嫌贪污金额由40万元改为2万元,2012年年底,甲被法院判处免予刑事处罚。H市监察机关收到乙涉嫌徇私枉法的线索后,当即找甲进行谈话,经教育,甲向监察机关工作人员交代其在2012年为免受刑事处罚向乙行贿的事。根据已核实的事实,甲的行为涉嫌贪污罪(漏诉)和行贿罪,且有重要案情需进一步核实,宜对甲立即采取留置措施,否则存在串供、隐匿、毁灭有关证据的极高可能性。但H市监察机关匆忙拟好留置报批手续已到晚上,无法及时向上级监察机关报批,且上级监察机关审批往往需要较长时间,无法做到在一两天内完成留置手续的审批。无奈之下,H市监察机关只能依办案规定,当晚将甲送回。几天后,H市监察机关顺利办理了甲的留置手续,再次通知甲谈话,但甲对之前的陈述全盘予以否定,将涉嫌贪污的数额解释成公务支出,对乙行贿一事更是矢口否认,H市监察机关的调查工作陷入被动局面。后经调查得知,甲两次谈话之所以发生这么大变化,是因甲经第一次谈话回去后,与乙等人商量好串供和做好应对调查的充分准备。

监察机关留置被调查人过程中除发生上述问题外,在请求公安机关将出逃的被调查人追捕归案或者执行限制出境时,监察机关因留置手续未能及时办理,同样发生关押脱节,致使留置权行使落空的问题。

[**案例二**]2019年5月,广东省N市监察机关办理的一宗行受贿案件中,该案经初核后,N市监察机关初步认定该地某单位的负责人甲涉嫌利用职务上的便利收受乙贿赂50万元。N市监察机关对甲以涉嫌受贿罪立案后,为进一步核实有关情况,对乙进行了谈话,并同时吩咐驻甲所在单位的纪检监察组密切关注甲的动向。谈话中,N市监察机关收到驻甲所在单位纪检监察组的紧急来电,告知甲突然向单位递交了休假申请,并同时购买了飞往外省的当天机票,甲的反常变化

表明其有出逃倾向(事后,甲供述当天其收到N市监察机关已经对他立案并找了行贿人乙谈话的消息,他急忙购机票离开正是为了躲避调查)。N市监察机关得知这一消息后,立刻请求公安机关在机场将甲予以控制,并准备对甲采取留置措施。但当时N市监察机关对甲仅是监察立案,尚未来得及向省报请留置的手续,留置报批时间较长,如果按正常程序办理,中途必须要将甲放行,等手续办好才能对甲进行留置,否则存在非法限制人身自由的问题,但若如此,甲早已逃之夭夭。无奈之下,N市监察机关的主要负责人只能直接与上级监察机关的有关领导进行沟通,将案件突发情况一一阐明后,请求并获得上级监察机关口头同意对甲先予以留置,再补办留置审批手续。

上述对被调查人采取留置措施过程中因报批时间而导致无法对被调查人及时留置的问题,不仅会给监察机关后续调查工作增加难度,有时甚至会使其早期的调查工作前功尽弃。即使下级监察机关在发生上述紧急情况时能够与上级监察机关口头沟通好先对被调查人予以留置再补办留置审批手续,但该做法是否合法合理受到很大质疑,先不说上级监察机关是否都能同意,即使都能同意,该做法也违反了程序上的规定。且上级监察机关在没有正式审核下级机关报批留置资料的情况下,因形势紧急"被逼"口头先同意再补手续的做法会使留置报批程序流于形式,且可能因事先缺乏资料审查,对一些本不符合或可不留置的监察对象都予以了留置,导致滥用留置权的问题。因此,在留置措施报批下来前,监察机关遇到上述紧急情况时应如何处置应当被留置的被调查人,是目前监察机关在实务中频繁遇到的问题。为解决该问题,可通过立法赋予监察机关遇到上述紧急情况时,可以对被调查人采取暂时限制其人身自由的强制性措施——监察拘留权。

二、监察拘留权的概念与特征

当前我国理论界和实务界都尚未对监察拘留这一课题进行研究,概念的定义和特征的论述更是空白,本文参考目前我国对拘留权种类、概念和行使主体等的立法规定,结合监察法规定、监察机关自身的特点,对监察拘留权的概念与特征进行初步探析。

(一)当前我国对拘留权的立法规定

我国对拘留的有关立法规定是比较丰富的,适用的范围也比较广泛,根据法律的相关规定,拘留的种类可分为三种:一是刑事拘留,二是行政拘留,三是司法拘留。

刑事拘留是指为了防止犯罪嫌疑人逃跑、自杀、行凶或毁灭、伪造证据,保证刑事诉讼的顺利进行而对犯罪嫌疑人、被告人暂时限制其人身自由的强制手段,它本身不具有惩罚性。刑事拘留适用的法律法规有刑事诉讼法和逮捕拘留条例等;刑事拘留适用的主体可以是公安机关、人民检察院和国家安全机关及监狱、军队保卫部门,除人民检察院仅为刑事先行拘留的决定主体外,其他机关既是其决定主体,又是其执行主体。行政拘留是指法定的行政机关(公安机关)依法对违反治安管理处罚条例而尚不构成犯罪的行为人,在短期内限制人身自由的一种行政处罚。适用的法律法规有行政处罚法和治安管理处罚法;行政拘留适用的主体只能是县级以上(包括县级)的公安机关。司法拘留是指人民法院对妨害诉讼秩序情节严重而又构不成犯罪的人(包括诉讼参与人、旁听人和其他所有同诉讼活动有关的人),在一定期间内限制其人身自由的一种强制措施。适用的法律法规有民事诉讼法和行政诉讼法等。司法拘留决定主体只能是人民法院,而其执行主体一般是公安机关和人民法院,即人民法院的司法警察执行后交公安机关看管。上述刑事拘留、行政拘留和司法拘留中,除刑事拘留的强制措施不属于具有惩罚性的预防措施外,行政拘留和司法拘留的限制人身自由强制措施都具有一定的惩罚性。

(二)监察拘留权的概念

监察拘留主要是为解决留置适用前被调查人发生的紧急情况,与留置权的适用具有高度衔接性,在本质上和留置权一样都是为了预防被调查人自杀、逃跑、串供、毁灭证据、伪造证据等问题的发生。因此,监察拘留是一种具有预防性的,类似于刑事拘留却又与刑事拘留在适用主体、条件、目的等方面具有很大不同的临时性强制措施。参考刑事拘留的概念,结合监察法有关规定和监察拘留适用目的等因素,监察拘留的概念可定义为:监察机关对符合留置条件的被调查人采取留置措施前,为保证调查工作的顺利进行,在被调查人可能出现逃跑、自杀、串供或毁灭、伪造证据等紧急情况时,对被调查人采取暂时限制其人身自由的一种强制性措施。

(三)监察拘留权的特征

1. 监察拘留权行使主体的专属性

监察法第4条规定,监察委员会依照法律规定独立行使监察权,不受行政机关、社会团体和个人的干涉。根据该规定，监察权只能由监察机关专门行使。监察法第四章规定了监察权有调查权、留置权、财产查封冻结权、搜查权等。本文探析的监察拘留权属于监察权限中的一种，也应专属监察机关行使，但确定监察拘留权具体的行使主体，需先明确监察权限的具体行使主体。监察法第 3 条规定了行使国家监察职能的专职机关是各级监察委员会，然而监察法并没有对监察机关如何行使监察权作进一步的具体规定，比如行使监察权的主体应当具有何种身份。监察法第 41 条规定调查人员采取讯问、询问、留置、搜查、调取、查封、扣押、勘验检查等调查措施，均应当依照规定出示证件。从该规定可知，调查人员应属监察权的具体行使者，但该调查人员的范围有哪些，目前有三种不同意见。

一是参考检察院或法院司法改革后规定的拥有办案资格的人员，仅指入额的检察官（承办人）或法官及司法辅助人员，这范围的人员相对较窄，对办案人员要求也较高；提出此意见的依据是监察法第 14 条规定的国家实行监察官制度，依法确定监察官的等级设置、任免、考评和晋升等制度。依该规定，调查人员仅指入额的监察官及辅助人员，但目前国家还未开始实行监察官制度，是否参考检察院、法院实行检察官和法官制度也未可知，还需等国家有关制度的出台。二是指监察机关内部所有的工作人员和监察机关从别的机关事业单位借调到监察机关工作的人员，均可行使调查权，这范围的人员是最广的。监察机关由于成立时间并不久，还处于摸着石头过河的改革初期阶段，在当前各地监察机关办案压力大、办案人员紧缺的情况下，最大范围扩充办案人员数量以增强办案力量，无疑对缓解办案压力起到重要作用。但该类办案人员由于很多没有接受过有关专业培训学习，也缺乏办案经验，对案件的办理质量，特别是移送司法机关的案件，证据标准是否符合庭审要求，无疑带有很大的疑问。三是指监察机关内部专门从事审查调查工作的人员，一般指审查调查室工作人员，以及从其他监察机关审查调查室借调过来的工作人员。审查调查室是各级监察机关在科室及权责分工中明确规定对监察对象行使审查调查权的部门，该部门中的工作人员自然拥有调查权、留置权、财产查封冻结权、搜查权，且审查调查室的工作人员往往接受过专业培训和学习，具有较高学历，有着丰富的办案经验，熟悉监察业务，与监察法第 56 条规定的监察人员必须具备的条件相吻合。

因此，监察法第 41 条规定的在调查工作中可以采取讯问、询问、留置、搜查、调取、查封、扣押、勘验检查等调查措施的调查人员应指各级监察机关审查调查室的工作人员。监察拘留权是和监察权限中讯问、询问、留置、搜查、调取、查封、扣押、勘验检查等调查措施相类似的一种监察权限,监察拘留权的行使主体也应专属于各级监察机关从事案件调查工作的审查调查室工作人员。

2. 监察拘留权适用对象的指定性

根据刑事诉讼法对拘留的规定,刑事拘留适用的对象是涉嫌触犯刑法一般规定的犯罪嫌疑人(除专属管辖罪名外,如刑法第八章、第九章罪名专属监察机关管辖)。行政拘留的适用对象是违反《治安管理处罚法》尚不构成犯罪的行为人。司法拘留适用对象是妨害人民法院诉讼秩序情节严重而又构不成犯罪的人(包括诉讼参与人、旁听人和其他所有同诉讼活动有关的人)。关于监察拘留权的适用对象,相比上述三种拘留对象的笼统规定,监察法第 15 条明确规定了监察机关监察对象的范围有六种公职人员,对该六种人员监察机关自然能行使监察权。监察拘留权属于监察权的一种,其适用的对象包含监察法第 15 条规定的六种公职人员。另外,监察拘留的对象除监察法第 15 条规定的六种公职人员以外,贪污贿赂罪的对向犯行贿人员及共犯等有关人员,也属监察拘留适用对象。因此,监察拘留的对象是指监察法第 15 条规定的六种公职人员及其他行贿、共犯等人员。

3. 监察拘留权适用条件的紧急性

监察法中留置的条件规定被调查人必须涉嫌严重职务违法与职务犯罪,其次是监察机关已经掌握了部分证据但仍需要进一步调查,最后还需至少满足以下条件之一,即涉及案情重大、复杂;被调查人可能逃跑、自杀;被调查人可能串供或者伪造、隐匿、毁灭证据;被调查人可能有其他妨碍调查行为。监察法规定的留置条件与刑事诉讼法规定刑事拘留的条件十分相似,但留置却并非应对紧急情况的短期羁押,而是无须进一步审查即可达到逮捕的法律效果,所以在适用条件和审批程序上有着更高的要求。① 但这也导致留置措施的条件虽与刑事拘留相似,却无刑事拘留反应之迅速,能够及时、快速限制人身自由,达到预防目的。针对留置措施应急性不够强,难以及时应对留置手续审批下来前出现的紧急情况而易错失"良机"等弊端,监察机关的拘留权作为对被调查人在采取留置措施前临时限制其人身自由的紧急措施,重点就是要体现在紧急性上。

---

① 杨宇冠、高童非:《监察机关留置问题研究》,载《浙江工商大学学报》2018 年第 5 期。

4. 监察拘留权适用期限的短暂性

监察机关案件拘留权行使中的临时性和紧急性要求强调效率。一方面，拘留权行使的目的是预防留置手续未被审批下来，被调查人可能出现逃跑、自杀、串供或者伪造、隐匿、毁灭证据等情况，采用的临时性紧急措施；另一方面，是预防公安机关依监察机关要求将应当留置对象追捕归案或限制出境后将有关人员移交监察机关时，监察机关因留置手续未能及时上报或上报后审批未下来出现关押脱节的问题。拘留措施运用的临时性和紧急性决定了拘留期限不宜过长，具有短暂性的特点。

5. 监察拘留权执行场所的特定性

监察法第22条规定被采取留置措施的被调查人应当留置在特定场所。监察拘留与留置措施一脉相连，从监察对象的人身安全以及从方便办案角度考虑，监察拘留的执行场所应与留置场所保持一致，在特定场所执行。监察拘留与留置之所以要在特定场所执行，一是因为监察机关是政治机关，监察法规定的管辖对象、办案程序等与司法机关办理的普通刑事案件有着质的不同，不宜将监察法规定的监察对象与普通刑事案件的涉案对象关押一处，正如行政拘留不会与刑事拘留在同一场所执行一样；二是监察机关的留置和监察拘留不属于刑事强制措施，留置和监察拘留期间也不允许律师介入，适宜单独关押；三是从办案保密角度考虑，关押涉嫌普通刑事犯罪人员的看守所，由于被关押的人员混杂，管理人员又非监察机关工作人员，将监察对象关押其中极其容易导致案件泄密，或被关押人串供、翻供等问题的出现。因此，监察拘留的执行场所应规定在某特定地方，不宜与涉嫌普通刑事犯罪的人员混合在看守所执行。

三、设立监察拘留权之必要性

通过立法赋予监察机关监察拘留权并非为了扩大监察机关的权力，而是为了完善监察法对留置措施适用中的有关规定，进一步促进监察体制改革。

监察机关调查的违法犯罪案件大多属贪污贿赂和渎职性质类，被调查人往往是具有复杂社会关系有职有权的国家工作人员，有着较强的社会活动能力，作案手段诡秘、反调查能力强，且该类案件对供述的依赖性强，被调查人间容易发生串供、串证等情况。这些不利调查的因素，决定了监察机关开展调查工作必须抓住时机，以快制胜，迅速、及时是监察机关必须遵循的基本原则。监察法第22条虽然规定了被调查人在涉及案情重大、复杂的,或可能逃跑、自杀、串供的,或可能伪造、隐匿、毁灭证据的等情形可留置在特定场所,但是留置是较长时间限制人身自由的强制性措施,采取留置前需经过集体研究和严格的审批程序。监察法第43条规定了监察机关采取留置措施的应当由监察机关领导人员集体研究决定;设区的市区以下监察机关采取留置措施应当报上一级监察机关批准;省级监察机关采取留置措施的应当报国家监察委员会备案。实践中,监察机关留置报批程序往往需要几天的时间,在留置手续审批通过前,因案情泄露或其他原因导致被调查人自杀、逃跑或者串供、毁灭、伪造证据等紧急情况时,监察机关对此往往无可奈何。另外,监察机关依监察法第29条请公安机关对在逃的被调查人通缉追捕或依第30条请公安机关对被调查人执行限制出境后,公安机关将抓捕的被调查人移交监察机关时,监察机关也可能会因接收被调查人时间的突发性、紧急性而无法及时办理留置手续,最终不得不将被调查人放走。受到"惊吓"的被调查人则进一步强化逃跑欲望,再次抓捕难上加难,留置权的行使也会因此落空。

为使监察机关对被调查人采取留置措施前,被调查人发生自杀、逃跑或者串供、毁灭、伪造证据等紧急情况时监察机关能够及时将被调查人控制,或者监察机关对公安机关追捕归案和执行限制出境后移交的被调查人能够及时关押,通过立法赋予监察机关监察拘留权就成为了解决当前留置权上述困境的必要选择。

四、设立监察拘留权之可行性

(一)设立监察拘留权之理论可行性

中央多次强调监察机关非司法或行政机关而属特殊的政治机关,从制度顶层设计否认监察调查本应有之刑事侦查属性。很多人会据此提出,拘留属于刑事强制措施,监察机关自然不能使用带有刑事强制措施属性的拘留权,但这样的说法显然并不充分。从上述我国拘留种类、性质和行使主体的立法规定可知,拘留并不仅指刑事拘留,即拘留这种强制性措施既可被用于刑事司法机关,也可被用于行政机关。拘留这种强制措施用于政治机关监察委,成为与刑事拘留、行政拘留、司法拘留并立的一种监察机关专属的拘留方式,也具有法理上的可行性。但是监察拘留属于什么性质,应赋予其何种名称,目前理论界和实务界尚未对该问题进行研究,本文参考监察法中留置权的性质对该问题进行分析。

要认定监察机关拘留权的性质,首先得对监察机关的属性和监察法规定的留置强制措施性质进行分析，监察机关属于政治机关已为大家熟知，但留置强制措施又属何种性质？留置措施作为监察法新设立的一项调查举措，虽然源自纪委的“两规”措施，但其性质已经与“两规”有了很大的差别。留置是监察法明确授权监察机关可采取的调查措施之一，它不再只是一项党内措施，而是可以针对监察法第15条规定的所有监察对象，以及对涉嫌行贿犯罪或者共同职务犯罪的涉案人员即便不在监察对象范围之内也可以采用。① 因此，留置措施已属国家监察权的一部分，而不仅仅属于党的纪律检查机关的一项职权，留置措施从刑事强制措施角度看，是一项既类似于刑事诉讼法中逮捕，但又性质不同的强制性措施，留置措施不属于刑事强制措施。司法机关的逮捕权有来自宪法的授权，依照宪法第37条的规定，只有法院和检察院有权决定逮捕，并且逮捕只能由公安机关执行，留置措施是来自监察法的授权，由监察机关决定并执行，不能将二者等同②。另外，人民警察法第9条第2款所规定的“留置盘问”针对一般的涉嫌违法犯罪的人员，是公安机关打击违法犯罪活动、维护社会治安的行政管理活动。公安机关为实施继续盘问而采取的留置具有行政性质，与监察机关留置措施的定位是有所区别的。因此，留置措施既不属于刑事强制措施，也不属于行政强制措施，而是一项为监察机关行使调查权所量身定制的新措施。同理，从性质上来说，监察机关代表党和国家行使监督权，是政治机关，不是司法机关、行政机关，与司法机关、行政机关的性质也完全不同，并且反腐败针对的职务犯罪也区别于普通刑事犯罪，监察机关行使的调查权不同于刑事侦查权，不能简单套用司法机关的强制措施。因此，监察机关所采用的强制性措施，不管是留置措施或是紧急状态下采用的拘留措施都必须要与监察机关属性一致，为体现监察机关的政治属性，又能与留置权的性质保持一致，并反映监察机关采用拘留强制措施的特殊性和紧急性，建议将监察机关的拘留权直接命名为监察拘留或政治拘留。

（二）设立监察拘留权之现实可行性

刑事诉讼法第170条规定，对于监察机关移送起诉的已留置措施的案件，人民检察院应当对犯罪嫌疑人先行拘留。该规定赋予了检察院对监察机关移送审查起诉案件的刑事拘留权，如果监察法再规定监察机关具有拘留权，是否发生对拘留权重复使用而侵害被调查人人身权利的问题？在对该问题作判断前，先对这

① 杨宇冠、高童非：《监察机关留置问题研究》，载《浙江工商大学学报》2018年第5期。

② 杨宇冠、高童非：《监察机关留置问题研究》，载《浙江工商大学学报》2018年第5期。

两种拘留的性质和目的进行分析。

监察机关采取拘留强制措施是为应对因未能及时办理被调查人留置手续,在紧急情况下对被调查人进行的暂时限制其人身自由,是为进一步顺利留置被调查对象及开展案件调查工作,该措施本身不具有惩罚性。刑事诉讼法规定的刑事拘留同样是为保证案件的顺利开展、查实有关涉嫌的犯罪问题,对犯罪嫌疑人采取的限制其人身自由的措施,该措施也非对犯罪嫌疑人的惩罚。但从适用对象的身份来说,两者的性质是不同的,监察机关拘留权适用的阶段为被调查人,检察院的刑事拘留权适用的阶段为犯罪嫌疑人。另外,从当前刑事诉讼法和相关司法解释的规定来看,法律并没有禁止对同一现行犯或者有重大作案的嫌疑人实施重复刑事拘留的规定,只要在刑事拘留适用条件存在的前提下,对同一人重复执行刑事拘留是可行的。且监察机关所采取的拘留措施与司法机关采取刑事拘留措施的性质本身不同,机关的性质也不同。正如行政机关对甲作行政拘留后,发现甲涉及的事实不仅违法,而且达到犯罪标准,行政机关将甲交由司法机关后,司法机关再对甲采取刑事拘留措施,这并不存在任何问题。况且监察法和刑事诉讼法分别都规定监察机关、司法机关对被调查人采取留置措施或羁押看守所的可以在法院判决中折抵刑期(监察拘留同样可通过立法规定执行的拘留期间可折抵刑期),并不会因重复使用拘留强制措施而侵犯对被调查人的人身权利。因此,监察拘留从现实适用的角度考虑也具有可行性。

五、设立监察拘留权之立法建议

考虑到监察机关适用留置措施中遇到的问题,以及通过上述对拘留权性质的法理分析,目前赋予监察机关在紧急状态下对被调查人采取监察拘留的条件是基本具备的。为了使监察机关从留置权适用前的种种尴尬情形中解脱出来,更好地发挥留置权的效用,监察法修改时可考虑通过立法形式规定监察机关在紧急情况下可对被调查人采取拘留措施,以形成拘留到留置完整的强制措施权。下面对监察拘留的有关立法要件进一步思考与分析。

(一)规定监察拘留的适用条件

虽然监察机关的拘留是留置措施前紧急状态下不得已而采取的临时性强制措施,但拘留毕竟属限制人身自由的强制性措施,对采取拘留措施的对象和适用的条件就应有相应的标准和程序。

监察法规定的可以采取留置措施的对象范围很广，既包括涉嫌职务违法、犯罪的监察对象，也包括涉及监察对象范围之外的类似涉嫌行贿犯罪、共同职务犯罪等有关人员，而监察机关采取拘留的目的是让被调查人顺利适用留置措施。因此，监察拘留的对象范围应和监察法规定的可采取留置措施对象的范围一致。对于监察机关采取拘留措施的条件，既要充分考虑监察法第22条规定可适用留置的各种情形，又要考虑监察机关请求公安机关网上通缉、限制出境等状况下将被调查人抓捕归案后人员交接的手续问题，以及拘留本身针对突发性和紧急性事件的特点，对犯罪后企图自杀、逃跑或者在逃的，有毁灭、伪造证据或者串供的，公安机关依监察机关请求通缉抓捕归案的，公安机关依监察机关请求限制出境移交被调查人的等情形，可依法办理拘留手续，对被调查人现行拘留。

当然，监察机关的拘留只是在拟采取留置措施前紧急情况下使用的应急措施，证明标准不宜过高，并不要求达到足够充分的程度，监察机关掌握的证据只要达到让人能够相信适用留置可能性大于无留置可能性即可。

（二）指定监察拘留的提请和执行主体

考虑到赋予监察机关拘留权的目的就是解决留置报请上级审批时限长的问题，监察机关决定采取拘留强制措施就要既符合程序规定，又要省时快速，对此我们可以参考公安机关和检察院采取拘留措施的做法。即监察机关提请拘留的，先由承办人提出意见、部门负责人和分管领导签署、监察委员会主任决定的模式。如果情况特别紧急，调查人员也可现行拘留，然后，将拘留情况向监察机关的负责人进行报告，并及时补办拘留相关手续。关于提请拘留需要的证据材料，根据监察机关采取拘留强制措施的条件，提请材料应当明确对被调查人采取拘留措施是符合哪一项标准，并提供相应的材料，以证明该人符合监察拘留条件，如需要证明被调查人存在逃跑、自杀、串供、毁灭证据等妨碍调查的行为。

另外，为应对监察机关执行留置措施或拘留措施过程中出现的突发危险情况，监察机关在适当时应配备类似检察院、法院“法警”那样的强制执行队伍，对于监察机关执行留置或拘留强制措施的，由监察机关专门强制执行队伍来实施。执行的工作人员应不少于两人，执行时应该首先向被留置或拘留人出示留置证或拘留证宣布执行相应的措施，并责令被调查人在证上签字捺手印；被调查人拒绝签字或按手印的应当加以注明。如遇被调查人反抗的，执行强制措施的工作人员可以使用武器和戒具，但应当注意采取强制手段的必要性和比例性，以使其就缚为限。

(三)设立监察警察部门

上述论述监察机关执行拘留的主体时提出监察机关应在内部设立类似检察院、法院“法警”那样的强制执行队伍,或者叫作“监察警察部门”。从当前法院和检察院的司法力量来看,法院和检察院都各自配备了自己的司法警察队伍,并按照警察要求训练,负责协助法官、检察官执行安全及押解等。监察机关自监察体制改革成立后,检察院自侦部门反贪局和反渎局的职能和人员都已经从检察院分离并到了监察机关,监察机关吸收这部分的职能后就面临着需要专业人员对涉嫌贪污贿赂或渎职侵权的公职人员执行强制措施的问题。但监察机关负责调查工作的办案人员却缺乏类似警察执行强制措施的专业训练和专业工具,直接由办案人员对被调查人执行强制措施无疑对办案人员的人身安全造成威胁,办案人员也因此难以集中更多精力和力量进行案件调查,影响本职工作的效率和效果。因此,监察机关在内部设立“监察警察部门”既是保护办案人员人身安全的需要,也是保证调查工作顺利开展的需要。

当然,监察机关调查的对象一般属于有公职身份的国家工作人员,多数情况下该类案件属非暴力犯罪案件,被调查对象社会地位、文化水平、理性程度都相对较高,犯罪嫌疑人自杀自残、暴力伤人等成本较大,这些都促使被调查对象多数都会配合执行机关完成相关工作。内设的监察警察只需参考法院或检察院,在非重大案件或非需大量调查外勤工作的情况下,具备一般执行拘留能力的警察队伍即可。

(四)监察拘留的决定权与执行权不分离

刑事诉讼法规定检察院只有拘留决定权而无拘留执行权,对此监察机关是否也应该参考刑事诉讼法的规定只赋予监察机关拘留决定权,而将拘留执行权交给公安机关执行?回顾将检察院拘留决定权与执行权分开行使的历史来看,将拘留决定权与执行权分开行使存在一定的弊端。一方面是公安机关执行拘留的形式性。以往检察院办理自侦案件中对犯罪嫌疑人执行的刑事拘留,实际操作中大多是由检察院作出拘留决定后直接到当地公安局开具拘留证,然后检察人员将拘留证向犯罪嫌疑人宣布并待其签字后送押到看守所,最终由公安机关所属看守所执行关押。在整个拘留的过程中,公安人员基本不到场,所谓执行,也只是开具拘留证和看守所的关押。现实的操作使公安机关对刑事拘留执行在很多场合都是走过场，流于形式，看似合法实际掩盖了执行操作上的“真实”。①

另一方面，由于公安机关对于检察院要求执行刑事拘留对象的住所、容貌等情况不熟悉，实践中出现公安机关开具拘留证后却找不到人或因人员紧张派不出人去执行拘留而直接由检察人员将拘留证向犯罪嫌疑人宣布并待其签字后送押到看守所的尴尬现象。在这些情况下刑事拘留的执行规定就变成一种为了追求形式上公正而增加一道不易操作的司法程序，不符合诉讼效率的原则，起不到在紧急情况下剥夺犯罪嫌疑人人身自由以保障刑事诉讼程序顺利进行之目的。② 参考多年来检察机关与公安机关将刑事拘留决定权和执行权分开实施的历史“教训”，不宜将监察拘留的决定权和执行权分开实施。

最后，将监察拘留交由公安执行也很容易造成案情泄密和贻误办案时机。监察机关办理的案件相比普通刑事案件具有其特殊性，案情的保密至关重要。如果监察机关在决定拘留后，无故增加一道公安机关开具拘留证环节，程序繁杂，介入人员增多，泄密的可能性也就加大了许多。况且监察机关调查工作是一项时间性很强的调查活动，被调查对象作案以后，为了掩盖罪行，逃避罪责，总是想方设法隐匿、毁灭、伪造证据，或者与同案犯订立攻守同盟。将监察拘留的决定权与执行权分离，增加了办案环节，耽搁时间，贻误战机，影响监察机关拘留强制措施应急功能的发挥，难以满足处理紧急情况的需要，犯罪分子很可能在这段被耽搁的时间里通过各种方式手段进行反调查、堵口串供、转移赃款赃物或逃跑隐匿，使调查工作陷入困境和极为被动的局面。因此，监察拘留决定权与执行权不应分离，而应统一由监察机关实施，对于具体拘留的执行工作可由监察机关新设立的监察警察负责。

当然，在我国，公安机关履行维护治安和社会稳定的重要职能，其无论在人力、装备还是在应对刑事案件的经验和能力上相对监察机关都有着明显的优势。在支持监察机关对拘留执行权保留的同时，但应当注意特殊情况下对于外地情形或者从职权范围由公安机关执行更方便时，应由公安机关协助监察机关行使拘留权。

（五）监察拘留的期限不宜过长

监察拘留主要是为了应对符合留置条件的被调查人在留置前出现的紧急情

---

① 余海敏、王乐：《论检察机关刑事拘留权的完整性》，载《法制与社会》2008年第5期。

② 余海敏、王乐：《论检察机关刑事拘留权的完整性》，载《法制与社会》2008年第5期。

况，拘留的时间应与办理留置手续及上级审批所需时间一致为宜。参考《刑事诉讼法》对检察院拘留期限的规定，检察院直接受理的案件，认为需要逮捕的，应当在14日内作出决定，特殊情况下，可延长1日至3日；检察院对于监察机关移送起诉的已采取留置措施的案件，应当对犯罪嫌疑人先行拘留，拘留后10日内作出是否逮捕、取保候审或监视居住决定，特殊情况的，可延长1日至4日。从上述刑事诉讼法对检察院拘留期限的规定可知，检察院对直接受理案件的拘留期限最长是17日，对监察机关移送审查起诉案件的拘留期限最长是14日。考虑到监察机关对被调查人采取监察拘留是为了顺利衔接留置措施，拘留期间主要用于核实被调查人主体身份、调取涉案的基本材料、办理留置呈批文书，以及向必要的案件知情人开展取证工作。在留置措施未经上级机关批准，不宜限制被调查人人身自由的时间过长。因此，可参考刑事诉讼法对检察院自办案件拘留规定的期限，及监察机关留置措施上报审批需要的时间，将监察机关拘留期限规定为10日以内，特殊情况下，可以延长1日至3日，使拘留期限既与暂时性强制措施的性质相符合，又能缓解监察机关由于特殊情况，未能及时收集证据导致上报留置的压力。

(六)指定监察拘留的执行场所

监察法第22条规定了被采取留置措施的被调查人应当留置在特定场所，但没有明确规定留置场所是哪些，而是规定留置场所的设置、管理和监督依照国家有关规定执行。在当前实际运作中，监察机关主要将采取留置措施的被调查人关押在看守所或原先纪委的“两规”场所中。① 因此，被调查人无论是被留置在看守所还是纪委办案场所的做法都是合法的。参考监察法对留置场所规定和现实中留置场所的运用，为方便管理，保证办案过程的安全，避免频繁转移被调查人出现其他意外事件，监察机关的拘留场所宜与留置场所保持一致，使被调查人可直接由拘留阶段过渡到留置阶段。

另外，对于拘留和留置的场所选择在看守所是否存在问题，现实中一直流传这样的说法：在外面不交代问题的，进去看守所后更不会交代了。究其原因，是因为看守所里被关押的人性质、经历等比较复杂，在里面容易受到感染及被“教导”，翻供或消极对抗调查，特别是那些刚拘留还未被留置的被调查人，如果在一开始就被感染，对抗调查，那么即使以后采取留置措施或转移新的留置场所，对开展调

① 杨宇冠、高童非：《监察机关留置问题研究》，载《浙江工商大学学报》2018年第5期。

查工作也产生很大的不利影响。看守所的这些负面因素表明,将被调查人拘留和留置在看守所的做法是不合适的。监察机关自成立后,留置场所经过两年的建设与发展,已逐渐形成较为齐全的设施设备和规章制度,满足了现实中监察机关拘留和留置被调查人的基本需求。即使在有些地方的监察机关还未指定留置场所,不得已将被调查人暂时关押在看守所的,也应在看守所内设立单独的拘留所用来关押被调查人。

以永远在路上的坚韧与执着
推动新时代纪检监察工作实现高质量发展

——桂林纪委监委若干工作经验观察

“政贵有恒，治需有常”，继续推进全面从严治党，继续推进党风廉政建设和反腐败斗争，既是依然严峻复杂的形势要求，也是保障伟大事业发展所必须。2018年是监察体制改革第一年，从监察法的颁布，到国家监委挂牌、国家监委派驻纪检监察组的成立，到新修订的《中国共产党纪律处分条例》，再到中共中央办公厅印发的《党组讨论和决定党员处分事项工作程序规定（试行）》中明确党组、纪（工）委、纪检监察组之间的关系，无不印证了纪检监察体制改革正在全国范围内如火如荼地开展起来。广西桂林市纪委监察委忠诚履行党章和宪法赋予的双重职责，持续推动党风廉政建设和反腐败工作取得新的成效，纪检监察各项指标均居全国前列，桂林理念、桂林经验、桂林节奏已经成为纪检监察改革中一道亮丽的风景线。深入调研其具体工作，可总结如下成功经验：

其一，政治建设摆在首位，自觉践行“两个维护”政治责任。桂林市纪委监委把深入学习贯彻习近平新时代中国特色社会主义思想和党的十九大精神作为首要政治任务，同时将及时传达习近平总书记重要指示精神作为常规重要议题，进行18次专题学习，第一时间召开会议传达学习秦岭违建别墅整治情况通报，并就贯彻落实进行具体研究部署。坚定不移践行“两个维护”，在广西率先开展“政治建设六项重点任务”专项检查，发现整改问题455个，聚焦“七个有之”问题，严肃查处违反政治纪律和组织纪律行为的党员干部70人。把监督检查党的路线方针政策及中央、自治区党委和市委重大决策部署落实情况作为重要任务，围绕贯彻新发展理念、打好“三大攻坚战”等加强监督检查，对落实脱贫攻坚、环境保护等政策不到位的问责441人，确保党中央政令畅通。强化党内政治生态建设，协助市委出台《关于营造风清气正良好政治生态的意见》等一批制度，研发政治生态分析研判系统，通过主体责任、监督工作、巡察反馈意见整改情况、廉政档案管理等考评，构建立体信息化考评体系。认真落实"纪检监察机关意见必听，线索具体的信访举报必查"要求，市一级出具廉政鉴定97份、860人次，严把选人用人关。

其二，驰而不息纠"四风"，巩固拓展落实中央八项规定精神成果。严格落实中央八项规定及其实施细则精神，继续在常和长、严和实、深和细上下功夫，抓具体、补短板、防短板、防反弹。把日常检查和集中督查结合起来，国家法定节日开展常态化明察暗访，组织593个检查组进行突击检查，发现整改问题436个。紧盯重要节点、重点领域和岗位、关键环节，重点整治乱发津补贴、违规公款旅游、收送礼品礼金等问题，查处灵川县人大违规发放津补贴、市文新广局4名领导干部借公务之机旅游等一批典型案件。健全长效机制，督促相关职能部门完善公务接待、公务差旅、公务用车等规定537项，坚决防止"四风"反弹。坚决查处顶风违纪行为，共查处违反中央八项规定精神问题394起，处理475人，通报曝光45期77起159人，持续释放越往后执纪越严的强烈信号。集中整治形式主义、官僚主义，重点纠正一些领导干部回避问题、庸懒无为，一些基层干部不作为、乱作为、冷硬横推问题，特别针对表态多调门高、行动少落实差等突出问题，敢于较真碰硬，扎扎实实整改，全市共立案形式主义、官僚主义问题535件，处理515人，推动整治工作取得实实在在的成效。

其三，坚定不移深化政治巡察，充分释放巡察"利剑"作用。完善巡察工作五年规划，出台巡察整改专题民主生活会实施办法、联系指导县（市、区）巡察工作方案、巡察后评估制度等一系列制度机制，将市委巡察办列入市委工作机构序列，组建6个市委常设巡察组，进一步规范机构建设。坚守政治巡察职能定位，本届市委先后开展7轮巡察，覆盖63个单位，覆盖率达62.4%，各县（市、区）普遍开展了5至7轮巡察，覆盖率达60.7%。开展县区交叉巡察、市县联合巡察，探索开展"提级巡察""机动式"巡察，已对129个乡镇（街道）、1289个行政村（社区）进行巡察，覆盖率分别达87.8%、68.3%，实现对4个深度贫困乡镇和50个深度贫困村的巡察全覆盖。强化巡察整改和成果运用，及时对巡察发现的问题进行分类处置，2018年市县巡察共发现问题6334个，移交领导干部问题线索1186条，转立案362起，给予党纪政务处分223人；建立巡察成果运用台账管理制度，督促被巡察单位建立问题清单、整改任务清单,整改反馈问题4135个、占反馈问题的65.4%,并组建8个专项督查组对被巡察单位整改情况进行检查,防止"一巡也之"。

其四,切实履行好第一职责,全面加强党的纪律建设。牢牢把握监督基本职责,定位向监督聚焦,责任向监督压实,力量向监督倾斜。优化内部机构设置,市县两级纪委监委机关监督执纪部门占内设机构总数的61.2%,在人员配备上确保人员编制向监督倾斜。研究制定加强对各级党组织主要负责人监督意见、市纪委监委机关监督工作办法等制度措施,建立"10+2"监督工作方式,全市共开展谈话函询及提醒谈话2819件次,同比增长3.7倍;市级派驻机构开展提醒谈话752人次,同比增长152%,让日常监督约束作用得到发挥。准确把握运用"四种形态",对党员干部身上的问题早发现、早提醒、早处置,全市运用"四种形态"处理5230人次,同比增长13.3%,其中运用第一种形态2692人次,同比增长14.7%;妥善运用第二种形态,给予轻处分、组织调整2204人次,同比增长12.9%,第一种、第二种形态占到94%,第四种形态占2%,低于全国1.2个百分点,结构和比例呈现积极变化,实现由惩治极少数向管住大多数拓展。开展经常性纪律教育,覆盖全市20多万党员,其中市纪委主要领导在县(市、区)、高校、重点领域等开展党纪党规宣讲14场,2.7万名党员受到教育。严格执行问责条例,强化对党的领导弱化、党的建设缺失、全面从严治党责任落实不到位等问题的问责,其中对"两个责任"落实不力问责党组织和纪委(纪检组)11个、党员领导干部159人,进一步压紧责任链条。

其五,持续保持高压震慑,推动形成反腐败斗争压倒性胜利。坚持无禁区、全覆盖、零容忍,坚持重遏制、强高压、长震慑,坚持行贿受贿一起查,有效减存量、遏制增量,2018年共立案2725件,同比增长16.8%;给予党纪政务处分2497人,涉及处级干部128人,其中企业干部8人,科级干部572人,挽回经济损失1.89亿元,立案调查涉嫌行贿人员43人。精准有序惩治腐败,着力解决审批监管、资源开发、金融信贷、土地出让、房产开发、工程招投标以及公共财政支出等方面的腐败问题,既严肃查处一批严重违纪案件,例如市公安局副局长贪污案、市环保局局长渎职案等,又集中查处党政机关212人、文教卫系统188人、政法系统117人、农林系统133人等一批系列案,持续形成震慑。全市319名干部主动交代问题,上缴违纪款3785.33万元。做好执纪审查"后半篇文章",系统整理近年来查处的阳明、高亮、刘修荣等典型案例,用身边事教育身边人。推进以案促改常态化,在水利、林业、交通、文新广、建设城管等系统广泛开展整改工作。建立跟踪回访机制，对受到纪律处分的每一名处级干部做好动态了解、帮扶挽救等工作，对306名处分影响期满的干部及时回访，对那些在处分期内及时改正、表现良好的党员干部，在影响期满后及时提出继续使用意见，营造“改了就是好同志”的良好氛围。

其六，坚持以人民为中心的发展思想，坚决整治群众身边腐败和作风问题。围绕脱贫攻坚，严格落实“6+2”工作机制，深入推进扶贫领域腐败和作风问题专项治理工作。由市委书记、市长担任专项治理领导小组组长，市委派出5个督查组对35个单位开展督查，并先后约谈5个县区党政主要领导，市纪委面对面督导龙胜、资源、灌阳等贫困县县委书记、纪委书记，将责任压实到基层一线。开展暗访375次、蹲点检查1629天，走访贫困户2155户，发现和整改问题520个。督促22个扶贫领域职能部门对危房改造、易地扶贫搬迁、生态公益林等198类项目定期开展核查，核查项目1919个，涉及资金22.2亿元。对扶贫项目资金集中的县（市、区）和单位开展专项排查，565人因项目审批不严、资金监管不力被处理。坚决查处扶贫领域腐败和作风问题，全市扶贫领域立案1132件，给予党纪政务处分1033人，通报曝光典型案件194期475起。把专项治理同扫黑除恶专项斗争结合起来，严肃查处永福县政协原主席刘永祥及公安系统多名党员干部涉黑“保护伞”等36件有影响力案件，消除县（市、区）涉黑涉恶“保护伞”执纪空白点。市纪委、资源县纪委分别在全区专项治理工作第一、二次例会上作经验发言，我市专项治理工作“通报回访”“清单式管理”做法在全区推广。

其七，全面深化标本兼治，一体推进“不敢腐、不能腐、不想腐”机制。在强力治标的基础上，加大治本力度，着力从机制上、制度上精准发力，从源头上、根本上解决问题。及时总结审农林、住建等系统完善制度639项，不断扎紧制度的笼子。认真落实“三个区分开来”要求，坚决为党员干部容错纠错；及时为142名受到错告、诬告的党员干部澄清问题，实现纪法约束有硬度、批评教育有力度、组织关怀有温度深入发掘桂林廉政文化资源，打造《廉洁桂林》《爱廉说》《廉洁的声音》等主流媒体精品栏目，以及阳朔“一河三路”廉洁旅游示范带等十大特色廉洁教育品牌。按照全国一流标准，全力打造桂林廉政教育基地和清廉桂林门户网站，其中基地已接待1962批次7.7万多人次，成为全区机关党员党性教育基地，全国影响力日益增强；“清廉桂林”及县（市、区）子网站集群，日均点击量比改版前增长了10倍，在区内外引起广泛好评。举办“廉政宣传月”“勤廉榜样”先进事迹主题情景报告会、首届清廉桂林论坛等活动,以“崇廉讲堂”等系列载体,推进廉政文化进校园活动,全市崇廉尚洁的氛围更加浓厚。

其八,始终高标准严要求,锻造一支素质过硬纪检监察铁军。推进国家监察体制改革,完成市县两级监察委挂牌,监察对象由改革前6.03万人增加至15.19万人,研究制定6项“纪法衔接”、10项“法法衔接”工作制度和特约监察员工作办法,新建市纪检监察综合业务基地主体建筑顺利封顶,建立规范2个留置场所和2个留置专区,组建180人的看护队伍,共对91名对象采取留置措施,惩腐效能有效提升。推进市县派驻机构规范化建设,在全区率先推出《派驻机构履职情况量化考评办法》,实行每月实绩考评、年度总评排名,派驻机构各项工作实绩实现大幅增长。加强委机关与巡察机构、派驻机构、县(市、区)纪委之间干部轮岗交流,整个队伍面貌焕然一新,干事创业热情空前高涨,不待扬鞭自奋蹄的局面已经形成。大力提升调查研究能力,市纪委领导班子带村、荔浦市长滩村、龙胜县太平村等13个县(市、区)28个贫困院、西南政法大学培训共4期9批,举办“纪法衔接”等各类业务培训班6期,举办“知识大讲堂”5期,共培训7274人次,不断提升履职能力。发挥机关党建统领作用,加强巡察组、专案组临时党支部建设,在20个巡察组、29个审查组建立临时党支部,以党的建设带动各项工作。严格执行“十严禁十不准”行为规范,出台《桂林市纪检监察系统内部监督管理暂行办法》,坚持刀刃向内,坚决查处永福县监委委员汤积飞等11名违纪纪检监察干部,打造让党放心、人民信赖的纪检监察干部队伍。

刚刚过去的一年,桂林市全面从严治党取得重要成果,反腐败斗争取得重大成效,为继续前进积累了经验与方法。桂林市的经验也再次证明,要推动政治生态持续向好,必须坚持以党的政治建设为统领,把自觉践行“两个维护”作为纪检监察工作的“根”和“魂”,严明党的政治纪律和政治规矩,压实管党治党政治责任,通过不懈努力换来海晏河清、朗朗乾坤;我们深刻体会到,要防止小错酿成大错,必须坚持纪严于法,把惩前毖后、治病救人的方针贯穿全过程,不仅惩治少数严重违纪违法干部,更多的是帮助、挽救了大多数干部,实现政治效果、纪法效果、社会效果的最大化;同时也须警醒的是,要赢得广大群众的衷心拥护,必须坚持以人民为中心的思想,让群众感到正风肃纪反腐就在身边,人民群众反对什么、痛恨什么,各级纪委监委就要坚决防止和纠正什么,努力实现好、维护好、发展好最广大人民群众根本利益;我们深刻体会到,要取得反腐败斗争压倒性胜利,必须坚持治标与治本相结合，既雷物无声，强化正本清源、固本培元，一体推进不敢腐、不能腐、不想腐；当然，各级纪委监委要想肩负起职责使命，必须坚持打铁自身硬，从严管好自己，始终保持纪检监察队伍纯洁、坚决防止“灯下黑”，为全体党员干部树起忠诚干净担当的表率，才有底气和自信履行好职责。这五点体会是桂林市把中央决策部署转化为本地的生动实践，极具特色。

全面从严治党永远在路上。我们必须清醒认识到反腐半争形势依然严峻复杂，绝不能麻痹大意、掉以轻心。在高压态势之下，仍有一些人不收敛不收手、甘于被“围猎”，必须进一步突出重点削减存量、零容忍遏制增量。群众反映强烈的问题尚未得到有效根除，形式主义、官僚主义依然存在，一些基层干部优亲厚友、吃拿卡要、虚报冒领等现象仍然时有发生。有的纪检监察机关对履行监督职责认识不到位，存在畏难情绪，方法手段不多，不敢监督、不善监督；有的把握合署办公条件下的纪法关系、运用监督执纪“四种形态”不够精准，纪法贯通、纪法衔接不顺畅，等等。对这些问题，桂林市纪委监委作了很好的探索，我们应当及时总结。

刚刚过去的一年，不仅是改革开放 40 周年，也是党的纪律检查机关恢复重建 40 周年。2019 年 1 月 11 日，十九届中央纪委三次全会在十九大以来全面从严治党取得的新的重大成果，科学概括了改革开放 40 年来党进行自我革命取得的宝贵经验，强调“五个必须”，即必须坚决维护党中央权威和集中统一领导，确保全党步调一致、行动统一；必须坚持治国必先治党、治党务必从严，确保党成为中国特色社会主义事业的中流砥柱；必须坚持以人民为中心，确保立党为公、执政为民；必须坚持改革创新、艰苦奋斗作风，确保党始终走在时代前列；必须坚决同消极腐败现象作斗争，确保党永葆清正廉洁的政治本色，把我们党对全面从严治党的规律性认识提升到全新的高度。赵乐际同志所作的工作报告，深刻总结 40 年来纪检监察工作的认识和体会，提出的“五个始终”，既是历史性经验，又是现实性认识，对于我们重整行装再出发，以改革创新精神推动新时代纪检监察工作高质量发展具有重要指导作用。桂林市是新时代共产党人深入推进党风廉政建设的又一个典型例子，我们应从中学习好纪检监察工作成功经验，稳步解决全面从严治党面对的新问题新挑战，更加牢固树立“四个意识”，更加自觉坚定地做到“两个维护”，坚持方向不变、道路不偏、力度不减，一刻不停歇地推进党风廉政建设和反腐败斗争，为新时代中华民族的伟大复兴提供坚强保障。

附录一

监察体制改革及监察法学界大事记

一、2016 年 1 月 12 日，习近平总书记在十八届中央纪委六次全会上的讲话中指出，要坚持党对党风廉政建设和反腐败工作的统一领导，扩大监察范围，整合监察力量，健全国家监察组织架构，形成全面覆盖国家机关及其公务员的国家监察体系。

二、2016 年 1 月，十八届中央纪委六次全会明确提出，“建立覆盖国家机关和公务人员的国家监察体系”。

三、2016 年 10 月，党的十八届六中全会审议通过的《中国共产党党内监督条例》明确规定，“各级党委应当支持和保证同级人大、政府、监察机关、司法机关等对国家机关及公职人员依法进行监督”。

四、2016 年 11 月 4 日，中共中央办公厅印发《关于在北京市、山西省、浙江省开展国家监察体制改革试点方案》，部署在北京、山西、浙江 3 省市设立各级监察委员会，从体制机制、制度建设上先行先试、探索实践，为在全国推开积累经验。

五、2016 年 12 月 25 日，第十二届全国人民代表大会常务委员会第二十五次会议通过《全国人民代表大会常务委员会关于在北京市、山西省、浙江省开展国家监察体制改革试点工作的决定》。

六、2016 年 12 月 28 日，中共中央政治局召开会议，研究部署党风廉政建设和反腐败工作时指出，深化国家监察体制改革，确定时间表、路线图，试点工作有序展开。要扎实推进国家监察体制改革及试点工作，确保如期实现改革目标。

七、2017 年 1 月 6 日，习近平总书记在十八届中央纪委七次全会上强调，要积极稳妥推进国家监察体制改革，加强统筹协调，做好政策把握和工作衔接。

八、2017 年 1 月，十八届中央纪委七次全会提出，制定深化国家监察体制改革方案，确定时间表、路线图，推动试点先行。

九、2017 年 1 月 14 日，为贯彻落实党的十八届六中全会及全国人大常委会有关决定精神，更好推进国家监察体制改革，由中国社科院法学所主办的“国家监察体制改革”专家研讨会在京举行。

十、2017 年 1 月 18 日，山西率先成立全国第一个省级监察委员会。1 月 20 日，北京市监察委员会正式成立；1 月 20 日，浙江省监察委员会正式成立。

十一、2017 年 6 月 23 日，十二届全国人大常委会第二十八次会议举行第二次全体会议，首次审议监察法草案。

十二、2017 年 10 月 18 日，党的十九大报告指出，“深化国家监察体制改革，将试点工作在全国推开，组建国家、省、市、县监察委员会，同党的纪律检查机关合署办公，实现对所有行使公权力的公职人员监察全覆盖”。

十三、2017 年 10 月 24 日，十九大党章修正案规定，“党必须保证国家的立法、司法、行政、监察机关，经济、文化组织和人民团体积极主动地、独立负责地、协调一致地工作”。

十四、2017 年 10 月，中共中央办公厅印发《关于在全国各地推开国家监察体制改革试点方案》，部署在全国范围内深化国家监察体制改革的探索实践，完成省、市、县三级监察委员会组建工作。

十五、2017 年 10 月 31 日，十二届全国人大常委会第三十次会议审议了关于在全国各地推开国家监察体制改革试点工作的决定草案。草案对监察委员会的设立及其产生、监察对象及监察委员会的职权和措施、暂时调整或者暂时停止适用有关法律的规定等事项作出规定。

十六、2018 年 3 月 11 日，十三届全国人大一次会议第三次全体会议表决通过宪法修正案。修正案在第三章“国家机构”中新增“监察委员会”一节。

2018 年 3 月 18 日，十三届全国人大一次会议第六次全体会议选举杨晓渡为中华人民共和国国家监察委员会主任。

十七、2018 年 3 月 20 日，十三届全国人大一次会议闭幕会表决通过了《中华人民共和国监察法》，国家主席习近平签署第三号主席令予以公布施行。

2018 年 3 月 21 日，十三届全国人大常委会第一次会议任命国家监察委员会副主任和委员。

十八、2018 年 3 月 23 日，中华人民共和国国家监察委员会在北京揭牌，举行新任国家监察委员会副主任、委员宪法宣誓仪式。中共中央政治局常委、中央纪委书记赵乐际出席揭牌和宪法宣誓仪式,并在中央纪委国家监委机关干部大会上讲话。中共中央政治局委员、中央纪委副书记、国家监察委员会主任杨晓渡主持。

十九、2018 年 3 月 28 日,中共中央总书记、中央全面深化改革委员会主任习近平主持召开中央全面深化改革委员会第一次会议并发表重要讲话。会议审议了《关于深化纪检监察体制改革和中央纪委国家监委机构改革情况的报告》。2018 年 5 月 26 日,中共中央办公厅印发《中央纪律检查委员会、中华人民共和国国家监察委员会机关职能配置、内设机构和人员编制规定》。

二十、2018 年 6 月 2 日,中共中央办公厅印发《中央纪委国家监委派驻机构改革方案》。

二十一、2018 年 6 月 6 日,全国首家监察法学研究会在浙江成立,首届学术年会聚焦"监察法与刑事诉讼法的衔接机制"热点问题。

二十二、2018 年 7 月 11 日,外逃美国 17 年之久的职务犯罪嫌疑人许超凡被强制遣返回国。这是国家监委成立后第一个从境外遣返的职务犯罪嫌疑人。

二十三、2018 年 8 月 23 日,国家监察委员会会同最高人民法院、最高人民检察院、公安部、外交部联合发布《关于敦促职务犯罪案件境外在逃人员投案自首的公告》。这是国家监察委员会成立以来首次正式对外发布公告。

二十四、2018 年 8 月 24 日,中央纪委国家监委印发《国家监察委员会特约监察员工作办法》,决定建立特约监察员制度,并对特约监察员工作进行指导和规范。

二十五、2018 年 10 月 21 日,经党中央同意,中共中央办公厅印发了《关于深化中央纪委国家监委派驻机构改革的意见》。

二十六、2018 年 10 月 26 日,十三届全国人大常委会第六次会议表决通过《关于修改〈中华人民共和国刑事诉讼法〉的决定》以及《中华人民共和国国际刑事司法协助法》,国家主席习近平分别签署第十号、第十三号主席令予以公布施行。

二十七、2018 年 11 月 2 日,中共中央政治局常委、中央纪委书记赵乐际出席深化中央纪委国家监委派驻机构改革动员部署会并讲话。

二十八、2018 年 11 月 30 日,外逃保加利亚的职务犯罪嫌疑人姚锦旗被引渡回国。这是国家监委成立后成功引渡第一案。

二十九、2018 年 12 月 13 日,中共中央政治局就深化国家监察体制改革举行第十一次集体学习,中共中央总书记习近平主持并作重要讲话。

三十、2018 年 12 月 17 日,国家监委在京召开第一届特约监察员聘请会议,优选聘请50名特约监察员。受中共中央政治局常委、中央纪委书记赵乐际的委托，中共中央政治局委员、中央纪委副书记、国家监委主任杨晓渡出席会议，为特约监察员颁发聘书并讲话。

三十一、2019年1月11日至13日，十九届中央纪委三次全会在北京举行。中共中央总书记、国家主席、中央军委主席习近平发表重要讲话。中共中央政治局常委、中央纪委书记赵乐际作工作报告。

三十二、2019年1月14日，中国丹麦共同签署《中华人民共和国国家监察委员会与丹麦王国议会监察专员署合作谅解备忘录》。这是国家监委成立后首次同北欧国家监察机构签署合作谅解备忘录。

三十三、2019年4月13日，由西南政法大学和中国廉政法治研究会主办，西南政法大学监察法学院承办的“2019年监察法理论与实践暨监察人才培养学术研讨会”在重庆举行。多位来自科研单位和高校的学者，以及纪检监察实务部门的同志参与本次会议。

三十四、2019年7月，经党中央批准，中央纪委国家监察委印发《监察机关监督执纪工作规定》。

三十五、2019年浙江省法学会监察法学研究会于11月22日至24日在浙江召开“国家监察体制改革三周年”学术研讨会。会议由浙江工商大学法学院和浙江工商大学杂志社承办。总议题是“国家监察体制改革三周年：理论创新与实践探索”。

三十六、2019年10月26日，第十三届全国人民代表大会常务委员会第十四次会议通过关于国家监察委员会制定监察法规的决定。

附录二

监察法专著

一、张晋藩:《中国近代监察制度与法制研究》,中国法制出版社 2017 年版。

二、秦前红、叶海波等:《国家监察制度改革研究》,法律出版社 2018 年版。

三、江国华:《中国监察法学》,中国政法大学出版社 2018 年版。

四、马怀德主编:《中华人民共和国监察法理解与适用》,中国法制出版社 2018 年版。

五、钱小平、冀洋、刘艳红编:《创新与发展:监察委员会制度改革研究》,东南大学出版社 2018 年版。

六、郭华:《监察制度改革与监察调查权的界限》,经济科学出版社 2019 年版。

七、谢尚果、申君贵主编:《监察法教程》,法律出版社 2019 年版。

八、姚文胜:《国家监察体制改革研究》,中国社会科学出版社 2019 年版。

九、秦前红主编:《监察法学教程》,法律出版社 2019 年版。

十、李晓明、芮国强主编:《国家监察学原理》,法律出版社 2019 年版。

十一、曾哲:《中国监察制度史稿》,光明日报出版社 2019 年版。

一、张晋藩:《中国近代监察制度与法制研究》,中国法制出版社 2017 年版。

[**简介**]以中国近代监察制度与法制为对象,结合历史的发展和社会国情的变化,解读监察制度的演变过程,分析其中的矛盾与斗争,反思经验与教训,内容涉及中国古代、北京政府时期、南京国民政府时期、革命根据地时期和新中国成立后的监察制度与法制,包括立法监察、人事监察、行政监察、司法监察、经济监察等。

[**目录**]

第一章　中国古代的监察制度及近代转型

第二章　北京政府时期的监察制度与法制

第三章　南京国民政府时期的监察制度与法制

第四章　革命根据地监察制度与法制

第五章　新中国成立初期的监察制度与法制

二、秦前红、叶海波等:《国家监察制度改革研究》,法律出版社2018年版。

[**简介**]国家监察体制改革可谓牵一发而动全身,搅动"一池春水",既重新配置了国家权力,又重构了国家反腐败体制,为"打老虎"和"拍苍蝇"织下密网,几乎所有人都可能被纳入该制度之中,这是当下中国根本性的宪制变迁。作为一项重大的政治改革,国家监察体制改革之关键正是宪法设计。如何进行宪法设计?这需要我们有宪法工程的思路,这是一种在立宪基本价值之下面向现实的研究取向。它必须面对具体的问题,解决具体的问题,塑造一个良好的宪法秩序。《国家监察制度改革研究》试图对这一重大宪法问题作出理论回应,对国家监察的若干问题展开初步研究,对正在展开和即将铺开的国家监察制度予以理论反思、实践透视和制度构想。

[**目录**]

第一章　国家监察改革——从"三驾马车"到"一马当先"

一、困境:同体监督、资源分散、党纪断层

二、改革:从"三驾马车"到"一马当先"

三、出路:中国宪制与特色监察

四、结语

第二章　国家监察制度改革的宪法价值

一、国家现代化与国家权力的合理构造

二、中国国家权力构造的现状

三、国家监察:权力制约现代化的尝试

第三章　国家监察制度改革的宪法问题

一、行政监察上升为国家监察之后监察权的宪法定位

二、监察委员会在人民代表大会制度中的地位

三、监察权在司法权力体系中该如何定位

四、监察改革后该如何监督制约监察权

五、宪法修改与监察体制改革合宪性的关联

三、江国华:《中国监察法学》,中国政法大学出版社 2018 年版。

[**简介**]根据《监察法》及相关法律规定,就当前国家监察体制的各项内容、必要性、具体实施办法及存在的问题展开论述,将其与既有的法条进行对比,并与已有的监察案例相印证。主要内容包括:(1)监察委员会的性质和地位;(2)监察委员会的组织形式和领导体制;(3)监察委员会的职责、权限和监察范围;(4)国家监察委员会的工作原则;(5)监察程序;(6)国家监察与刑事司法的衔接。

[**目录**]

第三节　监察工作的原则与方针
第二章　监察机关及其职责
第一节　监察委员会的产生与领导体制
第二节　监察人员管理制度
第三节　监察委员会的职责
第四节　监察机关派驻或派出机构
第三章　监察范围和管辖
第一节　监察对象与范围
第二节　监察机关的管辖规则
第四章　监察权限
第一节　监察权限概述
第二节　谈话
第三节　询问、讯问
第四节　留置
第五节　查询和冻结
第六节　搜查
第七节　调取、查封、扣押
第八节　勘验检查
第九节　鉴定
第十节　技术调查措施
第十一节　通缉
第十二节　限制出境
第五章　监察程序
第一节　线索处置
第二节　初步核实
第三节　立案调查
第四节　证据规则
第五节　处置方式
第六节　移送审查
第七节　从宽处罚的建议

第六章　国家监察与刑事司法的衔接
第一节　线索移交
第二节　工作配合
第三节　证据转化
第四节　移送起诉
第七章　被监察人员的权利保障
第一节　复审、复核制度
第二节　申诉制度
第三节　国家赔偿
第八章　反腐败国际合作
第一节　监察委员会在国际反腐败工作中的两项职能
第二节　反腐败国际合作六大领域
第三节　国际反腐败追逃追赃和防逃工作
第九章　对监察机关和监察人员的监督
第一节　人大监督
第二节　社会监督
第三节　内部监督
第四节　监察事项报告备案制度
第五节　回避制度
第十章　法律责任
第一节　对监察人员失职失责行为的问责
第二节　拒不执行监察决定、拒不采纳监察建议的法律责任
第三节　阻碍、干扰监察工作的法律责任
第四节　报复陷害和诬告陷害的法律责任
第五节　监察机关及监察人员违法违纪行为的法律责任
第六节　刑事责任
第十一章　附则
第一节　对中央军事委员会的制定授权
第二节　施行时间与《行政监察法》的废止
附录

四、马怀德主编:《中华人民共和国监察法理解与适用》,中国法制出版社2018年版。

[**简介**]本书对《中华人民共和国监察法》进行理论解读,规范系统分析条文,归纳法律适用疑难,解答实务难点焦点。

[**目录**]

第十六条 【管辖一般原则、提级管辖以及管辖权转移】
第十七条 【指定管辖和报请提级管辖】
第四章 监察权限
第十八条 【监察机关行使监督、调查职权及其保密规定】
第十九条 【监察机关运用谈话措施】
第二十条 【监察机关要求被调查人陈述及讯问被调查人】
第二十一条 【监察机关询问证人】
第二十二条 【监察机关留置被调查人】
第二十三条 【监察机关查询冻结财产】
第二十四条 【监察机关搜查职权】
第二十五条 【监察机关调取、查封、扣押职权】
第二十六条 【监察机关适用勘验检查】
第二十七条 【监察机关适用鉴定】
第二十八条 【监察机关采取技术调查措施】
第二十九条 【监察机关适用通缉】
第三十条 【监察机关适用限制出境】
第三十一条 【被调查人移送可以从宽的情形】
第三十二条 【涉案人员移送可以从宽的情形】
第三十三条 【监察机关调查过程中证据适用规则】
第三十四条 【线索移送制度与管辖】
第五章 监察程序
第三十五条 【报案、举报的处理】
第三十六条 【建立协调、制约机制和加强监督管理】
第三十七条 【问题线索的处置】
第三十八条 【初步核实】
第三十九条 【立案】
第四十条 【收集证据规则】
第四十一条 【一般调查程序】
第四十二条 【调查方案的执行与请示报告制度】
第四十三条 【留置程序】

第四十四条 【留置期间的工作要求】
第四十五条 【监察机关履行处置职责的方式】
第四十六条 【涉案财物的处理】
第四十七条 【检察机关对移送案件的处理】
第四十八条 【被调查人逃匿、死亡案件的继续调查和违法所得没收程序】
第四十九条 【复审、复核】
第六章 反腐败国际合作
第五十条 【国家监察委员会的反腐败国际合作职责】
第五十一条 【反腐败执法等方面的国际合作】
第五十二条 【反腐败追逃追赃防逃的国际合作】
第七章 对监察机关和监察人员的监督
第五十三条 【人大对监察委员会的监督】
第五十四条 【对监察机关的各类社会监督】
第五十五条 【内部专门机构监督及监察队伍建设总体要求】
第五十六条 【监察人员守法义务和业务能力要求】
第五十七条 【办理监察事项报告备案制度】
第五十八条 【办理监察事项回避制度】
第五十九条 【监察人员脱密期管理和离职、退休后从业限制】
第六十条 【监察机关及人员侵害被调查人合法权益的申诉制度】
第六十一条 【案件处置严重违法责任追究的“一案双查”】
第八章 法律责任
第六十二条 【拒不执行监察决定等法律责任】
第六十三条 【违法阻碍、干扰监察工作的法律责任】
第六十四条 【报复陷害和诬告陷害的法律责任】
第六十五条 【滥用职权、玩忽职守、徇私舞弊等监察违法行为的处理】
第六十六条 【构成犯罪应承担刑事责任】
第六十七条 【监察机关及其工作人员的国家赔偿责任】
第九章 附则
第六十八条 【特别立法授权】
第六十九条 【施行日期和废止日期】

五、钱小平、冀洋、刘艳红编:《创新与发展:监察委员会制度改革研究》,东南大学出版社 2018 年版。

[**简介**]“东南大学反腐败法治研究中心”于 2017 年 4 月 15 日召开了“创新与发展:监察委员会制度改革”学术研讨会。来自武汉大学、四川大学、上海社科院等全国各地高校及研究机构的各专业学者、政法系统机关领导共七十余人参会,围绕着监察委员会的权力定位、国家监察权制度的法律依据和理论基础、监察委员会的权力配置和运行模式、监察体制改革背景下检查权配置等问题进行的讨论。本书为会议讨论成果。

[**目录**]

16. 论国家监察委架构下信访制度的转型
17. 试论监察委员会的规范运行与自身监督问题
第三专题　监察体制改革背景下的检察权配置
18. 论构建国家监察权检察监督制约机制的法理基础
19. 论监察体制改革下的监察权与检察权
20. 优化检察监督与监察体制改革研究
21. 监察监督与诉讼监督的区别与定位
22. 论监察体制改革视野下检察院的未来走向
23. 论监察委员会与检察院在职务犯罪中的分工与制约关系
24. 监察证据在刑事诉讼中的转化与适用
25. 国家监察体制改革下检察监督格局重塑
26. 监察体制改革背景下的检察权配置

六、郭华:《监察制度改革与监察调查权的界限》,经济科学出版社 2019 年版。

[**简介**]总结了监察制度改革的经验,梳理了监察法制定过程中的热点、焦点、难点问题与争锋性的观点,界定了监察机关专司反腐职权的性质,探讨了监察机关调查权控制机制,架构了监察留置的基本程式,构建了监察制度与司法制度的程序衔接机制。基本内容包括:导论、监察制度改革背景与试点评判、监察制度的变迁与体制改革、监察制度改革与监察法争议述评、香港地区廉政公署考察与监察制度改革、监察调查权的界限与程序控制、监察留置制度考察与程序架构、监察制度与司法制度的程序衔接、结语等九个部分。

[**目录**]

导论
第一章　监察制度改革背景与试点评判
第一节　监察制度改革的背景、脉络
第二节　监察制度改革的意义
第三节　监察制度试点的考察与评述
第四节　监察制度改革与试点的评价
第二章　监察制度的变迁与体制改革
第一节　我国纪检监察体制变迁历史

七、谢尚果、申君贵主编:《监察法教程》,法律出版社 2019 年版。

［简介］紧扣《监察法》条文,按照立法体例安排章节,涵盖监察历史沿革、监察机关及其职责、监察范围和管辖、监察权限、监察程序、反腐败和国际合作、对监察机关和监察人员的监督、法律责任等内容。深浅适当,篇幅适度,适于高校监察法课程使用,也适于作为培训教材及普法读物使用。

［目录］

第五节　监察机关履行监察职权采取的必要措施
第六章　监察证据
第一节　监察证据概述
第二节　监察证据的种类与分类
第三节　监察证据的收集、固定、审查、运用
第七章　监察程序
第一节　监察程序概述
第二节　监察立案
第三节　监察调查
第四节　监察调查终结及其处置方式
第五节　涉案财物的处理及没收违法所得程序的适用
第六节　监察机关移送起诉与人民检察院审查起诉的衔接
第七节　监察救济
第八章　我国反腐败与反腐败国际合作
第一节　我国反腐败工作概述
第二节　反腐败国际合作
第九章　对监察机关和监察人员的监督
第一节　对监察机关和监察人员的监督之概念、特征和意义
第二节　对监察机关和监察人员的监督之方式
第三节　监察回避
第四节　监察申诉
第十章　监察法律责任
第一节　监察法律责任概述
第二节　监察法律责任的分类
第三节　有关人员违反本法行为及相应的法律责任
第四节　监察机关及其工作人员违法行使职权的法律责任
附录1　《中华人民共和国监察法》
附录2　《中华人民共和国监察法(草案)》的说明

八、姚文胜:《国家监察体制改革研究》,中国社会科学出版社 2019 年版。

[简介]论述国家监察体制改革的各项内容,通过古今监察制度历史变迁分析,以及与当代西方监察制度比较分析,全面综合阐述我国国家监察体制改革的特点与历史意义。

[目录]

九、秦前红主编:《监察法学教程》,法律出版社 2019 年版。

[**简介**]紧扣《中华人民共和国监察法》,由国内在国家监察领域有相当研究基础的专家学者编写,以监察权的运行为主线设计逻辑体系,多采纳通说,主要包括监察法的基本理论、监察法的历史与发展、监察机关和监察范围、监察权限、监察程序、监察监督、救济与法律责任等篇章,力求深入准确地描绘国家监察制度,全面系统地阐述监察法的基本理论、规范体系和实践问题。主要满足高等院校本科生、研究生学习监察法的需求,同时兼顾监察实务部门掌握监察法基本理论和基本知识体系的需要,以案释法、以案析理。

[**目录**]

第二节　中国监察委员会的权力事项
第十章　预防腐败
第一节　域外预防腐败制度
第二节　中国预防腐败制度
第十一章　监督检查
第一节　监察委员会监督检查权的法理内涵
第二节　监察委员会监督检查的具体措施
第十二章　监察调查
第一节　谈话、询问与讯问
第二节　留置
第三节　查询、冻结、调取、查封与扣押
第四节　勘验检查、鉴定与技术调查措施
第五节　通缉与限制出境
第十三章　监察处置
第一节　政务处分
第二节　问责
第三节　移送依法审查提起公诉与监察建议
第五编　监察程序
第十四章　监察程序概述
第一节　监察程序概况
第二节　监察程序的基本原则
第三节　规范监察程序的重要性
第十五章　监督程序
第一节　监督职责与监督程序
第二节　廉政教育程序
第三节　监督检查程序
第四节　监督程序与调查、处置程序的衔接
第十六章　问题线索管理和处置程序
第一节　问题线索的管理程序
第二节　问题线索的处置程序

第十七章 立案程序
第一节 立案条件
第二节 立案权限和程序
第十八章 调查程序
第一节 调查程序的整体要求
第二节 调查措施的执行程序
第三节 严格按照调查方案进行调查
第四节 调查取证工作
第十九章 留置程序
第一节 留置措施的启动和监督
第二节 留置措施的期限和权限
第三节 留置措施与司法程序的衔接
第二十章 处置程序
第一节 监察处置的结果与分流
第二节 进行谈话提醒、批评教育、责令检查或者予以诫勉
第三节 作出政务处分决定
第四节 作出问责决定或者提出问责建议
第五节 移送人民检察院依法审查起诉
第六节 提出监察建议
第七节 对违法所得的处置
第八节 移送审查起诉
第六编 监察监督、救济与法律责任
第二十一章 监察监督
第一节 监察监督的理论基础
第二节 监察监督的原则与类型
第三节 监察监督的类型和方式
第二十二章 监察救济
第一节 概述
第二节 监察救济机制
第二十三章 监察法律责任

十、李晓明、芮国强主编:《国家监察学原理》,法律出版社 2019 年版。

[**简介**]共分为六编、三十三章。第一编介绍了国家监察学及其原理;第二编通过对中国古代、近代、现代监察制度的纵向考察,以及与域外监察制度进行横向的对比,阐明现行监察制度的体系与内在逻辑;第三编对国家监察机关的性质特点、监察相关人员的产生等情况进行了相对全面的介绍;第四编重点介绍了国家监察的职责与权限;第五编与第六编分别介绍了国家监察程序与监督以及反腐败国际合作等。

[**目录**]

第二节　监委会领导成员的产生及其建设运行
第三节　国家监察人员及其管理
第十六章　国家监察机关办案人员、监察专员、外辅人员及其产生
第一节　国家监察机关办案人员(监察官)职业化
第二节　监察专员制度及其发展
第三节　国家监察机关外辅人员及其制度创新
第十七章　国家监察的配合人员及其职责
第一节　相关国家机关和工作人员的配合及其职责
第二节　有关单位和工作人员的配合及其职责
第三节　相关公民个人的配合及其职责
第十八章　信息与智能化大数据在监察业务中的运用
第一节　大数据运用于监察业务的必要性
第二节　大数据在监察工作中运用的现状
第三节　监察业务中多维度的大数据框架
第四节　监察业务中大数据的风险防范
第四编　国家监察职责及其权限
第十九章　国家监察的职责
第一节　国家监察职责的概念及其分类
第二节　国家监察的基本职能
第三节　国家监察职责的内容
第二十章　国家监察权限概述
第一节　国家监察权限的概念和特点
第二节　国家监察权限的性质
第三节　国家监察权限的行使原则
第二十一章　国家监察权限的内容
第一节　监察调查权的行使
第二节　监察处置权的行使
第五编　国家监察程序及其监督
第二十二章　监察程序概述
第一节　监察程序的概念与原则

第二节　监察程序的内容体系
第三节　监察程序与执纪审查程序的区别
第四节　监察程序的保障
第二十三章　受理控告、检举
第一节　受理控告、检举的概念、范围
第二节　受理控告、检举的原则、基本要求和意义
第三节　受理控告、检举的程序和方法
第二十四章　监察案件线索的收集与评估
第一节　监察案件线索的内涵与相关概念辨析
第二节　监察案件线索收集的概念、意义与基本要求
第三节　监察案件线索评估的概念、意义与基本要求
第四节　监察案件线索收集与评估中的基本要求
第二十五章　监察案件问题线索的管理与处置
第一节　监察案件问题线索管理与处置概述
第二节　监察案件问题线索集中管理
第三节　监察案件问题线索处置内容
第四节　监察案件问题线索处置流程与结果
第五节　监察案件问题线索梳理处置监督
第二十六章　案件的调查与审理
第一节　案件的立案
第二节　案件调查组织
第三节　案件调查的措施
第四节　案件调查终结
第五节　案件的审理
第二十七章　案件的处置与移送
第一节　案件处置的类型
第二节　政务处分的审批与执行
第三节　问责的适用与审批
第四节　职务犯罪的确认和移送审查起诉
第五节　监察建议的审批与执行

第六节　涉案款物的处理
第七节　非法证据排除在监察环节的运用
第二十八章　案件申诉的程序与处理
第一节　案件申诉的概念及其意义
第二节　案件申诉的受理及其审批
第三节　案件申诉的复审及其复核
第四节　复杂案件的听证及其研判
第五节　案件申诉的结论及其处置
第二十九章　国家监察程序的监督
第一节　国家监察程序的内部监督
第二节　国家监察程序的人大监督
第三节　国家监察程序的党纪监督
第四节　国家监察程序的司法监督
第五节　国家监察程序的社会监督
第六编　监察业务中反腐败的国际合作
第三十章　监察业务中反腐败国际合作概述
第一节　反腐败国际合作的界定
第二节　国际反腐败的立法与实践
第三十一章　《联合国反腐败公约》的履行与国际合作
第一节　反腐败公约概说
第二节　反腐败公约的主要内容
第三节　反腐败的国际合作
第四节　我国对《联合国反腐败公约》的批准及国际义务
第三十二章　反腐败国际合作中的司法协助
第一节　刑事司法协助的概念及内容
第二节　刑事司法协助的基本原则
第三节　刑事司法协助的一般程序
第四节　我国监察机关在司法协助中的职责
第五节　我国刑事司法协助存在的问题及完善
第三十三章　反腐败国际合作中的追逃和追赃

十一、曾哲:《中国监察制度史稿》,光明日报出版社 2019 年版。

[**简介**]本书从先秦到民国时期,以二十五史等正史及其他历史文献为依据,按照中国古代监察思想及制度萌芽产生、发展而臻于完备与重大流变再造等,在这一历史性制度演进过程中的内在规律和趋势,将中国古代监察的法案与制度之变历史分为先秦、汉、唐、宋、明、清、民国等 7 个阶段,并从历朝监察思想渊源、监察体系概况、监察机构的设置与职能、监察权的整体运行、监察立法法案、历史评价等方面分析了各个时期中国监察制度的法律成果、个性特点、借鉴价值和历史局限性。

[**目录**]

附录三

监察法论文统计(2018~2019年)

2019-11

[1]刘长秋、史聪:《新中国成立70年来我国纪检监察机关构建的经验与启示》,载《理论与改革》2019年第6期。

2019-10

[2]邹平学、覃源:《澳门地区廉政公署与内地监察委员会比较研究——兼论粤港澳大湾区背景下的廉政协同合作》,载《行政管理改革》2019年第10期。

[3]白俊华、靳高风:《监察调查与刑事诉讼衔接的机理和方法探析》,载《中国人民公安大学学报》(社会科学版)2019年第5期。

[4]占善刚、王译:《监察调查证据规则衔接探讨》,载《理论月刊》2019年第10期。

[5]陈翔宇:《中美监察体制中权力型监督主体的对比分析》,载《领导科学》2019年第20期。

[6]马春晓:《监察委员会监督机制的比较研究》,载《河南社会科学》2019年第10期。

[7]魏文松:《张力与弥合:监察法与国家赔偿制度的衔接问题》,载《河南社会科学》2019年第10期。

2019-9

[8]黄鑫:《借鉴与调适:贿赂犯罪调查模式宪法化探索》,载《重庆大学学报》(社会科学版)2019年第6期。

[9]孙国祥:《监察对象的刑法主体身份辨析》,载《法学》2019年第9期。

[10]谢小剑:《监察调查与刑事诉讼程序衔接的法教义学分析》,载《法学》2019年第9期。

[11]张本顺:《宋代监察权运作的制衡法理及价值》,载《安徽师范大学学报》(人文社会科学版)2019年第5期。

[12]谢小剑:《贿赂犯罪案件的查办需求与程序供给——兼论监察调查程序的改革思路》,载《政法论坛》2019年第5期。

[13]任开志、杨继文:《罪诉关系论:审查起诉中的监察案件》,载《学习论坛》2019年第9期。

[14]李红勃:《监察法规的法律地位及其规范体系》,载《现代法学》2019年第5期。

[15]吴建雄:《监察法学学科创立的价值基础及其体系构建》,载《法学杂志》2019年第9期。

[16]朱福惠:《论监察法上政务处分之适用及其法理》,载《法学杂志》2019年第9期。

[17]秦前红、石泽华:《论依法监察与监察立法》,载《法学论坛》2019年第5期。

[18]钱小平:《监察追诉时效问题的再思考——兼与刘练军教授商榷》,载《法学论坛》2019年第5期。

[19]吕永祥:《监督权的有效性与再监督:丹麦议会监察专员制度的经验及其借鉴》,载《党政研究》2019年第5期。

[20]谢小剑:《监察委员会刑事调查管辖制度初探》,载《湖湘论坛》2019年第5期。

[21]秦前红、石泽华:《新时代监察法学理论体系的科学建构》,载《武汉大学学报》(哲学社会科学版)2019年第5期。

2019－8

[22]倪铁:《监察刑事调查权的程序重塑》,载《法学》2019年第8期。

[23]唐冬平:《公安协助配合监察事项范围之限缩》,载《法学》2019年第8期。

[24]杜路:《纪检监察体制改革后如何做好“纪法衔接”》,载《人民论坛》2019

年第23期。

[25]刘怡达:《监察体制改革背景下法官惩戒制度的调适路径》,载《理论月刊》2019年第8期。

[26]任会芬:《中美反腐败机制比较研究及启示——兼论中国国家监察体制改革》,载《社会科学》2019年第8期。

[27]詹建红、许晏铭:《论监察调查与刑事诉讼程序的衔接》,载《社会科学战线》2019年第8期。

[28]宗婷婷、王敬波:《国家监察对象的认定标准:核心要素、理论架构与适用场域》,载《中共中央党校(国家行政学院)学报》2019年第4期。

[29]吴建雄、张咏涛:《论国家监察创制的文化自信》,载《中共中央党校(国家行政学院)学报》2019年第4期。

2019-7

[30]黄风、齐建萍:《监察机关参与刑事缺席审判法律问题探析》,载《湖南科技大学学报》(社会科学版)2019年第4期。

[31]吴建雄:《国家监察体制改革的法哲学思考:立场、观点与方法》,载《中南大学学报》(社会科学版)2019年第4期。

[32]吴建雄:《国家监察体制改革若干问题探析》,载《新疆师范大学学报》(哲学社会科学版)2019年第5期。

[33]谭家超:《〈监察法〉实施过程中监察建议的制度建构》,载《法学》2019年第7期。

[34]叶青、王小光:《监察委员会案件管辖模式研究》,载《北方法学》2019年第4期。

[35]李蓉:《监察机关非罪化处置权及其限制》,载《北方法学》2019年第4期。

[36]张震、张义云:《论监察权行使对象之权利保障》,载《学习论坛》2019年第7期。

[37]胡铭:《职务犯罪留置措施衔接刑事诉讼的基本逻辑》,载《北方法学》2019年第4期。

[38]金成波、张航:《推进以监察法为中心的反腐败立法体系化》,载《理论与

改革》2019年第4期。

[39]徐继敏、张洪亮:《论监察留置裁量及其有效规制》,载《法学论坛》2019年第4期。

[40]杨平波、唐赛:《协同治理视角下审计案件线索移送机制的优化》,载《财会月刊》2019年第13期。

[41]沈晓燕:《公办学校的公权力主体及监察方式探析》,载《教学与管理》2019年第19期。

2019－6

[42]吴建雄、马少猛:《构筑监察法统一话语的学科讨论平台》,载《行政管理改革》2019年第6期。

[43]滕明政:《十八大以来国家监察体制改革的四大进展》,载《科学社会主义》2019年第3期。

[44]卞建林、陶加培:《论监察法与刑事诉讼法衔接中录音录像制度》,载《中国刑事法杂志》2019年第3期。

[45]李海滢:《监察体制改革背景下境外追逃追赃面临的发展与挑战》,载《社会科学》2019年第6期。

2019－5

[46]秦前红、刘怡达:《国家监察体制改革的法学关照:回顾与展望》,载《比较法研究》2019年第3期。

[47]钱宁峰:《监察机关与执法部门之间关系的宪法定位及其具体化》,载《学海》2019年第3期。

[48]曹俊:《监察权的法理思考》,载《法学杂志》2019年第5期。

[49]徐汉明、李少波:《〈监察法〉与〈刑事诉讼法〉实施衔接路径探究》,载《法学杂志》2019年第5期。

[50]贺洪波:《十八大以来健全党和国家监督体系的制度逻辑》,载《探索》2019年第3期。

[51]颜德如、栾超:《深化国家监察体制改革面临的挑战及其应对路径》,载《理论探讨》2019年第3期。

[52]王青斌:《论监察赔偿制度的构建》,载《政法论坛》2019 年第 3 期。

[53]周磊、焦利:《构建中国特色国家监察官制度:背景与建议》,载《北京行政学院学报》2019 年第 3 期。

[54]龙太江、牛欢:《监察委员会监察权配置研究》,载《长白学刊》2019 年第 3 期。

[55]李少文:《国家监察体制改革的宪法控制》,载《当代法学》2019 年第 3 期。

[56]李海滢:《海外追逃、追赃背景下反腐败立法的协调与联动》,载《当代法学》2019 年第 3 期。

[57]左卫民:《一种新程序:审思检监衔接中的强制措施决定机制》,载《当代法学》2019 年第 3 期。

[58]屈甘霖:《能力素养立意下的政治命题——兼与杨国富老师商榷》,载《中学政治教学参考》2019 年第 13 期。

[59]吴思远:《我国职务犯罪调查模式之法治化进路》,载《江淮论坛》2019 年第 3 期。

2019 -4

[60]常保国、刘思涵:《〈监察法〉中监察对象范围的认定标准》,载《人民论坛·学术前沿》2019 年第 7 期。

[61]方正:《国家监察体制改革研究述评》,载《四川理工学院学报》(社会科学版)2019 年第 2 期。

[62]方明:《职务犯罪监察调查与刑事诉讼的衔接》,载《法学杂志》2019 年第 4 期。

[63]陈伟:《监察法与刑法的衔接协调与规范运行》,载《中外法学》2019 年第 2 期。

[64]蒙慧、胥壮壮:《监察体制改革背景下“两委”合署办公问题研究》,载《河南社会科学》2019 年第 2 期。

[65]李海峰、杨玉华:《监察调查与刑事诉讼协调与衔接的再考量》,载《西南民族大学学报》(人文社科版)2019 年第 4 期。

[66]张晖:《监察机关跨行政区划管辖刍议:基于历史经验的分析》,载《领导

科学》2019年第8期。

[67]程雷:《刑事诉讼法与监察法的衔接难题与破解之道》,载《中国法学》2019年第2期。

[68]吴建雄:《在新的起点上深化国家监察体制改革》,载《中国党政干部论坛》2019年第4期。

[69]王冠、任建明:《恢复重建以来中央纪委机关的改革历程及未来发展》,载《河南社会科学》2019年第4期。

2019－3

[70]袁钢:《国家治理视阈下中国特色监察制度研究》,载《南京大学学报》(哲学・人文科学・社会科学)2019年第2期。

[71]郭殊、夏秋艳:《宪法政策学视角下国家监察制度与人大监督制度的衔接——以弹劾权配置为中心》,载《南京大学学报》(哲学・人文科学・社会科学)2019年第2期。

[72]程衍:《中国特色独立监察程序下非法证据排除规则的制度建构》,载《南京大学学报》(哲学・人文科学・社会科学)2019年第2期。

[73]邱帅萍、刘强:《〈监察工作理论与实务〉:监察法教义学的开山之作》,载《湖南科技大学学报》(社会科学版)2019年第2期。

[74]左卫民、莫皓:《政治机关如何打造法治产品——以监察证据为切入点》,载《四川大学学报》(哲学社会科学版)2019年第2期。

[75]詹建红:《认罪认罚从宽制度在职务犯罪案件中的适用困境及其化解》,载《四川大学学报》(哲学社会科学版)2019年第2期。

[76]梁坤:《纪检监察措施分类适用的法规范解读》,载《法学》2019年第3期。

[77]王洪宇:《监察体制下监检关系研究》,载《浙江工商大学学报》2019年第2期。

[78]徐昕、黄艳好:《中国司法改革年度报告(2018)》,载《上海大学学报》(社会科学版)2019年第2期。

[79]秦前红、石泽华:《基于监察机关法定职权的监察建议:功能、定位及其法治化》,载《行政法学研究》2019年第2期。

[80]江国华、张硕:《监察过程中的公安协助配合机制》,载《法学研究》2019年第2期。

[81]刘练军:《监察官立法三问:资格要件、制度设计与实施空间》,载《浙江社会科学》2019年第3期。

[82]曾哲:《“风闻言事”:监察谈话的可能与不可能》,载《理论与改革》2019年第2期。

[83]秦前红:《监察法学的研究方法刍议》,载《河北法学》2019年第4期。

[84]孟穗、冯靖:《监察调查与刑事诉讼的衔接问题研究》,载《河北法学》2019年第4期。

[85]梁知博:《职务犯罪主体视阈下“监察对象”界定的缺陷与完善——基于〈监察法〉与〈刑法〉衔接的视角》,载《理论导刊》2019年第3期。

[86]王秀梅、黄玲林:《监察法与刑事诉讼法衔接若干问题研究》,载《法学论坛》2019年第2期。

[87]秦涛、张旭东:《论〈监察法〉“行使公权力”的判定标准——基于国家赔偿理论中“行使职权”的探讨》,载《上海行政学院学报》2019年第2期。

[88]江国华:《国家监察与刑事司法的衔接机制研究》,载《当代法学》2019年第2期。

[89]李学军、刘静:《监察调查中的一体化研究》,载《法律适用》2019年第5期。

2019-2

[90]冯玉军:《主持人语》,载《河北法学》2019年第3期。

[91]常超:《〈政治生活〉教材贯彻落实党的十九大精神修订解读》,载《思想政治课教学》2019年第2期。

[92]黄建达:《双重属性视角下监察委员会与人民代表大会的关系》,载《北京社会科学》2019年第2期。

[93]曹志瑜:《监察官亦当通过法律资格考试》,载《学习论坛》2019年第2期。

[94]梁娟:《监察体制改革背景下村基层组织人员职务犯罪惩防体系构建》,载《江西社会科学》2019年第2期。

[95]刘怡达:《论纪检监察权的二元属性及其党规国法共治》,载《社会主义研究》2019年第1期。

[96]樊崇义:《刑事诉讼法修改的重点难点问题解读》,载《法律适用》2019年第3期。

[97]范进学、张玲玲:《国家监察体制改革的宪法问题》,载《学习与探索》2019年第2期。

[98]谭宗泽:《论国家监察对象的识别标准》,载《政治与法律》2019年第2期。

[99]曾哲、杨庆:《大陆法系国家之监察法权立法言说》,载《河北法学》2019年第3期。

[100]刘建义:《信息不对称条件下的监察失灵及其矫正》,载《中国行政管理》2019年第2期。

2019－1

[101]张中:《论监察案件的证据标准——以刑事诉讼证据为参照》,载《比较法研究》2019年第1期。

[102]李奋飞:《职务犯罪调查中的检察引导问题研究》,载《比较法研究》2019年第1期。

[103]褚福民:《以审判为中心与国家监察体制改革》,载《比较法研究》2019年第1期。

[104]陈瑞华:《论国家监察权的性质》,载《比较法研究》2019年第1期。

[105]郑鹤瑜、郑嘉琦:《留置措施刑事侦查属性研究》,载《华南师范大学学报》(社会科学版)2019年第1期。

[106]夏伟、刘艳红:《程序正义视野下监察证据规则的审查》,《南京师大学报》(社会科学版)2019年第1期。

[107]杨永庚、常利娟:《我国党纪与国法的衔接方式、现实选择和优化路径》,载《陕西师范大学学报》(哲学社会科学版)2019年第4期。

[108]邹东升、姚靖:《新时代微腐败治理的纪法衔接》,载《理论探讨》2019年第1期。

[109]彭新林:《国家监察体制改革:历史借鉴与现实动因》,载《法学杂志》2019年第1期。

[110]华小鹏:《监察权运行中的若干重大问题探讨》,载《法学杂志》2019 年第 1 期。

[111]卞建林:《配合与制约:监察调查与刑事诉讼的衔接》,载《法商研究》2019 年第 1 期。

[112]姚莉:《监察案件的立案转化与“法法衔接”》,载《法商研究》2019 年第 1 期。

[113]张云霄:《〈监察法〉与〈刑事诉讼法〉衔接探析》,载《法学杂志》2019 年第 1 期。

[114]王冠、任建明:《特约(邀)监察员制度研究——基于规范性文件的考察与特邀监察员的实证分析》,载《学术界》2019 年第 1 期。

[115]刘素梅:《国家监察权的监督制约体制研究》,载《学术界》2019 年第 1 期。

[116]庄德水:《监察委员会有效运行的结构化逻辑分析》,载《理论与改革》2019 年第 1 期。

[117]毛昭晖:《国家监察制度演进:重要变量与策略选择》,载《理论与改革》2019 年第 1 期。

[118]刘艳红:《职务犯罪案件非法证据的审查与排除——以〈监察法〉与〈刑事诉讼法〉之衔接为背景》,载《法学评论》2019 年第 1 期。

[119]樊崇义:《2018 年〈刑事诉讼法〉修改重点与展望》,载《国家检察官学院学报》2019 年第 1 期。

[120]江国华、何盼盼:《国家监察纪法贯通保障机制研究》,载《中国高校社会科学》2019 年第 1 期。

[121]艾永明:《泛监察主义:中国古代监察职能的基本特点——兼议对当代监察体制改革的启示》,载《江苏社会科学》2019 年第 1 期。

[122]刘艳红:《主持人语》,载《法学论坛》2019 年第 1 期。

[123]刘艳红:《〈监察法〉与其他规范衔接的基本问题研究》,载《法学论坛》2019 年第 1 期。

[124]叶青、程衍:《关于独立监察程序的若干问题思考》,载《法学论坛》2019 年第 1 期。

[125]魏昌东:《监督职能是国家监察委员会的第一职能:理论逻辑与实现路

径——兼论中国特色监察监督系统的规范性创建》,载《法学论坛》2019年第1期。

[126]刘练军:《监察追诉的时效问题》,载《法学论坛》2019年第1期。

[127]洪浩:《刑事诉讼视域下的国家监察机关:定位、性质及其权力配置》,载《法学论坛》2019年第1期。

[128]李斌雄、廖凯:《中华人民共和国监察法的时代特色和实施路径探讨》,载《湖北社会科学》2019年第1期。

[129]蔡金荣:《"国家监察全面覆盖"的规范结构探析》,载《求实》2019年第1期。

[130]吕永祥、王立峰:《县级监察委治理基层"微腐败":实践价值、现实问题与应对策略》,载《东北大学学报》(社会科学版)2019年第1期。

[131]杜治洲:《中国特色国家监察的制度创新与运行机制》,载《河南社会科学》2019年第1期。

[132]袁柏顺:《范围、界限与动态发展:也论监察对象"全覆盖"》,载《河南社会科学》2019年第1期。

2018－12

[133]秦前红、石泽华:《〈监察法〉派驻条款之合理解释》,载《法学》2018年第12期。

[134]应松年、郭胜习:《〈公务员法〉修订的重大意义和重要问题》,载《行政管理改革》2018年第12期。

[135]陈涛:《国家监察视角下侦查监督之探讨》,载《中国人民公安大学学报》(社会科学版)2018年第6期。

[136]吴建雄:《刑事诉讼法与监察法衔接的反腐逻辑与反腐理念》,载《新疆师范大学学报》(哲学社会科学版)2019年第3期。

[137]吕晓刚:《保留检察机关部分职务犯罪侦查权的实践价值与有效实施》,载《新疆师范大学学报》(哲学社会科学版)2019年第3期。

[138]张艺琼、冯均科:《监察体制改革下的国家监察与国家审计协作机制》,载《财会月刊》2018年第24期。

[139]卞建林、谢澍:《刑事诉讼法再修改:解读与反思》,载《中共中央党校学报》2018年第6期。

2018－11

[140]姜涛:《国家监察法与刑事诉讼法衔接的重大问题研究》,载《南京师大学报》(社会科学版)2018年第6期。

[141]陈晓枫、严倩:《传统监察权正当性的法文化析论及其现代转化》,载《江苏行政学院学报》2018年第6期。

[142]江国华、王冲:《监察委员会留置措施论析》,载《湖北社会科学》2018年第9期。

[143]邓矜婷:《纪委、检察机关办案规范的整合:一个连接理论与实践的分析路径》,载《法学家》2018年第6期。

[144]杨宇冠、郑英龙:《监察机关取证录音录像的价值、功能与过程规制》,载《南通大学学报》(社会科学版)2018年第6期。

[145]樊崇义、哈腾:《论监察与检察协调衔接机制的构建》,载《浙江工商大学学报》2018年第6期。

[146]张红:《监察赔偿论要》,载《行政法学研究》2018年第6期。

[147]王戬:《检察机关审查起诉与监察委调查案件的程序对接问题》,载《国家检察官学院学报》2018年第6期。

[148]魏文松、覃晚萍:《国家监察权规范行使的程序构建与法律监督》,载《理论导刊》2018年第11期。

[149]田夫:《检察院性质新解》,载《法制与社会发展》2018年第6期。

[150]王沿琰、黄维智:《监察办案与审查起诉程序衔接问题研究》,载《西南民族大学学报》(人文社科版)2018年第11期。

[151]屈超立、慈海威:《留置措施的法治化研究》,载《理论探索》2018年第6期。

[152]潘金贵、王志坚:《以审判为中心背景下监察调查与刑事司法的衔接机制研究——兼评〈刑事诉讼法(修正草案)〉相关条文》,载《社会科学研究》2018年第6期。

2018－10

[153]秦前红:《国家监察法实施中的一个重大难点:人大代表能否成为监察对象》,载《武汉大学学报》(哲学社会科学版)2018年第6期。

[154]林艺芳:《论法治视野下监察委员会腐败犯罪调查权》,载《国家行政学院学报》2018年第5期。

[155]靳海婷:《论人大监督权与监察委监察权之关系、界限与衔接》,载《华侨大学学报》(哲学社会科学版)2018年第5期。

[156]彭新林:《国家监察体制改革:动因、要义与方略》,载《学术界》2018年第10期。

[157]张晋藩:《中国古代的治国之要——监察机构体系与监察法》,载《中共中央党校学报》2018年第5期。

[158]谢登科:《监察证据在刑事诉讼中的使用——兼论〈监察法〉第33条的理解与适用》,载《中共中央党校学报》2018年第5期。

[159]郭慧、牛克乾:《职务犯罪审判与国家监察工作有机衔接的若干建议》,载《法律适用》2018年第19期。

[160]徐继敏:《监察委员会政务处分行为探究》,载《河南社会科学》2018年第10期。

2018－9

[161]杨宇冠、高童非:《监察机关留置问题研究》,载《浙江工商大学学报》2018年第5期。

[162]王飞跃:《论监察留置的适用条件》,载《中南大学学报》(社会科学版)2018年第5期。

[163]杨宇冠、郑英龙:《〈刑事诉讼法〉修改问题研究——以〈监察法〉的衔接为视角》,载《湖湘论坛》2018年第5期。

[164]庄德水:《结构改革与职能发展:我国监察机构的治理》,载《中共天津市委党校学报》2018年第5期。

[165]林艺芳:《监察机关与公安机关配合衔接机制研究》,载《湘潭大学学报》(哲学社会科学版)2018年第5期。

[166]程雷:《"侦查"定义的修改与监察调查权》,载《国家检察官学院学报》2018年第5期。

[167]王希鹏:《深化国家监察体制改革须重点把握好五个问题》,载《中国党政干部论坛》2018年第9期。

[168]张霞、胡印富:《环境职务犯罪非法证据排除规则与机制研究》,载《山东社会科学》2018 年第 9 期。

2018 –8

[169]陈邦达:《推进监察体制改革应当坚持以审判为中心》,载《法律科学》(西北政法大学学报)2018 年第 6 期。

[170]周磊:《中国监察官制度的构建及路径研究》,载《国家行政学院学报》2018 年第 4 期。

[171]吴建雄、王友武:《监察与司法衔接的价值基础、核心要素与规则构建》,载《国家行政学院学报》2018 年第 4 期。

[172]王海兵、王慧秋:《国家监察委体制下内部审计的创新发展路径》,载《会计之友》2018 年第 15 期。

[173]马方、吴桐:《逻辑与司法:监察程序中证据规则的解构与建构》,载《河北法学》2018 年第 9 期。

[174]邱霈恩:《国家监察体制改革和体系建设的法理创新探略》,载《中共中央党校学报》2018 年第 4 期。

2018 –7

[175]黎敏:《国家统治条款体系化解释面临的困难——从〈监察法(草案)〉合宪性之争揭示的政治哲学问题谈起》,载《行政法学研究》2018 年第 5 期。

[176]陈尧:《从“三位一体”到“四位一体”:监察体制改革对我国政体模式的创新》,载《探索》2018 年第 4 期。

[177]冀睿:《审计权与监察权之关系》,载《法学》2018 年第 7 期。

[178]陈卫东:《职务犯罪监察的理论探讨与实践问题》,载《中国人民大学学报》2018 年第 4 期。

[179]陈卫东、聂友伦:《职务犯罪监察证据若干问题研究——以〈监察法〉第 33 条为中心》,载《中国人民大学学报》2018 年第 4 期。

[180]陈瑞华:《论监察委员会的调查权》,载《中国人民大学学报》2018 年第 4 期。

[181]魏晓娜:《职务犯罪调查与刑事诉讼法的适用》,载《中国人民大学学

报》2018年第4期。

[182]左卫民、唐清宇:《制约模式:监察机关与检察机关的关系模式思考》,载《现代法学》2018年第4期。

[183]秦前红、刘怡达:《国家监察体制改革背景下人民法院监察制度述要》,载《现代法学》2018年第4期。

[184]陈光中、兰哲:《监察制度改革的重大成就与完善期待》,载《行政法学研究》2018年第4期。

[185]姜明安:《论监察法的立法目的与基本原则》,载《行政法学研究》2018年第4期。

[186]朱福惠:《国家监察法对公职人员纪律处分体制的重构》,载《行政法学研究》2018年第4期。

[187]虞崇胜:《"三者有机统一"的有益尝试——基于监察体制改革的过程性分析》,载《理论探讨》2018年第4期。

[188]冯留建、张伟:《习近平新时代监察思想探析》,载《齐鲁学刊》2018年第4期。

[189]李青:《中国古代司法监察的现代意义》,载《政法论坛》2018年第4期。

[190]魏琼:《我国监察机关的法理解读》,载《山东社会科学》2018年第7期。

[191]邱霈恩:《积极推进国家监察体制改革和体系建设》,载《中国行政管理》2018年第7期。

[192]《完善国家监察委员会工作运行机制专题研究》,载《河南社会科学》2018年第7期。

[193]蒋来用:《实现"高效"目标:打造国家监察体制改革"升级版"》,载《河南社会科学》2018年第7期。

[194]徐法寅:《机构合并和平台协调——监察体制改革中监督力量的整合路径》,载《河南社会科学》2018年第7期。

[195]吕永祥、王立峰:《县级监察委员会的公权力监督存在的现实问题与优化路径》,载《河南社会科学》2018年第7期。

[196]庄德水:《国家监察体制改革试点的实践策略及其应用分析》,载《理论探索》2018年第4期。

2018－6

[197]李莉:《国家监察体制改革视域下的制度设计变迁——新中国成立以来权力监督的历史梳理》,载《当代世界与社会主义》2018年第3期。

[198]张杰:《〈监察法〉适用中的重要问题》,载《法学》2018年第6期。

[199]冯英楠:《论〈监察法〉的宪法定位与腐败治理体系的发展》,载《科学社会主义》2018年第3期。

[200]陈光中、肖沛权:《刑事诉讼法修正草案:完善刑事诉讼制度的新成就和新期待》,载《中国刑事法杂志》2018年第3期。

[201]张瑜:《国家监察体制改革背景下高校监察制度模式设计探索》,载《国家教育行政学院学报》2018年第6期。

[202]齐小力、陆冬华:《论公安机关和监察机关互相配合、互相制约》,载《中国人民公安大学学报》(社会科学版)2018年第3期。

[203]秦前红:《我国监察机关的宪法定位以国家机关相互间的关系为中心》,载《中外法学》2018年第3期。

[204]徐汉明、张乐:《监察委员会职务犯罪调查与刑事诉讼衔接之探讨——兼论法律监督权的性质》,载《法学杂志》2018年第6期。

[205]李奋飞:《"调查——公诉"模式研究》,载《法学杂志》2018年第6期。

2018－5

[206]吕永祥、王立峰:《"纪委"与"监察委"合署办公的现实问题与解决路径——以政治系统论为分析视角》,载《中南大学学报》(社会科学版)2018年第3期。

[207]任颖:《国家监察治理领域的责任制度设计研究》,载《中南民族大学学报》(人文社会科学版)2018年第3期。

[208]刘艳红:《〈监察法〉贯彻实施中的理论与实践》,载《华东政法大学学报》2018年第3期。

[209]刘艳红:《程序自然法作为规则自洽的必要条件——〈监察法〉留置权运作的法治化路径》,载《华东政法大学学报》2018年第3期。

[210]叶青:《监察机关调查犯罪程序的流转与衔接》,载《华东政法大学学报》2018年第3期。

[211]魏昌东:《〈监察法〉与中国特色腐败治理体制更新的理论逻辑》,载《华

东政法大学学报》2018年第3期。

[212]钱小平:《监察委员会监督职能激活及其制度构建——兼评〈监察法〉的中国特色》,载《华东政法大学学报》2018年第3期。

[213]陈辉、汪进元:《论“监、检、审”三机关间的分工、配合与制约关系》,载《南京社会科学》2018年第5期。

[214]刘小妹:《人大制度下的国家监督体制与监察机制》,载《政法论坛》2018年第3期。

[215]王飞跃:《监察留置适用中的程序问题》,载《法学杂志》2018年第5期。

[216]张云霄:《国家监察体制改革法治化进程初探》,载《法学杂志》2018年第5期。

[217]谢超:《〈监察法〉对中国特色反腐败工作的法治影响》,载《法学杂志》2018年第5期。

[218]朱福惠:《论检察机关对监察机关职务犯罪调查的制约》,载《法学评论》2018年第3期。

[219]付子堂、郭相宏:《宪法发展与深化改革的良性互动》,载《法律适用》2018年第9期。

2018-4

[220]叶陈云、叶陈刚:《基于国家审计视角的国家监察委制度创新的动因、障碍与路径研究》,载《审计与经济研究》2018年第3期。

[221]任进:《中国特色国家监察体制的法治保障》,载《行政管理改革》2018年第4期。

[222]刘晓峰:《新中国成立以来我国监察制度发展历程、演进趋势及改革目标》,载《社会主义研究》2018年第2期。

[223]侯志山:《国家监察:中国特色监督的创举》,载《中国党政干部论坛》2018年第4期。

[224]赵晓光:《规范监察留置程序》,载《中国党政干部论坛》2018年第4期。

2018-3

[225]王希鹏:《完善国家监察领导体制及推进纪检监察一体的思考》,载《湖

南社会科学》2018 年第 2 期。

[226]王明高:《新时代中国国家监察体制的重大创新和伟大实践》,载《人民论坛·学术前沿》2018 年第 5 期。

[227]吴建雄:《国家监察体制改革背景下司法反腐的职能变迁与机制再造》,载《中南大学学报》(社会科学版)2018 年第 2 期。

[228]谭世贵:《监察体制改革中的留置措施:由来、性质及完善》,载《甘肃社会科学》2018 年第 2 期。

[229]张世飞:《深化国家监察体制改革必须坚持党的全面领导》,载《人民论坛》2018 年第 9 期。

[230]秦宗文、戴晓雨:《监察体制改革中的若干证据问题探讨》,载《湖南科技大学学报》(社会科学版)2018 年第 2 期。

[231]陈辉:《监察委员会和检察院之间的关系界定与职权衔接》,载《湖南科技大学学报》(社会科学版)2018 年第 2 期。

[232]梁成意、黄文瀚:《国家监察体制改革:从形式合宪到实质合宪》,载《湖南科技大学学报》(社会科学版)2018 年第 2 期。

[233]韩旭:《监察委员会调查收集的证据材料在刑事诉讼中使用问题》,载《湖南科技大学学报》(社会科学版)2018 年第 2 期。

[234]江利红:《行政监察职能在监察体制改革中的整合》,载《法学》2018 年第 3 期。

[235]赵晓光:《监察留置的属性与制约体系研究》,载《中国社会科学院研究生院学报》2018 年第 2 期。

[236]徐昕、黄艳好:《中国司法改革年度报告(2017)》,载《上海大学学报》(社会科学版)2018 年第 2 期。

[237]童之伟:《宪法学研究须重温的常识和规范——从监察体制改革中的一种提法说起》,载《法学评论》2018 年第 2 期。

[238]高维峰:《从“两规”到留置:党和国家执纪方式的重要创新——微观解读十九大报告关于监察体制改革》,载《理论月刊》2018 年第 3 期。

[239]钱宁峰:《论国家监察体制改革的合宪性依据》,载《江苏社会科学》2018 年第 2 期。

[240]周昕皓:《整体性治理视阈下的国家监察体制改革》,载《东岳论丛》

2018 年第 3 期。

2018－2

[241]纵博:《监察体制改革中的证据制度问题探讨》,载《法学》2018 年第 2 期。

[242]李嘉明、杨流:《国家审计与国家监察服务腐败治理的路径探索——基于协同视角的思考》,载《审计与经济研究》2018 年第 2 期。

2018－1

[243]戴涛:《监察体制改革背景下调查权与侦查权研究》,载《国家行政学院学报》2018 年第 1 期。

[244]王孟嘉:《法治轨道上的国家监察体制改革论思》,载《暨南学报》(哲学社会科学版)2017 年第 11 期。

[245]郑曦:《监察委员会的权力二元属性及其协调》,载《暨南学报》(哲学社会科学版)2017 年第 11 期。

[246]王迎龙:《监察委员会权力运行机制若干问题之探讨——以〈国家监察法(草案)〉为分析蓝本》,载《湖北社会科学》2017 年第 12 期。

[247]吴建雄:《监察体制改革试点视域下监察委员会职权的配置与运行规范》,载《新疆师范大学学报》(哲学社会科学版)2018 年第 5 期。

[248]江国华、何盼盼:《中国特色监察法治体系论纲》,载《新疆师范大学学报》(哲学社会科学版)2018 年第 5 期。

[249]李世锋:《用留置取代两规是法治反腐的转型》,载《新疆师范大学学报》(哲学社会科学版)2018 年第 2 期。

[250]张咏涛:《留置措施的基本内涵与规范运行》,载《新疆师范大学学报》(哲学社会科学版)2018 年第 2 期。

[251]马怀德:《再论国家监察立法的主要问题》,载《行政法学研究》2018 年第 1 期。

[252]梁三利:《留置取代"两规"措施的法治化路径》,载《天津行政学院学报》2018 年第 1 期。

[253]李洪雷:《论我国监察机关的名与实》,载《当代法学》2018 年第 1 期。

[254]刘玫:《论监察委员会的调查措施》,载《学习与探索》2018 年第 1 期。

[255]谢登科:《论国家监察体制改革下的侦诉关系》,载《学习与探索》2018年第1期。

[256]刘艳红、夏伟:《法治反腐视域下国家监察体制改革的新路径》,载《武汉大学学报》(哲学社会科学版)2018年第1期。

[257]左卫民、安琪:《监察委员会调查权:性质、行使与规制的审思》,载《武汉大学学报》(哲学社会科学版)2018年第1期。

[258]阳平:《论我国香港地区廉政公署调查权的法律控制——兼评〈中华人民共和国监察法(草案)〉》,载《政治与法律》2018年第1期。

[259]龙宗智:《监察与司法协调衔接的法规范分析》,载《政治与法律》2018年第1期。

[260]陈卫东:《职务犯罪监察调查程序若干问题研究》,载《政治与法律》2018年第1期。

[261]曹亘平:《对监察委的监督制约严密而有效——多把"连环锁"确保监察权良性运行》,载《人民论坛》2018年第1期。

[262]郭恒:《国家监察体制改革的法治化建构》,载《人民论坛》2018年第1期。

图书在版编目(CIP)数据

监察法论丛. 第一辑 / 谭宗泽主编. -- 北京 : 法律出版社, 2020
ISBN 978-7-5197-4569-1

Ⅰ. ①监… Ⅱ. ①谭… Ⅲ. ①行政监察法-研究-中国 Ⅳ. ①D922.114.4

中国版本图书馆CIP数据核字(2020)第083241号

监察法论丛(第一辑)
JIANCHAFA LUNCONG(DI YI JI)

谭宗泽 主编

责任编辑 李 群 陈 熙
装帧设计 汪奇峰

出版 法律出版社
总发行 中国法律图书有限公司
经销 新华书店
印刷 北京虎彩文化传播有限公司
责任印制 张建伟

编辑统筹 法规出版分社
开本 710毫米×1000毫米 1/16
印张 17.75
字数 290千
版本 2020年11月第1版
印次 2020年11月第1次印刷

法律出版社/北京市丰台区莲花池西里7号(100073)
网址/www.lawpress.com.cn
投稿邮箱/info@lawpress.com.cn
举报维权邮箱/jbwq@lawpress.com.cn
销售热线/400-660-8393
咨询电话/010-63939796

中国法律图书有限公司/北京市丰台区莲花池西里7号(100073)
全国各地中法图分、子公司销售电话:
统一销售客服/400-660-8393/6393
第一法律书店/010-83938432/8433
西安分公司/029-85330678
重庆分公司/023-67453036
上海分公司/021-62071639/1636
深圳分公司/0755-83072995

书号:ISBN 978-7-5197-4569-1
定价:58.00元